LES COCKTAILS

© 1986 Lingen Verlag,
Cologne/Mosaik Verlag
Munich
© 1986 René Malherbe,
éditeur
Traduction: A. Rück
Couverture: M. Meline
Photocomposition et
maquette:
M & P Tekst, Weert,
Pays-Bas
Imprimé en RFA par
Druckhaus Neue Stalling,
Oldenburg

ISBN 2-905780-13-4
Dépôt légal déc. 1986
65 6863 8

LES COCKTAILS

René Malherbe, éditeur

Tout le savoir qui fait du bon hôte un connaisseur.

N'est-ce pas une bonne idée de pouvoir offrir à ses invités, dès la prochaine occasion, quelques-uns de ces cocktails raffinés? Rien que leurs noms nous mettent l'eau à la bouche, des noms comme «Angel's lips», «Campichello», ou bien «Zazarac».

Avec ce livre de recettes des meilleurs cocktails, la préparation de ces cocktails est vraiment un jeu d'enfant. En effet, chaque recette a scrupuleusement été testée et la description en est si simple qu'on réussit la «Mona Lisa» ou «Le Quo vadis» du premier coup si l'on a très soif et sans avoir, toutefois, beaucoup d'entraînement dans la préparation des cocktails.

Naturellement, ce vaste ouvrage ne concerne pas uniquement les boissons pour adultes. Une table des matières, claire et bien disposée, nous renvoie immédiatement à un grand nombre de boissons toujours bienvenues lorsqu'il s'agit, pour les petits, de fêter de grandes occasions.

Les recettes sont classées, ici, par catégorie.

Sauf indication contraire, les recettes sont indiquées pour 1 personne.

Lorsque, dans les recettes, il est question de zeste ou d'écorce de fruits, il est bien entendu qu'il s'agit de fruits intacts.

Lorsqu'il est question de thé tout simplement, il s'agit, en fait, toujours de thé noir, sauf s'il est clairement indiqué d'utiliser un thé parfumé.

1 cl = 1 centilitre
1 trait correspond à 3 ou 5 gouttes de liquide ou à 1 gramme de liquide.

A

ABC cocktail

4 à 5 glaçons,
2 cl d'Armagnac,
2 cl de Bénédictine,
1 trait d'angostura et de champagne,
1 rondelle de citron
2 quartiers d'orange ou de mandarine,
2 cerises à cocktail.

A comme Armagnac, B comme Bénédictine et C comme Champagne garantissent une boisson pétillante.
Concasser 2 cubes de glace que l'on mettra dans le shaker. Y verser ensuite l'armagnac, la Bénédictine et l'angostura et secouer le shaker. Piler le reste de glace très finement. Remplir le verre à moitié avec cette glace. Verser les alcools par-dessus. Compléter ensuite avec le champagne. Disposer la rondelle de citron et les quartiers d'orange et décorer avec les cerises.

Acapulco

4 cubes de glace,
1 cuiller à café de sirop de sucre
5 cl de tequila,
2,5 cl de liqueur de cassis,
1 rondelle de citron,
eau de gazeuse.

La plage chic du Mexique a donné son nom à un long drink qui garantit une bonne ambiance. Concasser les cubes de glace en très petits morceaux et les mettre dans un verre ballon. Verser le sirop par-dessus, puis le téquila et la liqueur de cassis. Bien mélanger le tout jusqu'à ce que le verre se couvre de buée. Disposer ensuite la rondelle de citron dans le verre et remplir d'eau de gazeuse selon le goût.

Adam et Eve

2 cubes de glace,
2 cl de liqueur d'orange
2 cl d'eau-de-vie de vin,
2 cl de gin.

Il existe les cocktails typiques pour dames et ceux qui sont faits spécialement pour les hommes. Ceci dépend de leur composition. L'Adam et Eve

A comme Armagnac, B comme Bénédictine, C comme Champagne.

Le long drink Acapulco fait toujours régner la meilleure ambiance.

est un mélange doux-amer réussi des deux. Un véritable cocktail de couple. Concasser les cubes de glace et les mettre dans le shaker avec les autres ingrédients. Bien secouer et verser dans un verre à cocktail.

Admiral highball

3 cubes de glace,
4 cl de tokay, 2 cl de whisky,
1 cuiller à café de sirop d'ananas,
1 cuiller de jus de citron sans pulpe, eau de gazeuse.

Mélanger la glace et les autres ingrédients dans une grande coupe. Remuer avec une longue cuiller, transvaser dans un autre verre et finir de remplir avec l'eau de gazeuse.

Afterwards

cf photo page 41

4 cubes de glace,
1,5 cl de kirsch,
1,5 cl d'eau-de-vie de vin,
1,5 cl de liqueur de menthe,
2 cuillers à café de grenadine.

Concasser la glace et en remplir une coupe à champagne jusqu'à la moitié environ. Ajouter les autres ingrédients et bien mélanger le tout à l'aide d'une longue cuiller. Servir avec une paille.

Un punch à partir de bière et de whisky de Grande-Bretagne: Ale passez muscade.

L'Alaska, un cocktail rafraîchissant préparé avec de la Chartreuse et du gin.

Agadir

3 cubes de glace,
2,5 cl de liqueur de moka,
le jus d'une demie orange,
1/8 l de coca ou de mousseux,
1 rondelle d'orange.

Mettre les glaçons dans une grande coupe. Verser la liqueur de moka et le jus d'orange au-dessus et finir de remplir avec le coca ou le mousseux. Disposer la rondelle d'orange au-dessus ou bien la fixer sur le bord du verre. Servir avec une paille.

Aide au développement

3 glaçons, 1 œuf entier,
1/8 l de café fort glacé,
3 cl de porto,
3 cl d'eau-de-vie de vin.

Le café fort stimule. Et d'autant plus s'il est préparé de cette manière.

Piler la glace et la mettre dans le shaker. Ajouter tous les ingrédients, bien secouer et servir dans un grand verre ou, encore mieux, dans un verre ballon.

Alaska

2 cubes de glace,
1,5 cl de Chartreuse jaune,
3,5 cl de gin.

Piler la glace et la mettre dans le shaker. Verser la Chartreuse et le gin également dans le shaker et mélanger. Verser dans un verre à cocktail. Si on préfère un cocktail plus doux, on prendra 3 cl de gin et 2 cl de Chartreuse.

Ale passez muscade

pour 4 personnes

3 jaunes d'œuf, 3 cuillers à café de sucre,
½ l de ale, 2,5 cl de whisky,
1 pincée de noix muscade rapée.

Battre les jaunes avec le sucre jusqu'à obtenir une pâte mousseuse. Mettre les autres ingrédients dans une petite casserole et faire chauffer à feu doux sans laisser bouillir. Ajouter lentement les jaunes battus avec le sucre en fouettant constamment. Verser dans un verre à anse, résistant à la chaleur, et servir aussitôt.
À la place de la ale, on peut aussi utiliser une autre bière blonde.

Ale sangaree

2 ou 3 cubes de glace,
1 cuiller à café de sucre
1 cuiller à café de sirop de gingembre,

5 cl de Wodka, bière blonde,
1 pincée de muscade.

Ce sangaree est complété avec de la bière et fait partie des long drinks.
Piler la glace et la mettre dans le shaker. Ajouter le sucre, le sirop de gingembre et la Wodka et secouer fortement. Verser dans une grande coupe, remplir avec la bière et saupoudrer de muscade.

L'Ale sangaree rend la soif agréable grâce à son goût rafraîchissant.

Alexander

2 cl de crème de cacao noir,
4 cl de lait

L'Alexander est un apéritif absolument délicieux.
Bien mélanger la crème de cacao et le lait; verser dans un verre à cocktail et servir bien frais.

Alexandra

2 cl de gin,
2 cl de crème de cacao blanche,
4 cl de lait en conserve

Bien mélanger tous les ingrédients ensemble. Servir très frais dans une coupe avec une paille.

L'Alexander, apéritif doux et crémeux, a beaucoup d'amateurs.

La menthe poivrée fraîche donne une note orientale à l'Allahbad.

Allahbad

Pour 2 à 4 personnes.
cf photo page 7

---

1 tranche de pain blanc grillé,
1 pincée de noix muscade rapée,
quelques feuilles de menthe poivrée,
1 bouteille de vin du Rhin,
2 bouteilles de ale.

On peut servir l'Allahbad lors d'une réception ou bien l'offrir comme une spécialité lors d'une fête orientale.
Mettre le pain, la noix de muscade rapée, la menthe poivrée, lavée et essorée, dans une casserole; remplir de vin et laisser macérer 30 minutes. Verser le liquide dans une carafe et compléter avec la bière.

American beauty

---

2 cl de grenadine,
5 cl de jus d'orange,
2,5 cl d'eau-de-vie de vin,
5 cl de vermouth,
3 cubes de glace
1 ou 2 rondelles de citron,
1 rondelle d'orange, 1 cerise à cocktail,
1 cuiller à café de porto.

Bien mélanger la grenadine, le jus d'orange, l'eau-de-vie et le vermouth dans un grand verre. Piler la glace et la mettre dans une timbale moyenne. Ensuite, verser par-dessus le mélange obtenu et décorer avec les fruits. Laisser tomber le porto goutte à goutte au-dessus. Servir avec une paille et une longue cuiller.

American cooler

---

3 cubes de glace,
2,5 cl de rhum
10 cl de vin rouge,
1 cuiller à café de jus de citron,
1 cuiller à café de jus d'orange,
1 cuiller à café de sirop de sucre,
soda,
1 rondelle de citron.

Mettre les glaçons dans une grande coupe. La remplir de tous les liquides – sauf le soda – et bien mélanger avec les glaçons. Compléter à volonté avec l'eau de Seltz. Décorer le bord du verre avec la rondelle de citron.

American glory

---

3 cubes de glace,
2 cl de jus d'orange sans pulpe,
2 cuillers à café de grenadine,
mousseux ou champagne,
½ rondelle d'orange.

Les cocktails à base de champagne ou mousseux sont particulièrement faciles à préparer.
Piler la glace; remplir aux trois quarts environ une coupe à champagne avec cette glace pilée. Y verser la grenadine et le jus d'orange et remplir de champagne. Mettre la demie rondelle d'orange dans le verre. Servir avec paille et cuiller.

Il existe de nombreuses occasions de gâter ses invités avec des cocktails intéressants (de gauche à droite: Amour crusta, American cooler, American beauty).

L'American glory: un cocktail à base de champagne ou mousseux pour ceux qui sont pressés.

L'Américano: stimule l'appétit avant le repas.

Américano

cf photo page 8

3 cubes de glace,
2,5 cl de vermouth rouge,
2,5 cl de Campari,
le zeste rapé d'un quart de citron,
eau de Seltz.

On sert l'Américano avant le repas pour stimuler l'appétit. Mettre les glaçons dans une coupe. Ajouter le vermouth, le Campari et le zeste de citron, puis mélanger légèrement. Compléter avec l'eau de Seltz selon le goût. Servir avec une paille. Des petits biscuits au fromage ou des amandes salées accompagnent très bien cet apéritif.

Amour crusta

cf photo page 9

Le jus d'un demi citron,
2 cuillers à bouche de sucre,
2 glaçons,
2 doigts de peach bitter,
1 cuiller à café de curaçao,
1 cuiller à café de marasquin,
2 doigts de jus de citron vert,
5 cl de porto vieux pas trop doux,
1 zeste de citron coupé en spirale.

Il est conseillé de prendre ce longdrink en particulier après un bon repas.
Préparer d'abord la mixture qui servira à givrer le tour du verre; mettre le jus de citron et le sucre chacun dans une soucoupe. Tremper le bord d'un verre à cocktail d'abord dans le jus de citron, puis laisser un peu égoutter avant de le passer dans le sucre. Remettre le verre à l'endroit et laisser sécher le bord givré. Piler la glace et la mettre dans le shaker. Verser tous les ingrédients, dans l'ordre, sur la glace. Bien secouer. Verser, en le filtrant, le contenu du shaker dans le verre givré. Servir avec une paille.

De gauche à droite: Angel's face, Angel's wing kiss, Angel's lips.

Angel's face

2 cubes de glace,
2 cl de gin,
2 cl d'abricot brandy,
1 cl de calvados.

Piler la glace et la mettre dans le shaker avec les ingrédients. Bien secouer. Verser dans un verre à cocktail en retenant la glace.

Angel's lips

5 cl de Bénédictine,
2 cl de crème fraîche liquide.

L'Angel's lips fait partie des pousse-cafés. Il s'agit là d'inventions de cocktails tout particulièrement alléchantes.
La Bénédictine et la crème doivent être bien fraîches. Dans un grand verre étroit, mettre d'abord la Bénédictine. Puis, faire couler la crème délicatement sur le dos de la cuiller dans la verre. Pour plus de facilité, utiliser une crème qui aura été légèrement battue.

Angel's wing kiss

2,5 cl de crème de cacao,
2,5 cl de crème de prunelle,
2,5 cl de crème fraîche liquide.

Mettre la crème de cacao dans un grand verre étroit. Faire couler délicatement la crème de prunelle sur le dos de la cuiller afin de ne pas mélanger les deux liquides; puis, de la même manière, verser la crème liquide ou légèrement battue. On aura alors trois couches de liquide superposées.

Anti-gueule-de-bois

2 glaçons,
1 cuiller à café de sucre,
4 cl de xérès,
1 trait d'angostura,
1 œuf.

Il existe plusieurs boissons anti-gueule-de-bois. Il y en a même beaucoup qui sont efficaces et celle-ci en fait partie.
Mettre la glace dans un shaker. Ajouter tous les autres ingrédients, secouer fortement et passer dans un petit gobelet.
Cette recette provient d'un vieux livre de recettes.

Apple Jack rabbit

2 cubes de glace,
2 cl d'Apple Jack ou de calvados,
2 cl de jus d'orange,
1 cl de jus de citron,
1 cuiller à café de sirop de sucre,
1 doigt de liqueur d'orange amère.

Apple Jack Rabbit.

Piler la glace et la mettre avec les autres ingrédients dans le shaker. Agiter et verser dans un verre à cocktail.

Apricot blossom

cf photo page 12

2 cubes de glace,
1 cl d'abricot brandy,
2 cl de jus d'orange,
2 cl d'eau-de-vie de prunes.

Piler la glace, la mettre avec les autres ingrédients dans le

Apricot brandy daisy

cf photo page 12

3 cubes de glace,
2,5 cl d'abricot brandy,
2,5 cl de jus de citron,
1 cuiller à café d'eau-de-vie de vin,
mousseux ou champagne.

Piler la glace et la mettre dans le shaker. Y ajouter aussi

shaker; secouer fortement et servir dans un verre à cocktail.

l'abricot brandy, le jus de citron et l'eau-de-vie de vin et bien mélanger le tout. Verser ce liquide dans un verre à champagne et, selon le goût, compléter avec du mousseux ou du champagne bien frais.

Apricot cooler

cf photo page 12

3 cubes de glace,
2,5 cl d'abricot brandy,
2,5 cl de jus de citron sans pulpe,
2,5 cl de jus d'orange sans pulpe,
5 doigts de grenadine,
eau de Seltz.

Ce long drink fruité convient particulièrement aux réunions de jeunes.
Mettre les glaçons dans une grande coupe. Y verser ensuite l'abricot brandy et les jus de fruits. Bien remuer le tout à la cuiller et, selon le goût, ajouter l'eau de Seltz à la fin.

Apricot fizz

3 cubes de glace,
le jus d'un demi citron,
le jus d'une demie orange,
2,5 cl d'abricot brandy,
eau de Seltz.

Piler la glace et la mettre dans le shaker. Passer le jus d'orange et le jus de citron et les verser également dans le shaker. Ajouter l'abricot brandy à la fin. Bien secouer le shaker et verser le contenu dans un verre moyen; selon le goût, compléter avec l'eau de Seltz.

April shower

2 cubes de glace,
2,5 cl de Bénédictine,
2,5 cl de cognac ou
d'eau-de-vie de vin,
le jus d'une orange sans
pulpe,
eau de Seltz.

L'April shower provient
d'une recette qui était déjà
connue au début du siècle.
Aujourd'hui, cette recette est
toujours aussi alléchante.

*L'abricot brandy fruité a
inspiré plus d'un barman, ce
qui a donné de merveilleux
cocktails. De gauche à
droite, sur cette photo, on en
a 3 exemples réputés:
l'Apricot cooler, l'Apricot
brandy daisy et l'Apricot
blossom.*

Mettre les glaçons dans une
grande coupe. Verser le Bénédictine et le cognac sur la

April shower: frais et
pétillant grâce à la glace et à
l'eau de Seltz.

glace et bien remuer le tout.
Verser ensuite le jus
d'orange. Selon le goût, compléter avec l'eau de Seltz. Servir avec une paille.

Arack-grog

2 cuillers à café de sucre
candi,
1 cl de jus de citron sans
pulpe,
5 cl d'arack,
10 cl d'eau bouillante.

Si vous rentrez gelé ou épuisé,
ce grog ne tardera pas à vous
revigorer.
Chauffer légèrement un
verre à anse en y plongeant
une cuiller afin d'éviter que le
verre n'éclate. Mettre le sucre
candi et le jus de citron dans
le verre, puis verser l'arack et
l'eau bouillante au-dessus.

*De gauche à droite:
Arack-punch aux œufs,
l'Arack-Grog: deux boissons
chaudes qui sont préparées
avec de l'arack et elles
réchauffent très fort.*

Bien remuer et servir très
chaud.

Arack-punch aux œufs

pour 4 à 6 personnes

---

1 l de thé chaud et fort,
300 g de sucre,
6 jaunes d'œufs,
½ l d'arack

Ce punch à base d'œufs vous
réchauffera rapidement
après une promenade, un
jour d'hiver. Dissoudre dans

13

Arack-Punch.

Athletic

4 cubes de glace,
6 cl de crème fraîche liquide,
6 cl de jus de raisin,
2 cl de jus de citron sans pulpe,
1 jaune d'œuf,
1 cuiller à café de sucre
eau de Seltz.

Aucune goutte d'alcool n'entre dans la composition de l'Athletic. D'ailleurs, son nom indique bien qu'il est la boisson idéale du sportif soucieux de conserver la forme. Mettre tous les ingrédients, excepté l'eau de Seltz, dans une grande coupe et fouetter. Selon le goût, compléter avec l'eau de Seltz à la fin.

Atteleur

½ cuiller à café de sucre,
¾ tasse de café très chaud,
1 cuiller à bouche de crème Chantilly.

Les fiacres viennois, même s'ils disparaissent de plus en plus, font toujours partie du décor de Vienne. Voici, donc, l'origine de «l'Atteleur». Il paraît que les cochers de fiacre le dégustaient dans leurs cafés habituels, à l'heure de la pause quotidienne. En tout cas, la crème fraîche fait aussi partie de cette boisson, et, à Vienne, elle porte un nom spécial («Schlagober» qui signifie crème fouettée, l'équivalent de notre crème Chantilly).
Mettre le sucre dans un verre. Verser du café très chaud par-dessus. Remuer. Surmonter d'un dôme de crème Chantilly.

Ayers's Rock

2 cubes de glace,
2 cl d'eau-de-vie de vin,
2 cl de curaçao blanc,
2 cl de jus d'orange,
1 trait d'angostura, bitter, mousseux,
1 rondelle d'orange,
1 cerise à cocktail.

Piler la glace et la mettre dans le shaker. Verser l'eau-de-vie de vin, le curaçao, le jus d'orange et l'angostura au-dessus; frapper et verser dans une grande coupe. Compléter avec le mousseux et décorer avec la rondelle d'orange et la cerise.

une casserole 150 g de sucre avec le thé. Mélanger dans un plat les jaunes avec l'arack et le reste de sucre, puis, sans cesser de remuer, verser sur le thé chaud. Faire chauffer le punch à feu doux en remuant. Attention de ne pas faire bouillir. Servir aussitôt dans des verres à anse résistants à la chaleur.

Arack-punch

Pour 4 à 6 personnes

15 morceaux de sucre,
1 l de thé chaud et fort,
4 citrons, 300 g de sucre en poudre,
½ l d'arack.

Frotter la peau des citrons avec le sucre en morceaux. Presser les citrons. Passer le jus et le verser dans le thé avec le sucre en poudre et en morceaux; puis faire fondre le sucre en remuant.
Ajouter l'arack et faire chauffer le punch en faisant attention de ne pas faire bouillir.

B

Babeurre à la fraise

200 g de babeurre,
2 cl de sirop de fraise,
2 cuillers à café de fraises fraîches.

Passer les ingrédients au mixer. Mettre 15 minutes au réfrigérateur. Servir avec une paille.

Babeurre à la mode

1/8 l de barbeurre,
3 cuillers à café de pain noir de Westphalie râpé,
5 cl de jus de fruit, selon la saison.

Passer tous les ingrédients au mixer et servir très frais dans une grande timbale ou un verre à anse.

Babeurre à la pomme

Pour 2 à 3 personnes

1/4 l de babeurre,
1 pomme moyenne râpée,
le zeste râpé d'un demi citron,
1 cuiller à café de sucre.

Une création agreable: Babeurre à la mode.

Cette boisson sans alcool est très rafraîchissante en été. Passer tous les ingrédients au mixer et servir très frais dans des grandes coupes.

Babeurre aux cassis

Pour 2 personnes

1/8 l de babeurre,
1/8 l de jus de cassis,
1/4 banane,
2 cuillers à café de germe de blé.

Passer tous les ingrédients au mixer. Mettre 15 minutes au réfrigérateur.

Babeurre à l'arbouse

3 cl de babeurre,
2 cl de sirop d'arbouse.

Passer tous les ingrédients au mixer. Verser dans une timbale moyenne. Servir avec une paille.

Babeurre aux fruits

1/8 l de babeurre
125 g de griottes en semi-conserve,
1 cuiller à bouche de sucre,

1/8 l de crème,
1 cuiller à bouche d'amandes en poudre.

Passer au mixer le babeurre, les cerises égouttées et le sucre. Mettre dans un plat. Battre la crème jusqu'à ce qu'elle devienne dure et la mélanger au reste. Servir dans des coupes et garnir avec les amandes.

Bacardi highball

cf photo page 16

2 cubes de glace,
2 cl de curaçao blanc,
2 cl de rhum blanc,
1 cuiller à café de jus de citron,
1 glaçon,
eau de Seltz.

Quand de vieux loups de mer se rencontrent quelque part, ils aiment trinquer au Bacardi highball. Mais les marins ne sont pas les seuls à apprécier les drinks à base de rhum blanc.
Piler 2 cubes de glace et les mettre dans le shaker. Verser par-dessus le curaçao, le rhum blanc et le jus de citron. Secouer le shaker fortement et verser le mélange dans une coupe. Servir avec un glaçon et un doigt d'eau de Seltz.

Baiser d'ange

cf photo page 16

3,5 cl d'abricot brandy,
1,5 cl de crème fraîche liquide,
1 cerise à cocktail.

Mettre l'abricot brandy dans un verre à pousse-café. Faire couler délicatement la crème sur le dos d'une longue cuiller afin d'obtenir deux couches

15

Le rhum, le curaçao et le citron sont le secret de la fraîcheur du célèbre Bacardi highball.

Pour clore un repas, voici le pousse-café Baiser d'ange.

distinctes qui ne se mélangent pas. Ce sera plus facile si la crème est légèrement battue. Transpercer la cerise d'une petite pique et la poser en travers du verre.

Baltimore eggnog

1 jaune d'œuf,
2 cl d'eau-de-vie de vin,
2 cl de rhum,
2 cl de madère,
⅛ l de lait,

1 pincée de noix muscade rapée.

Bien secouer le jaune, l'eau-de-vie de vin, le rhum et le madère dans le shaker et verser dans un verre ballon ou une coupe. Compléter avec le lait et saupoudrer de noix de muscade rapée. Servir avec une paille.
Pour un goût plus prononcé on pourra employer du poivre de cayenne à la place de la muscade.

Bamboo

2 cubes de glace,
2,5 cl de vermouth dry,
2,5 cl de xérès,
2 doigts d'angostura,
1 doigt de liqueur d'orange amère,
1 cerise à cocktail,
1 citron.

Ce cocktail se sert avant le repas. Il stimule l'appétit et met de bonne humeur.
Bien mélanger la glace avec le vermouth, le xérès, l'angostura et la liqueur d'orange

16

Un Barbadosflip à base de lait est un drink qui est également très apprécié comme dessert.

Pris avant le repas, le Bamboo stimule l'appétit.

dans une grande coupe. Verser le drink dans un verre à cocktail et décorer avec la cerise. Pour finir, asperger le cocktail de gouttes de citron et servir avec une paille.

Si on préfère sentir davantage le goût du xérès, on ne mettra qu'$1/3$ de vermouth, mais on mettra, en revanche, environ $2/3$ de xérès dans le verre et on renoncera à la liqueur amère d'orange.

Barbadosflip

Pour 4 personnes

2 bananes,
4 jaunes d'œufs,
5 cuillers à bouche de sirop d'arbouse,
2 cuillers à bouche de sucre en poudre,

$1/4$ l de lait,
1 pointe de cannelle.

Voici un cocktail à base de lait qui peut tout à fait servir de dessert.

Passer tous les ingrédients au mixer et servir dans des coupes.

Barfly's dream cocktail

cf photo page 18

2 glaçons,
1,5 cl de jus d'ananas,
1,5 cl de gin,
1,5 cl de rhum,
1 cuiller à bouche de morceaux d'ananas en boîte.

Les dames, en particulier, apprécient le goût du Barfly's dream cocktail.

et verser le contenu dans un verre à cocktail. Décorer avec les morceaux d'ananas en les mettant dans le verre; planter une petite pique dans un des morceaux de fruit. On pourra servir ce cocktail accompagné de macarons.

Piler la glace et la mettre dans le shaker. Puis remplir le shaker avec les autres ingrédients, à l'exception des morceaux d'ananas. Secouer fortement et verser dans un verre à cocktail. Décorer avec les morceaux d'ananas. Planter une petite pique dans un fruit et servir.

Bazooka cocktail

3 cubes de glace,
2 cl de chartreuse verte,
1 cl d'eau-de-vie de vin,
1 cl de cherry-brandy,
1 cl de gin,
1 cuiller à bouche de morceaux d'ananas en boîte.

Piler la glace et la mettre dans le shaker. Verser la chartreuse, l'eau-de-vie de vin, le cherry brandy et le gin sur la glace, bien secouer le shaker

Le Bazooka cocktail, l'arme secrète des Casanovas.

Beau rivage

2 cubes de glace,
1,5 cl de rhum blanc,
1,5 cl de gin,
1 cuiller à café de vermouth dry,
1 cuiller à café de vermouth rouge,
1 cuiller à café de grenadine,
1 cuiller à café de jus d'orange sans pulpe.

Piler la glace et la mettre dans le shaker. Verser tous les ingrédients sur la glace et secouer fortement. Verser dans un verre à cocktail ou un verre ballon et servir.

Beautiful

2 cubes de glace,
1,5 cl de vermouth dry,
1 cl de rhum blanc,
1 cl de gin,
2 cuillers à café de grenadine,
1 cl de jus d'orange,
1 rondelle d'orange.

Piler la glace et la mettre dans le shaker. Verser tous les ingrédients, à l'exception de la rondelle d'orange, sur la glace, bien secouer et servir dans un verre à cocktail. Décorer avec la rondelle d'orange en la fixant sur le rebord du verre.

Le Beau Rivage rappelle la plage et les vacances.

Bénédictine frappée et Bénédictine Pick me up.

Bel ami

2 cl d'eau-de-vie de vin,
2 cl de abricot brandy,
2 cl de crème fraîche
liquide,
1 cuiller à bouche bien
pleine de glace à la vanille.

Les hommes aussi sont amateurs de douceurs et ils apprécient certainement le mélange de glace et d'alcool. Ils ne sont d'ailleurs pas les seuls.
Passer tous les ingrédients au mixer et servir dans une coupe. On pourra accompagner ce cocktail de gaufrettes.

Bénédictine frappée

3 cubes de glace,
2,5 cl de Bénédictine.

Un after-drink aromatisé pour conclure un bon repas. Raper la glace très finement et en remplir un verre à cocktail; puis verser la Bénédictine.

Bénédictine pick me up

2 cubes de glace,
2 doigts d'angostura,
3 cl de Bénédictine,
mousseux ou champagne.

Piler la glace, verser l'angostura et la Bénédictine pardessus, remuer et verser dans une coupe à champagne. Compléter avec le mousseux ou le champagne.

Bière aux aromates

Pour 2 à 3 personnes

1 l de bière brune
3 cuillers à bouche de miel,
1 pincée de poivre,
1 pincée de clou de girofle en poudre,
1 pointe de cannelle,
1 cuiller à bouche de sirop de gingembre.

Faire chauffer tous les ingrédients dans une casserole sans laisser bouillir; laisser infuser 2 à 3 heures. Remettre sur le feu, passer et servir le plus chaud possible dans des verres résistant à la chaleur.

19

La bière qui mousse est un somnifère efficace.

Bière qui mousse

Pour 4 à 6 personnes

1 l de bière blonde,
le zeste râpé d'un demi
citron,
½ à l bâton de cannelle,
1 cuiller à bouche de sucre
en poudre,
4 jaunes d'œuf.

Mettre la bière, le zeste de citron râpé et le bâton de cannelle dans une casserole. Faire frémir au bain-marie. Passer le contenu de la casserole dans une autre casserole. Refaire chauffer celle-ci au bain-marie.
Battre le jaune et le sucre jusqu'à obtenir une pâte mousseuse. Mélanger délicatement cette mousse à la bière, tout en continuant à battre au fouet. Servir aussitôt cette boisson mousseuse dans des verres résistant à la chaleur.

Bière-yaourt

Pour 2 personnes

¼ l de bière forte,
2 pots de yaourt,
1 cuiller à café de jus de
citron passé,
2 rondelles de citron,
1 à 2 cuillers à café de
compote d'airelles.

Passer au mixer la bière, le yaourt et le jus de citron, verser dans des coupes, déposer une rondelle de citron dans chaque verre et garnir de compote d'airelles.

Bitter lemon gin

3 glaçons,
3 cl de gin,
bitter lemon.

Les boissons amères sont très appréciées sans, toutefois, être du goût de tout le monde. Soyez donc prudent, la première fois, en versant le bitter lemon.
Mettre les glaçons dans une coupe, verser le gin au-dessus et, selon le goût, compléter avec le bitter lemon. Servir avec une paille.

Black Russian

2,5 cl de liqueur de café,
7,5 cl de vodka,
3 glaçons.

Mettre la liqueur de café et la vodka dans un petit gobelet. Ajouter doucement la glace. Remuer avec une longue cuiller et servir avec une paille.

Blackstone

3,5 cl de xérès dry,
1,5 cl de gin,
1 trait d'angostura bitter.

Un apéritif à s'offrir à soi-même de temps en temps . . . et pas uniquement quand on a des invités.
Passer les ingrédients au mixer sans mettre de glace et verser dans un verre à cocktail.

Blackthorne

2 cl de whisky irlandais,
2 cl de vermouth dry,
2 doigts de pernod,
2 doigts de bitter orange.

Mélanger tous les ingrédients dans un verre à mélange et verser dans un verre à cocktail. Ne pas mettre de glaçons pour ne pas affadir le goût.

Black velvet

⅛ l de bière brune anglaise,
⅛ l de mousseux bien frais.

La bière mélangée au mousseux donne une boisson particulièrement savoureuse. Celui qui ne connaît pas encore ce mélange devrait facilement se laisser convaincre. Verser la bière et le mousseux simultanément dans un verre à bière et servir aussitôt.

Blondie

7,5 cl de vermouth blanc,
1 cuiller à café de jus de
citron passé,
mousseux ou champagne.

Ce cocktail peut être servi aux dames comme stimulant. Mettre le vermouth et le jus

Le Bloody Mary remet sur pied un homme fatigué.

Bloody Mary

2 cl de vodka,
4 cl de jus de tomate,
1,5 cl de jus de citron passé,
1 rondelle de citron,
1 pincée de sel.

C'est le jus de tomate qui a donné son nom à cette boisson très épicée.
Mélanger tous les ingrédients dans une coupe et garnir d'une rondelle de citron.

Blue blazer

3 sucres en morceaux,
5 cl de whisky,
5 cl d'eau très chaude.

Le Blue blazer exerce un charme envoûtant avec sa flamme.
Une partie du taux élevé d'alcool disparaît grâce au flambage.
Mettre les morceaux de sucre dans une coupe en argent ou en métal, verser le whisky au-dessus et flamber. Laisser flamber environ 2 minutes puis verser l'eau chaude. Si on prépare ce cocktail pour plusieurs personnes, il sera préférable d'utiliser une casserole en cuivre ou une marmite avec un manche bien isolé qui ne risque pas de vous brûler.

Blue boy

le jus d'un demi citron,
2 cuillers à bouche de sucre,
2 cl de jus de citron,
2 cl de curaçao bleu,
2 cl de gin,
1 cuiller à café de sirop de sucre,
½ bouteille de mousseux.

Préparer d'abord le givrage des verres; remplir une sous-tasse avec le sucre et une autre avec le jus de citron. Plonger le bord d'une grande coupe en verre d'abord dans le jus de citron, laisser égoutter un peu, puis passer le bord du verre dans le sucre. Remettre le verre à l'endroit et laisser sécher.
Secouer un shaker contenant le jus de citron, le curaçao, le gin et le sirop de sucre; verser le mélange dans le verre givré et ajouter du mousseux à volonté.

Blue lady

2 glaçons,
1 cl de curaçao bleu,
2 cl de jus de citron,
2 cl de gin,
1 cerise à cocktail.

Le cocktail des médiums.
Piler finement la glace et la mettre dans le shaker. Ajouter le curaçao, le jus de citron, et le gin. Secouer le tout fortement et verser dans un verre à cocktail ou un verre à pied. Pour finir, décorer avec la cerise.

Bodybuilding

2 cl de marasquin,
2 cl d'eau-de-vie de vin,
2 cl de crème fraîche,
1 jaune d'œuf intact.

Voici un apéritif qui se doit d'être bu d'un trait.

Le Bodybuilding a un goût exquis.

Passer au mixer le marasquin, l'eau-de-vie de vin et la crème et verser dans un verre à vin. Faire glisser délicatement le jaune sur le mélange et servir aussitôt.

Boisson du bûcheron canadien

125 g de mûres bien mûres,
25 g de sucre
1 cuiller à café de jus de citron sans pulpe,
1 glaçon,
eau de Seltz,
1 rondelle de citron.

Passer au mixer les mûres, le sucre, le jus de citron et la glace pilée. Verser dans un verre ballon. Compléter avec l'eau de Seltz. Inciser la rondelle de citron et la fixer sur le bord du verre. Servir avec une paille.

de citron dans un grand verre, mélanger et compléter avec le mousseux selon le goût.

Boisson de dieux

Pour 2 personnes

Le jus d'un demi citron,
2 cl de sirop d'orange,
2 cl de sauce chocolat,
1 cuiller à bouche bien
pleine de glace à la vanille,
1 cuiller à bouche bien
pleine de glace au chocolat,
½ l de lait,
2 rondelles d'orange,
1 cuiller à bouche de
granules de chocolat.

Ce lait glacé aura toujours du succès.
Passer au mixer le jus de citron, le sirop d'orange, la glace à la vanille et au chocolat et le lait. Verser dans de grands gobelets, décorer avec les rondelles d'orange et les granules de chocolat et servir avec une grande cuiller et une paille.

Boisson à la mûre

⅛ l de jus de pomme,
2 à 3 cuillers à café de sucre roux,
1 à 2 clous de girofle,
½ bâton de cannelle,
1 zeste de citron,
5 cl de whisky.

Faire frémir, dans une casserole, le jus de pomme, le sucre roux, les clous de girofle, la cannelle et le zeste de citron. Réchauffer le whisky et le verser dans un verre à punch. Passer le mélange de jus de pomme et d'aromates dans le verre. Servir avec une cuiller.

Le succès d'une après-midi enfantine en été est garanti avec la boisson aux mûres.

Le Bonanza freeze est une boisson d'été sans alcool.

Bonanza freeze

2 cl de sirop d'ananas,
2 cl de sirop d'orange,
1 cuiller à bouche d'ananas
râpé,
3 glaçons,
eau de Seltz,
2 cuillers à bouche de glace
aux fruits,
½ rondelle d'orange.

On peut modifier le goût de ce long drink en y ajoutant différentes sortes de glaces. Mettre le sirop d'ananas, le sirop d'orange et l'ananas râpé dans une grande coupe. Ajouter les glaçons et, selon le goût, compléter avec de l'eau de Seltz. On peut mettre une boule de glace de son choix et garnir d'une tranche d'orange. Servir avec cuiller et paille.

Bosom caresser

3 glaçons,
1 œuf,
1 cuiller à café de sirop de sucre,
2 cl d'eau-de-vie de vin,
⅛ l de lait.

Le Bosom caresser est un eggnog apprécié par tous.

Bourbon cocktail: la boisson préférée des femmes.

Bourbon sour: un longdrink pour les réceptions.

Piler la glace que l'on mettra avec tous les ingrédients dans le shaker; secouer fortement. Verser dans une coupe et servir avec une paille.

Bourbon cocktail

2 glaçons,
2 cl de bourbon,
1 cl de jus de citron,
1 cl de Bénédictine,
1 cl de curaçao triple sec,
1 trait d'angostura.

Pour les mélanges, on préfère le bourbon qui se marie très bien avec les autres ingrédients.
Piler la glace et la mettre dans le shaker. Ajouter tous les autres ingrédients. Bien secouer et servir dans un verre à cocktail.

Bourbon highball

4 glaçons,
2 cl de bourbon,
eau de Seltz ou ginger ale,
1 écorce de citron découpée en spirale.

Mettre les glaçons dans un verre à long drink moyen, verser le bourbon dessus et ajouter, selon le goût, l'eau de Seltz ou le ginger ale. Accrocher la spirale de citron au bord du verre et servir avec une paille.

Bourbon sour

2 glaçons,
5 cl de bourbon,
2,5 cl de jus de citron sans pulpe,
2 cuillers à café de sirop de sucre,
1 trait d'angostura bitter,
eau de Seltz,
1 rondelle de citron.

Piler la glace et la mettre dans le shaker. Verser dessus le bourbon, le jus de citron et le sirop de sucre. Après avoir bien secoué, verser dans une coupe et compléter avec l'eau de Seltz. Décorer avec la rondelle de citron qu'on mettra sur le bord du verre.

Bourgogne ardent

Pour 4 à 6 personnes

1 bouteille de vin de Bourgogne,
1 cuiller à café de gingembre en poudre,
1 cuiller à café de cannelle en poudre,
3 clous de girofle passés à la moulinette,
½ sachet de sucre vanillé,
500 g de miel.

Ce vin chaud peut également se boire froid. D'une façon comme de l'autre, il est délicieux.
Faire chauffer tous les ingrédients dans une casserole, tout en prenant garde de ne pas faire bouillir. Retirer la casserole du feu juste avant le point d'ébullition et passer le punch dans une terrine préchauffée. Servir dans des verres à punch. Si on veut le boire froid, on versera le punch dans une carafe et on l'y laissera refroidir. Bien remuer avant de servir.

Bowl of the bride

Pour 6 à 8 personnes

⅛ l de grenadine,
⅛ l de jus de citron
½ l de jus d'ananas,
1 bouteille de rhum blanc,
600 à 700 g de morceaux d'ananas,
500 g de fraises,
eau de Seltz.

Mélanger le sirop, les jus, le rhum et l'ananas dans un bowl, couvrir et laisser macérer 2 heures au réfrigérateur. Laver les fraises, les équeuter et les ajouter au mélange après les avoir égouttées. Compléter avec l'eau de Seltz.

Bramble-bramble

Pour 2 personnes

125 g de mûres,
40 g de sucre,
⅛ l d'eau,
2 cl de sirop de mûres,
1 pincée de cannelle.

Cette boisson chaude ne contient pas d'alcool.
Faire bouillir les mûres avec le sucre et l'eau, passer au tamis au-dessus d'une coupe, remuer, ajouter le sirop et mélanger, puis épicer avec la cannelle.
Si on utilise des mûres en conserve, on n'ajoutera pas d'eau. On les fera bouillir dans leur jus.

Brandy cocktail

cf photo page 26-27

1 à 2 glaçons,
2 traits d'angostura bitter,
3,5 cl d'eau-de-vie de vin,
1,5 cl de vermouth rouge,
1 zeste de citron,
olives ou petits oignons.

On préparera ce cocktail dans un simple verre à mélange. Piler la glace, la mettre dans le verre à mélange et verser par-dessus l'angostura, l'eau-de-vie de vin et le vermouth. Bien mélanger le tout et verser dans un verre à cocktail. Selon le goût, disposer un zeste de citron dans le verre. Servir avec des olives ou des petits oignons piqués.

Brandy cooler

cf photo page 26-27

3 à 4 glaçons,
5 cl d'eau-de-vie de vin,
eau de Seltz,
1 ruban d'écorce d'orange.

Verser l'eau-de-vie de vin sur la glace, ajouter l'eau de Seltz, mélanger et décorer le verre avec le ruban d'orange.

Brandy crusta

cf photo page 26-27

le jus d'un demi citron,
2 cuillers à bouche de sucre,
2 glaçons,
1 cuiller à café de sirop de sucre,
3 traits de marasquin,
2 traits d'angostura bitter,
5 cl d'eau-de-vie de vin,
1 ruban d'écorce de citron.

Le maître de maison devrait essayer cette recette spéciale afin de pouvoir l'offrir à des amis particuliers.
Préparer d'abord le givrage de verre: mettre chacun dans une sous-tasse le jus de citron et le sucre. Retourner le verre à limonade et passer le bord du verre d'abord dans le jus de citron, laisser égoutter un peu, puis le passer dans le sucre. Remettre le verre à l'endroit et laisser sécher le «givrage». Piler la glace et la mettre dans le shaker. Passer le jus de citron et le verser sur la glace avec le sirop de sucre, le marasquin, l'angostura bitter et l'eau-de-vie de vin. Bien secouer le shaker. Verser le contenu du shaker dans le verre givré et accrocher le ruban de citron au verre.

Brandy daisy

3 glaçons,
le jus d'un demi citron,
1 cl de grenadine,

2 cl d'eau-de-vie de vin,
eau de Seltz,
3 à 4 cerises à cocktail.

Voici un drink pour dames, idéal pour les petites réceptions de l'après-midi.
Piler la glace et la mettre dans le shaker. Verser par-dessus le jus de citron, la grenadine et l'eau-de-vie de vin. Secouer fortement et verser dans une coupe à champagne; ajouter un doigt d'eau de Seltz. À la fin, garnir avec les cerises. On servira ce drink avec de petites piques afin que l'invité puisse attraper les cerises sans peine.

Brandy fix

1 cuiller à café de sirop de sucre,
2 cl de cherry brandy,
le jus d'un demi citron,
4 cl d'eau-de-vie de vin,
1 cube de glace,
1 fine rondelle de citron.

Emplir une petite coupe avec le sirop de sucre, le cherry-brandy, le jus de citron passé et l'eau-de-vie de vin. Bien remuer et ajouter la glace finement râpée au-dessus. Disposer enfin la rondelle de citron par-dessus.

De gauche à droite: Quelques exemples faisant partie de la large gamme des Brandy drinks sont ici réunis; le Brandy crusta, le

Brandy flip

2 cubes de glace,
1 jaune d'œuf,
2 cuillers à café de sirop de sucre,
5 cl d'eau-de-vie de vin.

On servira cette boisson dans une coupe à champagne ou dans une petite timbale.
Piler la glace et la mettre dans le shaker. Ajouter le reste des ingrédients, secouer fort et rapidement et verser dans la coupe ou le verre. Selon le goût, on pourra saupoudrer de noix muscade.

Brandy highball

cf photo page 28

1 cube de glace,
1 cuiller à café de jus de citron,
1 cuiller à café de sirop de sucre,
1 trait d'orange bitter,
2 cl d'eau-de-vie de vin,
3 cubes de glace,
eau de Seltz.

Ce long drink léger rafraîchit après une journée de travail et ranime les esprits fatigués. Piler la glace et la mettre dans le shaker. Verser par-dessus le jus de citron, le sirop de sucre, l'orange bitter et l'eau-de-vie de vin. Bien secouer le tout et verser dans un grand verre. Mettre des glaçons et, selon le goût, ajouter de l'eau de Seltz.

Brandy cooler et le Brandy cocktail.

27

dans le thé qui continue à chauffer à feu doux. Laisser chauffer jusqu'à ce que le punch commence à monter.

Brandy sling

3 glaçons,
1 trait d'angostura,
le jus d'un demi citron,
1 cuiller à café de sirop de sucre,
8 cl d'eau-de-vie de vin,
eau plate froide.

Mettre les glaçons dans un grand gobelet. Ajouter tous les ingrédients, sauf l'eau. Bien remuer, compléter avec l'eau froide, mélanger et servir.

Brandy smash

1 cuiller à café de sucre,
1 cuiller à café d'eau,
2 branches de menthe fraîche,
5 cl d'eau-de-vie de vin,
3 à 4 glaçons,
3 à 4 rondelles de citron vert,
2 fraises,
1 cerise à cocktail,
1 à 2 grains de raisin.

Nous vous conseillons de préparer ce long drink rafraîchissant pour vous et vos amis lorsqu'il fait très chaud en été.
Mettre le sucre dans le shaker et le dissoudre avec l'eau. Ajouter les feuilles de menthe que vous presserez avec la cuiller à mélange avant de les retirer. Verser l'eau-de-vie de vin et secouer fortement le shaker. Emplir à moitié un verre à vin avec la glace finement râpé. Verser le contenu du shaker sur cette glace et garnir la surface avec les fruits. Servir ce drink avec paille et cuiller.

De gauche à droite: Brandy smash, Brandy Pick me up, Brandy highball.

Brandy Pick me up

2 cubes de glace,
1 cuiller à café de sirop de sucre,
2,5 cl d'eau-de-vie de vin,
champagne.

Piler la glace finement et la mettre dans le shaker. Ajouter le sirop de sucre et l'eau-de-vie de vin; bien secouer le shaker. Verser le contenu dans une coupe à champagne et, ajouter du champagne à volonté.

Brandy punch aux œufs

½ l de thé fort et bien chaud,
125 g de sucre,
3 jaunes d'œuf,
125 g de sucre,
½ l d'eau-de-vie de vin.

Ce punch aux œufs est particulièrement recommandé en hiver.
Faire chauffer le thé et le sucre dans une casserole. Battre les jaunes, le sucre et l'eau-de-vie de vin jusqu'à obtenir une mousse, puis, sans cesser de remuer, verser cette mousse

Un cocktail de la famille des punchs: le Brandy sling.

Une boisson fraîche pour les jours de grande chaleur: le Brandy tea punch.

Brandy tea punch

2 à 3 glaçons,
le jus d'un demi citron,
1 cuiller à café de sirop de sucre,
2 cl de curaçao orange,
4 cl d'eau-de-vie de vin,
4 cl de thé froid et fort,
½ pêche,
2 cerises à cocktail et 2 fraises pour décorer.

Raper finement la glace. La mettre avec le jus de citron, le sirop de sucre, le curaçao orange, l'eau-de-vie de vin et le thé dans une timbale moyenne. Bien remuer le tout. Décorer avec les fruits. Servir avec paille et cuiller.

Breakfast eggnog

2 cubes de glace,
1 œuf entier,
2 cuillers à café de sirop de sucre,
2,5 cl de curaçao orange,
2,5 cl d'eau-de-vie de vin,
5 cl de lait.

D'habitude, l'egg-nogg est une boisson de bar. Par contre, le Breakfast eggnog peut se boire au petit déjeuner. Piler la glace et la mettre dans le shaker. Verser les autres ingrédients par-dessus et secouer fort le shaker pendant un bon moment. Verser le contenu dans une grande timbale et servir avec une paille. Si, à la place du curaçao, on utilise la même quantité de sirop de framboise, on obtient le Bosom caresser.

Brise-glace

Pour 8 à 10 personnes
cf photo page 116

3 l de vin rouge,
½ bouteille d'arack,
250 g de sucre,
2 à 3 oranges,
2 à 3 citrons.

Le Brise-glace est un punch au vin rouge, connu surtout dans le nord de l'Allemagne où il est particulièrement ap-précié l'hiver. Et pas seulement parmi les otaries!
Mettre le vin rouge, l'arack et le sucre dans une casserole. Ajouter les oranges et les citrons coupés en fines rondelles. Faire chauffer le mélange jusqu'à ce qu'il frémisse et verser dans une carafe résistant à la chaleur. Servir dans des verres à punch ou à grog.

British lion

cf photo page 30

12 cl d'eau très chaude,
4 cl de scotch,
1 cuiller à bouche de sirop de cerise,
1 cuiller à bouche de jus de citron,
1 zeste de citron.

Une boisson à offrir un soir d'automne après une journée pluvieuse, car elle fait régner la bonne humeur et réchauffe bien.
Verser l'eau très chaude dans un verre réchauffé à grog ou à punch; ajouter le scotch, le sirop de cerise, le jus de citron et le zeste, puis servir aussitôt.

Broadway smile

2,5 cl de Cointreau,
2,5 cl de punch suédois,
2,5 cl de crème de cassis.

29

lement un plaisir des yeux, étant déjà, par ailleurs, un plaisir du palais.

Laver le raisin et le sécher. Piquer un grain de raisin noir puis un grain de raisin vert, et ainsi de suite, sur un bâtonnet en bois qu'on mettra dans un grande coupe à champagne remplie de champagne.

Bronx

2 glaçons,
1 cl de dry gin,
1 cl de vermouth dry,
1 cl de vermouth rouge,
1 trait d'angostura bitter,
1 cl de jus d'orange,
1 ruban d'écorce d'orange.

Piler la glace et la mettre dans le shaker. Verser le gin, le vermouth, l'angostura et le jus d'orange sur la glace pilée; bien mélanger le tout et verser dans un verre à cocktail et décorer avec le ruban d'orange en le fixant sur le rebord du verre.

Le punch au thé flambé, à gauche et le British lion à droite: Ces deux boissons réchauffent bien, en particulier l'hiver.

Comme tous les pousse-cafés, ce drink doit être préparé avec soin.

Mettre le Cointreau dans un verre étroit. Faire glisser, sur le Cointreau, le punch suédois sur le dos d'une cuiller à mélange et procéder de même avec la crème de cassis de façon à obtenir 3 couches de liquide superposées.

Brochette au champagne

cf photo page 209

4 grains de raisin vert,
3 grains de raisin noir,
champagne pour remplir le verre

Ce verre de champagne est si bien décoré qu'il devient éga-

Brooklyn

2 glaçons,
3 traits de picon,
1 cl de marasquin,
2 cl de whisky,
2 cl de vermouth dry,
1 cerise à cocktail.

Mettre les glaçons et les alcools dans le shaker et bien mélanger. Verser dans un verre à cocktail et décorer avec la cerise.

Le Brooklyn est un prélude idéal à un dîner.

30

Butterfly flip

2 à 3 cubes de glace,
1 jaune d'œuf,
1 cuiller à café de sucre,
1 cuiller à bouche de crème fraîche,
2,5 cl de cognac,
2,5 cl de crème de cacao,
noix muscade.

Voici un long drink à servir le matin ou l'après-midi, à l'heure du thé. Le Butterfly remplace aisément un en-cas car sa composition – œuf, sucre, crème et alcool – est très riche en calories.
Bien secouer tous les ingrédients dans le shaker. Verser dans une coupe à champagne. Saupoudrer d'un peu de noix muscade râpée. Servir aussitôt avec une paille.

Byhrr-cocktail

1,5 cl de Byhrr,
1,5 cl de rye whisky,
1,5 cl de vermouth rouge
2 à 3 cubes de glace.

On pourra aussi servir cet apéritif le matin. Mélanger tous les ingrédients dans le verre à mélange. Verser dans une timbale moyenne.

Cablegram cooler

2 à 3 glaçons,
1 à 2 cuillers à café de sirop de sucre,
le jus d'un demi citron,
2 cl de whisky,
ginger ale,
1 glaçon,
1 ruban d'écorce d'orange.

Cette boisson est recommandée l'été pour apaiser la soif. Piler la glace. La mettre dans le shaker avec le sirop de sucre, le jus de citron et le whisky, puis secouer fortement. Verser dans une coupe. Compléter avec le ginger ale. Ajouter un glaçon selon le goût et garnir le bord du verre avec le ruban d'écorce d'orange.

Cacao aux amandes de Lissy

10 g d'amandes douces,
1 goutte d'huile d'amande amère,
1/4 l de lait,
1 cuiller à bouche de cacao en poudre sucré.

Les enfants apprécient ce cacao aux amandes – même s'ils n'aiment pas le lait d'habitude.

Passer les amandes dans l'eau bouillante, les éplucher, les moudre et les faire bouillir dans le lait; laisser infuser 1/2 heure pendant laquelle on remuera le lait de temps en temps afin qu'il ne se forme pas de peau. Ajouter l'huile d'amande amère et faire chauffer encore une fois. Passer dans une coupe ou un gobelet et mélanger avec le cacao en poudre. Fouetter et servir.

Cacao vital (à gauche) et Cacao flip (à droite).

Cacao flip

1/8 l de crème fraîche bien froide,
1 jaune d'œuf,
3 cuillers à café de cacao soluble à froid,
4 cl de crème de cacao.

Passer tous les ingrédients au mixer et servir bien frais dans un gobelet. Le flip sera plus corsé si l'on utilise du curaçao à la place de la crème de cacao. Servir avec une paille.

Cacao vital

cf photo page 31

2 cuillers à café de cacao soluble sucré,
1/8 l d'eau bouillante,
le jus passé d'une orange.

Remuer le cacao sucré dans l'eau bouillante et ajouter le jus d'orange. Servir dans une tasse ou un gobelet.

Une boisson rafraîchissante pour les jours de grande chaleur: le Cablegram Cooler.

Café acapulco

1 cuiller à café bien pleine de café soluble
40 g de sucre en poudre,
1/4 l d'eau froide,
1 cuiller à café de rhum,
1 cuiller à café de jus de citron,
2 à 3 glaçons.

Le Café Acapulco est une boisson rafraîchissante pour les jours de grande chaleur, d'ailleurs tout aussi délicieuse sans rhum.

Mélanger le café soluble, le sucre en poudre et l'eau. Aromatiser de rhum et de jus de citron. Mettre les glaçons dans un grand verre et verser le mélange par-dessus. Servir avec une paille.

Café à la cheik

2 cuillers à café de café moulu,
2 cuillers à café de cardamome pressée,
1 tasse d'eau bouillante.

Voici un café épicé à offrir comme un souvenir d'Arabie.
Mettre le café et la cardamome dans deux tasses différentes. Emplir chaque tasse à moitié d'eau bouillante. Verser le contenu des deux tasses dans une autre tasse, passée auparavant sous l'eau chaude, mélanger. À l'origine, cette boisson se déguste sans sucre parce que la cardamome et le sucre se marient assez mal.

Café au cognac aux œufs

4 cl de liqueur aux œufs,
café chaud pour remplir le verre,
2 cuillers à bouche de crème Chantilly,
1 pincée de café moulu.

Les spécialités de café glacé. De gauche à droite: Café Acapulco, Café Rio (recette page 36), Café de cacao frappé (recette page 35).

«meilleurs souvenirs d'Arabie», voici un café fortement épicé à la cardamome, le Café à la cheik.

Généralement, après un repas on sert à part le café et la liqueur. Mélangez-les, ce sera encore meilleur, vous verrez! Verser la liqueur aux œufs dans une tasse réchauffée, remplir de café et surmonter d'un dôme de crème chantilly. Saupoudrer de café moulu.

Café au kirsch

2 à 3 cuillers à bouche de glace pilée,
2 traits de marasquin,
1 pincée de sucre,
2,5 cl de moka froid,
2,5 cl de kirsch.

Emplir un verre à cocktail de glace jusqu'au quart. Laisser tomber le marasquin goutte à goutte par-dessus. Saupoudrer de sucre. Verser le moka et le kirsch par-dessus. Remuer avec une cuiller à mélange. Servir le café au kirsch avec sous-tasse, cuiller et paille.

Une spécialité conseillée: le Café au cognac aux œufs.

Café au lait

Pour 2 personnes

⅛ l de lait très chaud,
⅛ l de café très chaud,
1 à 2 morceaux de sucre.

Cette boisson se retrouve sur toutes les cartes françaises. On la sert à toute heure de la journée.
Servir le café et le lait séparément dans 2 petits pots. Remplir les tasses simultanément avec la même quantité de lait et de café. Sucrer à volonté.

Café belge

ou Café de Belgique
Pour 4 personnes

1 blanc d'œuf,
⅛ l de crème fraîche,
¼ de cuiller de sucre vanillé,
10 cl de café chaud.

Le Café Belge termine agréablement un repas réussi.
Battre le blanc jusqu'à obtenir une neige bien ferme. Puis fouetter la crème avec le sucre vanillé. Mélanger le blanc et la crème. Remplir ensuite 4 tasses à café de ce mélange jusqu'au tiers. Puis verser le café chaud dans les tasses et servir immédiatement.
Pour un café plus sucré, on peut évidemment rajouter du sucre selon le goût.

Le Café Belge achève en beauté les repas de fête.

Café brûlot

2 morceaux de sucre,
1 cuiller à café de kirsch,
1 cl de kirsch,
⅛ de tasse de café fort et très chaud,
1 cuiller à bouche de crème Chantilly.

Ce sont les hommes qui apprécient particulièrement le Café Brûlot; ils aiment le boire à toute heure de la journée et surtout après le dîner. Mettre les morceaux de sucre dans une tasse réfractaire, mouiller avec une cuiller à café de kirsch et flamber. Sitôt la flamme éteinte, verser le reste de kirsch, ajouter le café et garnir d'un dôme de crème Chantilly.

Café capriccio

¾ de tasse de café fort et très chaud,
2 cl de Cointreau,
½ cuiller à café de sucre vanillé,
1 cuiller à bouche de crème Chantilly.

Un café stimulant et délicieux apprécié par les hommes et les femmes.
Verser le Cointreau dans une tasse remplie aux trois quarts de café. Décorer d'un dôme de crème Chantilly sucrée avec le sucre vanillé.

Chaque pays a ses spécialités de

Le Café Cobbler est bien alléchant.

Café cobbler 1

3 à 4 glaçons,
2 cl de cognac,
café froid fort et sucré.

Ce Café cobbler pourra être servi en plein été à l'heure du café.
Piler finement la glace. La mettre dans un verre à pied. Ajouter le cognac et verser le café par-dessus. Remuer avec une cuiller à mélange et servir avec une paille.

Café cobbler 2

2 à 3 glaçons,
4 cl d'eau-de-vie de vin,
4 cl de liqueur de café,
4 cl de sirop de sucre,
café froid pour remplir le verre.

café, voici le Café danois.

Un cobbler que beaucoup préfèrent à un café normal. Râper finement la glace. En remplir un verre à cobbler ou une coupe à champagne jusqu'au tiers. Applatir la glace, verser l'eau-de-vie de vin, la liqueur et le sirop par-dessus et compléter avec le café. Servir avec une paille.

Café danois

Pour 8 à 10 personnes

6 œufs,
le zeste râpé d'un demi citron,
100 à 120 g de sucre,
environ ¾ l d'eau,
café fort,
⅛ l d'eau-de-vie de vin.

Battre ensemble les œufs et le zeste de citron jusqu'à ce que ça mousse. Jeter peu à peu le sucre sans cesser de battre, jusqu'à obtenir une crème

épaisse. Puis, mélanger d'abord avec le café et, ensuite, avec l'eau-de-vie de vin. Servir dans des tasses ou des verres ballons ou à punch rafraîchis.

Café de cacao frappé

cf photo page 32

2 glaçons,
2,5 cl de crème de cacao,
2,5 cl de moka très fort et froid,
2 à 3 cerises à cocktail.

Piler la glace et la mettre dans une coupe à champagne. Verser par-dessus la crème de cacao et le moka. Décorer avec les cerises. Servir aussitôt avec paille et cuiller.

Café de Copenhague

½ l d'eau,
5 cuillers à café bien pleines de café moulu (50 g),
40 g de sucre, 1 pointe de cannelle,
4 clous de girofle,
4 verres (2 cl chacun) de rhum.

Faire bouillir l'eau. La verser sur le café dans le filtre et répartir dans 4 verres à grog ou dans des tasses, sucrer et ajouter une pointe de cannelle. Mettre un clou de girofle dans chaque tasse et y verser délicatement un verre de rhum par-dessus. Ne pas remuer et servir très chaud.

Café des Indes occidentales

¾ tasse de moka,
2 morceaux de sucre,
2 cl de rhum,
1 clou de girofle,
le zeste râpé d'un demi citron,

1 cuiller à bouche de crème Chantilly,
1 bâton de cannelle.

Un mélange un peu insolite mais délicieusement bon. Mélanger le moka, le sucre, le rhum, le clou de girofle et le zeste de citron dans une tasse à café et décorer d'un dôme de crème chantilly. Servir avec le bâton de cannelle pour remuer.

Café des montagnes

Pour 2 personnes
cf photo page 79

1 jaune d'œuf,
2,5 cl de rhum,
2 cuillers à café de sucre,
⅛ l de café très chaud,
crème fraîche liquide.

Mélanger le jaune avec le rhum et le sucre. Ajouter le café chaud et fouetter le tout. Verser dans des tasses et servir aussitôt. Présenter avec de la crème fraîche liquide à part.

Café flip

1 jaune d'œuf,
2 cuillers à café d'extrait de café,
1 cuiller à bouche de crème fraîche,
1 verre (2 cl) de cognac ou d'eau-de-vie de vin,
½ verre (1 cl) de marasquin,
2 glaçons,
1 cuiller à café de crème Chantilly,
1 pincée de café moulu.

Mettre le jaune, l'extrait de café, la crème fraîche, le cognac ou l'eau-de-vie de vin et le marasquin dans le shaker.

Le café hollandais doit être bu très chaud.

35

Bien secouer. Verser dans un verre à flip ou à cocktail. Ajouter les glaçons, surmonter d'un dôme de crème Chantilly. Saupoudrer de café moulu. Servir aussitôt avec une paille.

Café glace

1 cuiller à bouche bien pleine de glace à la vanille,
$1/8$ l de café fort glacé,
2 cuillers à bouche de crème Chantilly,
2 gaufrettes.

Mettre la glace à la vanille dans une coupe remplie de café, surmonter d'un dôme de crème chantilly et servir accompagné de gaufrettes.

Café hollandais

cf photo page 35

2 cl de liqueur aux œufs,
$1/8$ l de café fort et très chaud,
1 cuiller à bouche de crème Chantilly,
$1/2$ cuiller à café de café moulu,
$1/2$ cuiller à café de cacao.

Cette recette rappelle un petit déjeuner hollandais, agréable et copieux.

Mettre la liqueur aux œufs dans une tasse réchauffée. La remplir de café et surmonter d'un dôme de crème Chantilly. Saupoudrer la crème, de café moulu et de cacao. Servir avec une cuiller.

Café punch aux œufs

Pour 2 à 3 personnes

250 g de sucre,
5 jaunes d'œufs,
$1/2$ l de café noir très chaud.

Une petite gâterie exquise mais très riche en calories. Battre les jaunes et le sucre jusqu'à obtenir un mélange mousseux qu'on mélangera au café dans une casserole. Faire chauffer à feu doux en fouettant légèrement jusqu'à ce que ça monte. Servir dans des verres à anse bien réchauffés et avec une paille.

Café Rio

Pour 4 personnes
cf photo page 32

1 petit pot de glace à la vanille ou au moka (500 ml)
8 cuillers à café d'extrait de café,
$1/2$ l d'eau froide,
4 cuillers à café de liqueur de moka.

Voici une boisson rafraîchissante l'après-midi et idéale pour clore un repas bien réussi.
Passer au mixer tous les ingrédients, excepté la liqueur de moka. Verser dans 4 verres à long drink dans lesquels on ajoutera 1 cuiller à café de liqueur de moka. Servir avec une paille.

Café turc

Pour 6 personnes

6 cuillers à bouche de café moulu au goût bien corsé,
environ 3 cuillers à bouche de sucre,
$3/8$ l d'eau froide,
1 pincée de cardamome ou de poudre de clous de girofle par tasse.

La façon authentique de préparer le Café turc est de le faire dans une cafetière que les Turcs appellent «jezve». La mousse qui se forme à la surface et qui fait partie du Café turc est due à la forme de la cafetière. La cafetière turque, en effet, s'effile vers sa partie supérieure avant de l'élargir à nouveau au niveau du rebord.

Le café punch aux œufs est une boisson chaude fortifiante, toujours très vite préparée.

Le Calvados royal ne se boit qu'à la saison des fraises.

Calvados cocktail

2 glaçons,
2 cl de calvados,
2 cl de curaçao triple sec,
1 cl de jus d'orange,
3 traits d'orange bitter.

Voici un cocktail extrêmement rafraîchissant.
Piler la glace et la mettre dans le shaker. Verser par-dessus les autres ingrédients et secouer brièvement mais énergiquement. Puis verser dans un verre à cocktail.

Calvados royal

3 fraises fraîches,
5 cl de calvados,
champagne ou mousseux.

Un cocktail pétillant à base de mousseux ou de champagne, très vite préparé.
Piquer les fraises avec une fourchette. Les mettre dans une coupe à champagne et verser par-dessus le calvados. Verser ensuite le champagne très frais et servir avec une cuiller.

Calvados smash

2 à 3 glaçons,
2 cuiller à bouche de fruits variés,
1 cuiller à café de sucre,
1 trait d'eau de Seltz,
4 feuilles de menthe fraîche concassées,
3 traits de crème de menthe,
2 cl de calvados,
1 trait de Bénédictine,
jus de pomme pour compléter,
1 feuille de menthe pour décorer.

Le Calvados smash fait partie des long drinks et la menthe lui donne une saveur très rafraîchissante.
Piler la glace très finement et la mettre dans un verre à cobbler. Décorer avec les fruits en les déposant sur la glace pilée. Mélanger le sucre et l'eau de Seltz dans le shaker. Ajouter les feuilles de menthe, la crème de menthe, le calvados et la Bénédictine. Bien secouer. Passer dans le verre à cobbler. Verser le jus de pomme par-dessus. Garnir d'une feuille de menthe et servir avec une paille.

Calypso

2 à 3 glaçons,
4 cl de rhum,
1 cuiller à café de jus de citron,
coca cola,
1 rondelle de citron.

Le mélange coca et rhum est connu et apprécié. Le jus de citron donne une note particulière à ce drink.
Mettre les glaçons dans un grand verre. Verser par-dessus le rhum et le jus de citron passé. Ajouter le coca à volonté et garnir d'une rondelle de citron. Servir avec une paille.

Campari soda

cf photo page 38

2 à 3 glaçons,
4 cl de Campari,
1 ruban d'écorce de citron,
1 trait d'eau de Seltz.

Cette délicieuse boisson nous vient d'Italie. Elle désaltère lorsqu'il fait très chaud et, en outre, elle est exquise et salutaire.
Mettre la glace dans une coupe évasée, verser le campari par-dessus et, selon le goût, ajouter l'eau de Seltz.

Mettre le café moulu, le sucre et une partie de l'eau (garder 3 cuillers à bouche d'eau pour après) dans la cafetière. Bien remuer le tout et faire chauffer à feu moyen. Puis, retirer la «jesze» du feu et répartir, dans chaque tasse. Ajouter le reste d'eau dans la cafetière, faire chauffer le tout et répartir dans chaque tasse, de façon équitable. Aromatiser avec la cardamome ou la poudre de clous de girofle.

Le Campari soda est un apéritif apprécié dans le monde entier.

Déposer le ruban de citron sur le bord du verre et servir avec une paille.

Campichello

Pour 4 personnes

4 jaunes d'œufs,
300 g de sucre,
le zeste râpé et le jus d'un citron,
1 bouteille de vin rouge,
⅓ de bouteille de rhum.

Mettre les jaunes, le sucre, le jus et le zeste de citron, puis le vin rouge dans une casserole et bien remuer. Faire chauffer au bain-marie sans cesser de battre. Ajouter le rhum en remuant et servir immédiatement dans des verres à punch.

Cane froide

Pour 3 à 4 personnes

1 bouteille de vin de Moselle bien frais,
1 zeste de citron en spirale,
½ bouteille de mousseux bien frais,
sucre à volonté,
glaçons.

Une boisson qui fait l'effet d'un départ de fusée: le Cap Kennedy.

La Cane froide est la boisson que les Allemands préfèrent lorsqu'ils vont danser dans les bals. On lui a même confectionné une robe de bal sur mesure: une carafe de cristal avec couvercle en argent et un pot à glaçons car la Cane froide se boit toujours glacée. Il est donc conseillé de bien réfrigérer tous les ingrédients et de mettre éventuellement la carafe dans un plat rempli de glace.
Verser le vin de Moselle dans une carafe en verre, y accrocher la spirale de citron et ajouter le mousseux juste avant de servir. Ne sucrer que modérément (et même mieux, ne pas sucrer du tout) car le sucre rend la tête lourde. Servir la Cane froide dans des verres à punch froids ou des gobelets. Ne pas laisser le zeste de citron plus de 10 minutes dans le mélange car le goût deviendrait trop prononcé.

Le Capri cocktail au moment du dîner.

Cap Kennedy

2 glaçons,
2 cl de jus de citron,
2 cl de jus d'orange,
1 cuiller à café de sirop de
sucre,
1 cuiller à café de whisky,
1 cuiller à café de
Bénédictine,
1 cuiller à café de rhum.

Un cocktail original, presque
osé, qui nous vient d'Amérique.
Mettre la glace dans le shaker. Verser tous les autres ingrédients par-dessus, bien secouer et passer dans un verre
à cocktail ou une coupe.

Capri cocktail

2 à 3 glaçons,
1 cuiller à café de Campari,
1,5 cl de vermouth rouge,
3,5 cl d'eau-de-vie de vin,
1 cerise à cocktail pour
décorer.

Vous pourrez servir ce cocktail en apéritif avant le dîner.
Mélanger la glace et tous les
ingrédients dans un verre à
mélange. Passer ce mélange
dans une timbale moyenne et
décorer avec la cerise.

Cappuccino

1 tasse de café fort et très
chaud,
1 pincée de cannelle,
1 cuiller à bouche de crème
Chantilly,
1 cuiller à café de cacao en
poudre ou de chocolat râpé,
sucre à volonté.

Que ce soit sur la Riviera ita-
lienne ou française, en Suisse
ou dans le Tyrol du sud, le
Cappuchino fait partie des
plaisirs de l'après-midi.
Le café est aromatisé avec la

Le Campichello est une boisson aussi délicate que le velours et la soie.

cannelle, décoré d'un dôme
de crème Chantilly et sau-
poudré de poudre de cacao
ou de chocolat râpé. On le
déguste avec ou sans sucre.

Caramel flip

2 à 3 glaçons,
1 jaune d'œuf,
½ cuiller à café de café
soluble,
5 cl de crème de cacao.

Mettre la glace, le jaune, le
café soluble et la crème de
cacao dans le shaker. Envelopper le shaker dans une serviette et le secouer brièvement mais énergiquement.
Passer le contenu dans une
coupe à champagne et servir
aussitôt avec une paille.

Cardinal

pour 5 à 6 personnes

½ bouteille de vin rouge,
2 bouteilles de vin blanc,
125 à 150 g de sucre,
l'écorce râpée d'une orange.

Toute la saveur de cette boisson repose sur le vin. Choisissez-le donc avec un soin particulier. Mettre tous les ingrédients successivement dans une casserole et faire frémir. Ne pas laisser bouillir. Passer dans une terrine réchauffée et servir dans des verres à punch.
Froid, ce punch est tout aussi délicieux. Vous pouvez alors y ajouter des morceaux d'ananas, de melon ou de pêche et servir avec une paille.

Un jus de légumes pas uniquement réservé aux végétariens: Carlotta.

Carioca

2 glaçons,
1 cl de sirop d'arbouse,
1 cuiller à café de café soluble,
2 cl de rhum,
1 trait de jus de citron,
3 cl de Grand Marnier,
1 cuiller à bouche de crème Chantilly.

La nouveauté de ce drink consiste dans le mélange d'arbouse, de café et d'alcools. Cette boisson est connue pour faire régner une ambiance particulièrement bonne. Essayez-la!
Piler la glace et la mettre dans le shaker. Ajouter les autres ingrédients et secouer le shaker brièvement mais énergiquement. Verser dans un verre à cocktail en retenant la glace et, selon le goût, décorer d'un dôme de crème Chantilly. Servir avec une paille.

Carlotta

4 cl de jus de céleri,
4 cl de jus de carotte,
4 cl de jus de pomme,
1 doigt de jus de citron,
1 cuiller à café de persil haché.

Les amateurs de jus de légumes ne sont pas oubliés non plus.
La préparation est très simple. Remuer tous les ingrédients dans une timbale et servir bien frais mais sans glace.

Le Carioca est toujours la garantie d'une joyeuse compagnie: arbouse, alcool et café sont le secret d'une bonne ambiance.

Après un bon repas un After-dinner drink se révèle être un excellent digestif. De gauche à droite: Whity (recette page 207), Sverska Fan (recette page 187), C et S, Afterwards (recette page 6) et Peter's Kiss (recette page 142).

Carnaby Street

Pour 2 personnes
cf photo page 42

---

2 jaunes d'œufs,
1 pincée de noix muscade râpée,

1 cuiller à café de sucre candi roux,
1 cuiller à café de gingembre en poudre,
½ l de ale,
1 petit bâton de cannelle,
1 cl de rhum.

Voici un punch aux œufs délicieux et réchauffant. Battre les jaunes, le gingembre et le sucre candi dans un plat jusqu'à obtenir un mélange mousseux. Faire chauffer le rhum, la cannelle et la bière (ale) dans une casserole, mais sans laisser bouillir. Sans cesser de remuer, ajouter lentement le mélange mousseux. Fouettez pour faire mousser. Servir le plus chaud possible dans des verres à punch.

C et S

2 cubes de glace,
2,5 cl de Chartreuse verte,
2,5 cl de scotch.

Remplir un grand verre de tous les ingrédients et bien remuer. Servir dans un autre verre.

41

Une bouchée de Carnaby Street vous réchauffe immédiatement.

Attention aux calories lorsque vous buvez le long drink Cecil Pick me up.

Cecil Pick me up

2 à 3 glaçons,
2 cuillers à café de sirop de sucre,
2 cl d'eau-de-vie de vin,
1 jaune d'œuf,
champagne ou mousseux.

Mettre la glace, le sirop de sucre, l'eau-de-vie de vin et le jaune dans un shaker. Secouer énergiquement, passer dans un verre à cocktail et compléter avec le champagne. Servir aussitôt avec une paille.

Champagne cobbler

3 à 4 glaçons,
1 cuiller à café de curaçao,
1 cuiller à café de marasquin,
1 cuiller à café de jus de citron passé,
3 fraises ou cerises à cocktail,
½ pêche en conserve coupée en quatre,
1 cuiller à bouche de morceaux d'ananas en boîte,
champagne.

Piler très finement la glace et en remplir à moitié un verre à cobbler. Applatir la glace avec une cuiller et décorer avec les fruits. Verser par-dessus le curaçao, le marasquin et le jus de citron et compléter avec le champagne. Servir avec paille et cuiller. Si c'est la saison des fruits frais, on en utilisera à la place des fruits en conserve.

Champagne cocktail

1 morceau de sucre,
1 trait d'angostura,
1 glaçon,
champagne,
1 zeste de citron.

Mettre le sucre dans une coupe à champagne et l'imbiber d'angostura. Ajouter le glaçon. Emplir de champagne et distiller quelques gouttes de zeste de citron.

Champagne flip

5 cl de vin du Rhin,
1 cuiller à café de sirop de sucre,
2 jaunes d'œufs,
champagne.

Voici une boisson que vous pourrez aussi servir à l'heure du café.
Agiter fortement le shaker contenant le vin du Rhin, le sirop de sucre et le jaune. Verser dans une coupe à champagne. Compléter avec le champagne et servir avec une paille. Vous pouvez bien sûr remplacer le champagne par du mousseux.

Il n'y a aucune limite à l'imagination dans la préparation des cocktails à base de champagne ou mousseux. En haut: Champagne cocktail, Champagne flip. En bas: Champagne Pick me up.

Une boisson originale: Le Chapala épicé et stimulant.

Champagne julep

2 branches de menthe
fraîche,
1 cuiller à café de sucre,
1 á 2 glaçons,
1 branche de menthe
fraîche,
1 cuiller à bouche de fruits
variés,
champagne.

Les juleps sont des cocktails
rafraîchissants,   préparés
avec de la menthe et des
fruits. Ne recourez à la menthe poivrée ou à la liqueur de
menthe qu'en cas de nécessité
absolue.
Écraser la menthe avec le sucre à l'aide d'une cuiller à
mélange dans une coupe à
champagne. Retirer la menthe. Ajouter les glaçons et décorer avec la menthe fraîche
et les fruits. Compléter avec
du champagne. Servir avec
paille et cuiller.

Champagne pick me up

cf photo page 43

2 à 3 glaçons,
1 cuiller à café de sirop de
sucre,
1,5 cl de vermouth dry,
1,5 cl d'eau-de-vie de vin,
champagne.

Mélanger les glaçons avec
tous les ingrédients, excepté
le champagne, dans le verre à
mélange. Passer dans une
coupe et compléter avec le
champagne.

Chapala

⅛ l de jus d'orange,
2 cuillers à café de
grenadine,
sel,
1 pincée de poivre de
Cayenne.

Mélanger le jus d'orange et la
grenadine dans un grand
verre, épicer de sel et de poivre de Cayenne et servir dans
un verre à cocktail.

Charleston

2 à 3 glaçons,
1 cl de dry gin,
1 cuiller à café de kirsch,
1 cl de marasquin,
1 cuiller à café de curaçao,
1 cl de vermouth dry,
1 cl de vermouth blanc,
1 zeste de citron.

Mettre les glaçons dans un
verre à mélange.
Ajouter le gin, le kirsch, le
marasquin, le curaçao et le
vermouth. Bien remuer tous
les ingrédients avec une cuiller à mélange et verser dans
un verre à cocktail. Asperger
de gouttes de zeste de citron
et servir.

Charlie Chaplin

2 à 3 glaçons,
1 cl d'abricot brandy,
2 cl de jus de citron,
2 cl de gin,
1 cerise à cocktail.

Cette boisson fait partie des
cocktails légers.
Vous pourrez donc servir à
toute heure comme un rafraîchissement.
Bien secouer le shaker dans
lequel on aura mis la glace et
tous les ingrédients. Mettre la
cerise dans une coupe à cocktail et verser le cocktail par-
dessus.

Charme des forêts

2 à 3 glaçons,
1,5 cl de liqueur de
framboise,
1 cl de gin,
2,5 cl de liqueur de mûre.

Mettre la glace, la liqueur de
framboise, le gin et la liqueur
de mûre dans un gobelet
moyen. Remuer avec une
longue cuiller, puis servir.

verre à champagne et garnir d'une cerise. Servir avec une cuiller.

Avec la Chartreuse, on peut aussi préparer un alléchant Chartreuse frappé: emplir au ¾ une coupe à champagne de glace, ajouter 5 cl de Chartreuse, remuer et servir avec une paille.

Cherry brandy flip

2 à 3 glaçons,
1 œuf,
1 cuiller à café de sucre en poudre,
8 cl de cherry-brandy,
un peu de noix muscade râpée.

Un short drink idéal pour redonner un peu de tonus après avoir dansé toute la nuit. Mais il vaut mieux le servir après le petit déjeuner.

Mettre la glace, l'œuf et le sucre en poudre dans le shaker. Ajouter le cherry brandy. Entourer le shaker d'une serviette et bien le secouer. Verser dans une coupe à champagne, saupoudrer de noix muscade et servir avec une paille.

Cherry milk

¼ l de lait très froid,
4 cl de sirop de cerise,
3 cl de cherry-brandy.

Vous revenez de la piscine, d'une promenade en vélo ou vous venez de jouer au tennis et vous êtes un peu épuisé. Ce milk-mix va vous redonner de l'énergie.

Bien mélanger tous les ingrédients dans un verre à mélange et servir aussitôt avec une paille dans une timbale. Si on ne la sert pas immédiatement, la boisson devient légèrement fade.

Le monde apparaît bien plus souriant après un cocktail Charlie Chaplin bien frais.

Chartreuse daisy

cf photo page 46

3 glaçons,
1 cuiller à café de jus de citron,
2 cl de Chartreuse verte,
3 cl d'eau-de-vie de vin,
eau de Seltz,
3 cerises au marasquin.

Les daisies sont servis avec très peu d'eau de Seltz et ne sont donc pas tout à fait inoffensifs. Si vous les servez avec davantage d'eau de Seltz, ils seront plus légers et mieux supportés.

Piler la glace et la mettre dans le shaker. Verser par-dessus le jus de citron, la Chartreuse et l'eau-de-vie de vin. Secouer brièvement mais énergiquement. Verser dans une coupe évasée ou dans un

Vous pourrez servir ce cocktail en apéritif avant le dîner. Bien mélanger la glace, l'eau-de-vie de vin, le curaçao et l'angostura dans un grand verre. Verser dans une coupe à champagne en retenant les glaçons et remplir de champagne. Servir avec une paille.

Chocolate soldier

cf photo page 48

2 glaçons,
1 trait d'orange bitter,
1 cl de crème de cacao,

Surtout les dames aiment beaucoup la Chartreuse Daisy.

Cherry sour

2 glaçons,
2 cuillers à café de sirop de sucre,
le jus d'un citron,
4 cl de cherry-brandy,
eau de Seltz,
3 cerises à cocktail,
1 rondelle de citron.

Piler la glace et la mettre dans le shaker. Verser par-dessus le sirop de sucre, le jus de citron et le cherry-brandy et secouer brièvement et énergiquement. Verser dans une timbale et remplir d'eau de Seltz. Décorer avec les cerises et fixer la rondelle de citron sur le bord du verre.

Chicago cocktail

2 glaçons,
4 cl d'eau-de-vie de vin,
1 cuiller à café de curaçao orange,
1 trait d'angostura,
champagne ou mousseux bien frais.

Le Cherry Sour est un long drink [...] raffolent.

2 cl de vermouth dry,
2 cl d'eau-de-vie de vin.

Toujours délicieux, il est aussi conseillé comme dessert lors d'un repas dominical ou de fête.
Concasser grossièrement la glace et la passer au mixer. Ajouter les autres ingrédients, mixer et servir dans une coupe.

Churchill

2,5 cl de Campari,
bière blonde pour compléter

rafraîchissant dont beaucoup

Boire avant le repas un Chicago Cocktail bien préparé remplace le meilleur apéritif.

Une boisson quelque peu insolite.
Mettre le campari dans un verre à bière et remplir à volonté de bière blonde.

Cider cup 1

Pour 4 à 6 personnes

600 g d'ananas en morceaux,
2 à 3 oranges,
5 cl de calvados,
5 cl d'eau-de-vie de vin,
5 cl de curaçao orange,
2 l de jus de pomme,
1 bouteille d'eau minérale.

Contrairement aux vins aromatisés, les coups contiennent presque toujours des quantités assez importantes de liqueurs et spiritueux. Il ne faut donc pas sous-estimer leur forte teneur en alcool. «Cider» est le nom anglo-saxon désignant le cidre en français. Ce que l'on appelle «sweet cider», par contre, est du jus de pomme.

Mettre les morceaux d'ananas et les oranges coupées en rondelles dans un grand bol. Verser par-dessus le calvados, l'eau-de-vie de vin et le curaçao orange. Mettre le tout 30 minutes au réfrigérateur. Puis ajouter le jus de pomme et goûter. Compléter avec l'eau minérale. Verser dans des verres et servir avec une cuiller.

Cider cup 2

Pour 4 personnes

6 à 8 glaçons,
1 l de jus de pomme froid,
8 cl d'eau-de-vie de vin,
8 cl de curaçao orange,
8 cl de marasquin,
2 rondelles de citron,
8 cuillers à bouche de fruit frais,
eau de Seltz pour remplir le verre.

Mettre la glace dans un récipient à punch. Verser l'eau-de-vie de vin, le curaçao orange et le marasquin par-dessus. Ajouter les morceaux de fruit et remplir d'eau de Seltz à volonté.

Cidre chaud

Pour 3 à 4 personnes
cf photo page 50

1 bouteille de cidre,
¼ l de jus de pomme,
le zeste râpé d'un demi citron,
60 g de sucre,
1 bâton de cannelle,
4 clous de girofle.

Le jus de pomme donne au cidre chaud un arôme parti-

Terminez un repas avec un Chocolate soldier en guise de dessert.

De gauche à droite: Lady's Punch (recette page 103), Punch à la framboise 2 (recette page 149) et Cider Cup 1 (recette page 47).

jours avec de la glace. Évidemment, les drinks préparés avec des jus frais sont encore plus rafraîchissants et bien meilleurs.

Parmi les agrumes, on compte les oranges, les pamplemousses, les bergamottes, les mandarines et les citrons. Les jus des agrumes peuvent être sucrés, acides ou sûrs. Il sont particulièrement riches en vitamine C. On trouve des agrumes toute l'année, mais c'est en hiver qu'on en éprouve le plus grand besoin. Naturellement, les agrumes sont traités dans l'industrie. La limonade à partir de jus d'agrumes, l'eau gazeuse et le sucre cristallisé sont le résultat de cette industrialisation des agrumes. En outre, à part les jus de fruits frais ou en conserve, on peut également fabriquer différentes boissons aux agrumes à partir de concentré et d'extrait.

Tous les jus d'agrumes peuvent, en fait, se mélanger.

Les recettes suivantes ne servent qu'à vous donner des idées de cocktails à base de jus d'agrumes. Une fois encore, vous pouvez laisser libre cours à votre imagination.

Claret cup

Pour 2 personnes

1½ verre de vin rouge,
2 clous de girofle,
1 pincée de cannelle,
2 jaunes d'œufs,
1 cuiller à café de sucre,
1 pincée de noix muscade râpée.

Dans une casserole, faire chauffer le vin rouge, les clous de girofle et la cannelle en prenant garde de ne pas laisser bouillir. Retirer du feu et laisser ainsi quelques minutes. Pendant ce temps, battre les jaunes et le sucre dans un bol. Passer le contenu de la casserole et le battre avec les jaunes et le sucre dans une

autre casserole à feu doux. Verser dans des verres à anse et saupoudrer de noix muscade juste avant de servir.

Claret fizz

---

2 à 3 glaçons,
le jus d'un citron,
4 cl de bordeaux rouge,
eau de Seltz pour compléter.

Piler la glace. La mettre dans le shaker dans lequel on aura mis aussi le jus de citron et le bordeaux; secouer énergiquement. Verser dans un grand verre en retenant la glace. Servir avec une paille.

Claret flip

---

2 à 3 glaçons,
1 jaune d'œuf,
2 cuillers à café de sirop de sucre,
5 cl de bordeaux rouge,
noix muscade.

Le Claret flip est la boisson idéale après une nuit passée à boire beaucoup.

On passe au shaker la glace et tous les ingrédients, excepté la noix muscade.

Pour le cidre chaud, il vous faut du jus de pomme, du cidre, un zeste de citron, des clous de girofle, de la cannelle et du sucre.

culièrement fruité mais pas trop sucré. Mettre tous les ingrédients dans une casserole et faire chauffer. Attention, toutefois de ne pas faire bouillir pour ne pas laisser s'échapper l'alcool. Sucrer à volonté. Passer et servir immédiatement dans des verres à grog.

Citrus

Les cocktails d'agrumes sont préparés à partir de jus, frais ou en boîte, de divers agrumes, ainsi qu'à partir d'autres ingrédients contenant l'alcool ou non, et presque tou-

Le Claret flip, idéal après une nuit passée à boire beaucoup.

Si on commence une tournée des bars avec un Clipper Cocktail, il n'y a vraiment pas de quoi avoir des scrupules.

Un Claret cup pris juste avant de se coucher rend inutile le somnifère.

Clipper cocktail

2 cuillers à café de sucre,
2 traits de gin,
3 cl de jus de citron,
2 cl de rhum blanc,
2 à 3 glaçons.

Mettre le sucre, le gin, le jus de citron et le rhum dans un petit verre. Bien remuer avec une cuiller à mélange. Mettre la glace dans un tumbler et verser dessus le contenu du petit verre.

Cobbler au champagne français

3 à 4 glaçons,
1 cuiller à café de curaçao,
1 cuiller à café de marasquin,
1 cuiller à café de jus de citron passé,
3 fraises ou cerises à cocktail,

Cobbler au melon

4 glaçons,
3 boules de melon sucrin et
3 boules de pastèque,
1 trait de curaçao orange,
1 trait de Cointreau,
1 trait de cognac,
champagne.

Piler finement la glace et en remplir une coupe aux ⅔. Poser les fruits dessus. Verser curaçao orange, le Cointreau et le cognac par-dessus. Compléter avec le champagne. Servir avec paille et cuiller.

Cobbler aux cerises

3 glaçons,
4 cl de kirsch,
4 cl de sirop de cerise,
eau de Seltz pour remplir le verre,
6 à 8 cerises dénoyautées.

Un cobbler au goût modéré que l'on sert habituellement au cours d'une partie de bridge, pendant la pause. Râper finement la glace – comme pour le cobbler – et en remplir un verre à cobbler ou une coupe à champagne jusqu'à peine la moitié. Verser le kirsch et le sirop de cerise par-dessus, remuer délicatement, compléter à volonté d'eau de Seltz; décorer avec les cerises dénoyautées et servir avec paille et cuiller.

Pour les occasions tout à fait particulières, voici une boisson également tout à fait particulière: Cobbler au champagne français avec beaucoup de fruits et du vrai champagne.

½ pêche en conserve coupée en quatre,
1 cuiller à bouche d'ananas en conserve coupé en dés,
champagne.

Piler très finement la glace et en remplir à moitié un verre à cobbler. Applatir la glace avec une cuiller, décorer avec les fruits. Verser successivement par-dessus le curaçao, le marasquin et le jus de citron. Remplir le verre de champagne. Servir avec paille et cuiller.

Les melons et pastèques – qui en outre, ne sont pas des fruits mais des légumes – décorent très joliment de nombreux drinks: drink au melon (recette page 65) et Cobbler au melon (au fond).

Cobbler bourguignon

3 à 4 glaçons,
1 cuiller à café de grenadine,
1 cuiller à café de cordial médoc,
vin de Bourgogne,
4 grains de raisin sur grappe pour la décoration.

Piler la glace très finement. En remplir un verre à cobbler ou à vin jusqu'à la moitié. Ajouter la grenadine, le cordial médoc et le jus d'orange et compléter avec le vin rouge. Décorer avec les grains de raisin.

Cocktail adonis

3 glaçons,
1,5 cl de vermouth rouge,
3 cl de xérès,
1 trait d'angostura bitter.

Le Cocktail Adonis se sert en apéritif avant un bon repas. Remuer tous les ingrédients dans un grand verre avec une cuiller à mélange, verser dans un grand verre en retenant la glace et servir.

Cocktail à la carambole

1 à 2 morceaux de sucre,
1 à 2 traits d'angostura,
⅛ l de mousseux,
½ carambole coupée en tranches.

Les caramboles sont des fruits des Tropiques. Mettre le sucre dans une coupe à champagne et imbiber d'angostura. Remplir la coupe de

Un long drink exotique: le Cocktail à la carambole.

mousseux. Mettre quelques tranches de carambole dans le verre.
Autre version:
On peut mettre 1 cuiller à café de grenadine dans le mousseux et décorer avec la carambole. Il existe encore une autre version plus simple: mousseux et carambole.

Cocktail à la prune

⅛ l de jus de prune,
le jus d'une demi orange,
1 cuiller à café de miel,
¼ l de lait.

Passer tous les ingrédients au mixer, passer dans un grand verre et servir aussitôt avec une paille.

Cocktail à l'eau-de-vie de prune

2 à 3 glaçons,
1,5 cl d'aquavit,
2 cl d'eau-de-vie de prune,
1,5 cl de liqueur de prune,
1 pruneau.

Mettre la glace, l'aquavit, l'eau-de-vie de prune et la liqueur de prune dans le shaker. Secouer énergiquement quelques secondes. Passer le contenu du shaker dans un verre à cocktail. Ajouter le pruneau et servir avec un bâtonnet.

Cocktail au chocolat

3 glaçons,
3 cl de porto,
1 cl de Chartreuse jaune,
1 cl de crème de cacao,
1 cuiller à café de chocolat râpé.

Mettre la glace et tous les ingrédients dans le shaker. Secouer énergiquement quelques secondes, puis passer le contenu dans un verre à cocktail.

Cocktail au sirop d'érable

2 cubes de glace,
2,5 cl de whisky,
1,5 cl de jus de citron,
1,5 cl de sirop d'érable,
1 rondelle de citron.

Piler la glace et la mettre dans le shaker. Ajouter le whisky, le jus de citron et le sirop d'érable. Bien agiter le shaker et verser le tout dans un verre à cocktail. Fixer la rondelle de citron sur le bord du verre.

Le pruneau macéré est indispensable à la préparation du Cocktail à l'eau-de-vie de prune

Le Cœur Ardent remet en forme après le repas.

Cocktail bijou

2 glaçons,
1,5 cl de gin,
1,5 cl de Chartreuse verte,
1,5 cl de vermouth rouge,
1 doigt de bitter orange,
1 olive verte dénoyautée,
1 zeste de citron.

Mettre les glaçons, la Chartreuse, le vermouth, le gin et le bitter orange dans une coupe et bien remuer.
Verser le drink dans un verre à cocktail. Planter une petite pique dans l'olive et la mettre dans le verre. Arroser en pressant sur le zeste de citron.

Cocktail Blanche

2 glaçons
1 cl de liqueur d'anisette,
1 cl de curaçao blanc,
3 cl de liqueur d'orange,
1 cerise à cocktail.

Ce cocktail enchantera les dames, que ce soit après le repas, avec le café ou à l'heure du thé.

Piler grossièrement la glace et la mettre dans le shaker. Verser les liqueurs au-dessus, secouer modérément et servir dans un verre à cocktail ou dans une coupe à champagne. Décorer avec la cerise.

Cocktail fruité aux noisettes

⅛ l de lait froid,
⅛ l de jus d'orange,
1 à 2 cuillers à café de pâte de noisette.

Passer tous les ingrédients au mixer. Passer dans un gobelet et servir avec une paille.

Cocoa Rickey

1 cuiller à bouche bien pleine de glace à la vanille,

Le Cocktail Blanche: une boisson très fraîche.

4,5 cl de crème de cacao,
1 cuiller à café de lait,
eau de Seltz,
sucre à volonté.

Mettre la glace à la vanille dans un grand verre. Ajouter la crème de cacao et le lait; compléter avec l'eau de Seltz. Remuer avec une cuiller à mélange et sucrer à volonté. Servir avec paille et cuiller.

Cocorico

cf photo page 102

4 glaçons,
⅛ l de vin de Moselle,
⅛ l de porto,
2 cl d'eau de Seltz.

Le buveur de vin jure qu'il existe un anti-gueule-de-bois préparé avec du vin. En voici justement un.
Piler la glace et la mettre dans le shaker. Verser tous les ingrédients par-dessus et secouer fortement. Passer dans un gobelet et servir avec une paille.

Cœur ardent

1 tasse de moka très chaud,
1 à 2 cuillers de sucre,
2 cl d'eau-de-vie de vin.

Ce moka généreux redonnera la forme à vos invités lorsque la nuit sera déjà bien avancée.
Emplir la tasse à café de moka, sucrer à volonté, faire couler délicatement dans le café l'eau-de-vie de vin sur une cuiller, flamber et servir brûlant.

Le Coney Island refresher.

Ce drink nécessite absolument un verre spécial avec un pied creux, ainsi qu'un flair délicat, tel celui d'un commissaire, pour les choses compliquées et plus simples. Remplir le pied du verre avec le cordial médoc. Faire délicatement glisser le jaune dans le verre. Puis, verser le kirsch par-dessus, en faisant attention de ne pas casser le jaune et de ne pas le mélanger à l'autre spiritueux. Le jaune d'œuf a pour fonction de les séparer. Servir avec paille et cuiller.

Le Colorado cocktail (à gauche) et le Colombus cocktail: deux frères d'Amérique qui ne se ressemblent pas mais qui s'entendent très bien.

Colorado cocktail

cf photo page 58

2 à 3 glaçons,
1,5 cl de cherry-brandy,
1,5 cl de kirsch,
1,5 cl de crème fraîche.

Mettre 2 ou 3 glaçons dans le shaker. Ajouter les autres ingrédients et bien secouer.

Verser dans un verre à cocktail en retenant la glace.

Columbus cocktail

cf photo page 58

2 à 3 glaçons,
1,5 cl de jus de citron vert,
1,5 cl d'abricot brandy,
1,5 cl de rhum.

Mettre 2 ou 3 glaçons dans le shaker. Ajouter les autres ingrédients et secouer énergiquement. Verser dans un verre à cocktail ou un verre ballon en retenant la glace. Servir avec une paille.

Commissaire

1 cl de cordial médoc,
1 jaune d'œuf,
environ 2 cl de kirsch.

Coney Island refresher

3 cl d'eau-de-vie de vin,
1 trait de liqueur de noix,
⅛ l de lait,
noix muscade.

Passer au mixer l'eau-de-vie de vin, la liqueur de noix et le lait. Verser dans un grand verre. Râper une pincée de noix muscade au-dessus du verre et servir avec une paille.

De gauche à droite: le Continental cocktail, le Copacabana cocktail, le Cooperstown. À partir de votre bar personnel ne comportant que des choses tout à fait normales, vous pourrez en quelques instants préparer ces trois drinks à vos invités.

Continental cocktail

cf photo page 57

2 à 3 glaçons,
2 traits d'angostura,
2 traits de curaçao,
2 traits d'orange bitter,
2 traits de marasquin,
3 traits de vermouth
français,
3 traits de vermouth italien,
vin mousseux pour
compléter,
1 cerise à cocktail pour
décorer.

Ce drink peut se servir le matin aussi. Mettre tous les ingrédients, excepté le vin mousseux et la cerise dans le verre à mélange et bien remuer. Verser dans une coupe à champagne, emplir de vin mousseux et garnir d'une cerise. Servir avec une paille.

Cooler au citron

cf photo page 200

3 à 4 glaçons,
2 cuillers à café de sirop de sucre,
le jus passé d'un citron,
ginger ale bien frais,
1 rondelle de citron.

C'est ce cooler sans alcool qu'il vous faudra préparer à vos invités qui reprendront le volant pour rentrer chez eux. Mettre la glace dans un gobelet moyen. Verser le sirop de sucre et le jus de citron pardessus. Compléter avec le ginger ale bien frais. Ficher la rondelle de citron sur le rebord du verre.

Un long drink léger: le Country club highball.

Cooperstown

cf photo page 57

2 à 3 glaçons,
2 cl de dry gin,
1,5 cl de vermouth dry,
1,5 cl de vermouth blanc,
1 branche de menthe.

Mettre la glace, le gin et le vermouth dans un verre et bien mélanger. Verser dans un verre à cocktail en retenant la glace. Décorer avec la feuille de menthe.

Copacabana cocktail

cf photo page 57

2 à 3 glaçons,
le jus d'un demi citron,
1,5 cl de cognac,
1,5 cl de Cointreau,
2,5 cl d'abricot brandy,
1 rondelle d'orange.

Un cocktail qui devrait toujours être présent dans toutes les fêtes et réceptions. Mettre 2 ou 3 glaçons dans le shaker. Ajouter le jus de citron, le cognac, le Cointreau et l'abricot brandy. Secouer énergiquement le shaker. Verser dans une coupe à champagne en retenant les glaçons. Fixer la rondelle d'orange au bord du verre ou la mettre simplement dans le verre, puis servir avec une paille.

Country club highball

2 à 3 glaçons,
7,5 cl de vermouth dry français,
2,5 cl de grenadine,
eau de Seltz,
1 ruban de zeste de citron.

Mettre les 2 ou 3 glaçons dans un grand verre. Verser pardessus la grenadine et le vermouth. Remuer avec une cuiller à mélange. Emplir d'eau de Seltz. Décorer avec le ruban de zeste de citron et servir.

Cowboy

3 cl de whisky,
2 cl de crème fraîche,
2 cuillers à bouche de glace finement pilée.

Comme son nom l'indique, on

Mettre le tout dans le shaker et secouer. Verser dans une coupe ou une timbale en retenant la glace et servir avec une paille.

Crépuscule

2 cl d'eau-de-vie de vin,
1 à 2 glaçons,
eau de Seltz,

Le Crystal highball rafraîchit et stimule l'appétit.

...boit ce long drink au crépuscule.

1 tranche d'orange,
3 cerises à cocktail.

Ce long drink rafraîchissant fait bien commencer la soirée.
Mettre l'eau-de-vie de vin et les glaçons dans une timbale, emplir d'eau de Seltz, disposer la tranche d'orange et poser les cerises par-dessus. Servir avec une paille.

Crustino

cf photo page 209

Le jus d'un demi citron,
2 cuillers à bouche de sucre,
2 cuillers à bouche de grenadine,
6 cl de porto,
champagne pour remplir le verre,
1 zeste de citron.

C'est le bord givré du verre (crusta) qui a donné son nom à ce cocktail au champagne. Préparer d'abord le givrage du verre: mettre le sucre dans une soucoupe et le jus de citron dans une autre. Tremper le bord d'un verre à cocktail, d'abord dans le jus de citron, puis dans le sucre, après avoir laissé égoutter un peu. Remettre le verre à l'endroit, puis laisser sécher quelques minutes. Mettre la grenadine, le jus de citron et le porto dans le verre givré. Compléter par le champagne et décorer avec le citron.

Crystal highball

1 à 2 glaçons,
2 cl de vermouth blanc,
2 cl de vermouth rouge,
2 cl de jus d'orange passé,
eau de Seltz,
1 ruban d'écorce d'orange.

Ce cocktail est un long drink rafraîchissant et stimulant, rapidement préparé. Mettre la glace dans un verre à cocktail ou une coupe à champagne. Verser par-dessus le jus d'orange et le vermouth, puis compléter avec l'eau de Seltz à volonté. Fixer le ruban d'écorce d'orange sur le bord du verre et servir avec une paille.

Cuba crusta

le jus d'un demi citron,
2 cuillers à bouche de sucre,
2 glaçons,
1 cl de jus d'ananas,
1 cl de jus d'orange,
1 cuiller à café de curaçao triple sec,
4 cl de rhum blanc,
1 ruban de zeste de citron.

Il existe plusieurs versions de ce genre de cocktails. Le Cuba Crusta en est une des plus intéressantes.
Préparer d'abord le «givrage» du verre: mettre le jus de citron dans une soucoupe et le sucre dans une autre soucoupe. Passer le bord d'un verre à vin dans le jus de citron, laisser égoutter un peu, puis le passer dans le sucre. Remettre le verre à l'endroit et laisser sécher. Piler la glace et la mettre dans le shaker. Verser, par-dessus, le jus de citron, le jus d'ananas, le curaçao, et le rhum. Secouer brièvement mais énergiquement. Passer le contenu du shaker dans le verre et décorer avec le zeste de citron.

Cuba libre

2 à 3 glaçons,
1,5 cl de jus de citron passé,
5 cl de rhum,
coca cola.

Voici l'une des recettes de long drink les plus connues et les plus appréciées.
Mettre les glaçons dans un grand verre. Verser, par-dessus, le jus de citron et le rhum et compléter à volonté avec du coca cola. Mélanger et servir avec une paille.

59

D

Passer les glaçons, le jus de citron vert, le rhum, le sirop de sucre et le curaçao au mixer. Piler très finement la glace et en remplir un verre à cocktail au ¾. Verser le contenu du mixer au-dessus. Décorer avec la rondelle de citron et la cerise. On peut aussi garnir ce cocktail d'autres fruits.

Daïquiri cocktail à l'amérique

2 à 3 glaçons,
2,5 cl de jus de citron vert,
5 cl de rhum blanc,
1 cuiller à café de sirop de sucre,
1 cuiller à café de curaçao orange,
3 à 4 glaçons,
1 rondelle de citron,
1 cerise à cocktail.

Daïquiri on the rocks

2 à 3 glaçons,
2,5 cl de jus de citron vert,
3 cuillers à café de sirop de sucre,
5 cl de rhum blanc,
4 à 5 glaçons.

Quand il n'était pas aux prises avec des aventures involontaires, notre «Homme de la Havane», Sir Alec Guiness, commandait toujours un Daïquiri pour se rafraîchir, l'authentique boisson cubaine pour les nuits torrides des Tropiques.
Mettre 2 à 3 glaçons, le jus de citron vert, le sirop de sucre et le rhum blanc dans le shaker. Bien secouer. Mettre les 4 ou 5 autres glaçons dans un tumbler et verser le contenu du shaker par-dessus. Servir aussitôt.

Le Daisy au champagne est une boisson stimulante et tonifiante.

Daisy au champagne

3 glaçons,
1 cl de grenadine,
2 cl de jus de citron,
2 cl de Chartreuse jaune,
champagne ou mousseux,
fruits de saison.

Voici une boisson convenant particulièrement aux femmes, car elle est stimulante et tonifiante.

Piler la glace et le mettre dans le shaker. Verser, par-dessus, la grenadine, le jus de citron et la chartreuse. Secouer énergiquement et passer dans une coupe à champagne assez grande. Remplir de champagne ou de mousseux et décorer avec les fruits. Servir avec une paille et des petites piques pour attraper les fruits.

Darling

2 cl de cherry-brandy,
2 cl de lait concentré,
1 cuiller à bouche bien pleine de glace à la vanille,
eau de Seltz,
1 cuiller à bouche bien pleine de glace à la framboise,
2 cuillers à bouche d'ananas en boîte coupé en petits morceaux ou de framboises fraîches,
2 cl de crème Chantilly.

Un nom célèbre: le Daïquiri en cocktail ou long drink.

Le Dawn Crusta, c'est le long drink fruité des heures paisibles.

Le Delhi Gin Sling, une boisson vraiment rare.

Mettre d'abord, dans un grand verre, le cherry brandy, puis le lait concentré, et, enfin, la glace à la vanille. Emplir d'eau de Seltz jusqu'à la moitié environ. Mettre ensuite la glace à la framboise dans le verre. Décorer avec les fruits et la crème Chantilly. Servir avec une paille et une longue cuiller.

On peut augmenter la quantité de glace, à volonté, et diminuer la quantité d'eau de Seltz. Il ne s'agit ici que d'une recette de base.

Dawn crusta

Le jus d'un demi citron,
1 cuiller à bouche de sucre,
1 à 2 glaçons,
4 cl de rhum blanc,
1 cl de jus d'orange,
1 cuiller à café d'abricot brandy,
1 doigt de grenadine,
1 ruban d'écorce d'orange.

Passer le bord d'un verre à vin dans le jus de citron, laisser égoutter un peu, puis le passer dans le sucre. Remettre le verre à l'endroit et laisser sécher le «givre». Piler grossièrement la glace et la mettre dans le shaker. Verser, par-dessus, le rhum, le jus d'orange, l'abricot brandy et la grenadine. Secouer brièvement mais énergiquement. Passer dans le verre givré et décorer avec le ruban d'écorce d'orange.

Delhi gin sling

3 glaçons,
3 cl de liqueur de cerise,
6 cl de gin,
3 cl de sirop de mangue,
1 trait de Bénédictine,
eau de Seltz,
1 cerise à cocktail.

Ce nom exotique cache une boisson rare.

Mettre la glace dans une timbale ou une coupe et verser, par-dessus, la liqueur de cerise, le gin et le sirop de mangue. Bien remuer, arroser de bénédictine et remplir d'eau de Seltz. Décorer avec la cerise et servir avec une paille.

Delicious sour

cf photo page 62

2 à 3 glaçons,
1 cuiller à café de sirop de sucre,
le jus d'un demi citron,
2 cl de calvados,
2 cl de barack palinka,
1 blanc d'œuf,
eau de Seltz,
2 fins quartiers de pomme.

Piler grossièrement la glace et la mettre dans le shaker. Ajouter les autres ingrédients, excepté l'eau de Seltz et les quartiers de pomme, puis secouer énergiquement le shaker. Passer dans une timbale moyenne. Compléter avec l'eau de Seltz. Décorer le bord du verre avec les quartiers de pomme. Servir avec une paille.

*Le Delicious Sour est, comme son nom l'indique,
délicieusement acide.*

Le Diki Diki cocktail a un arôme fruité.

Désir de parier

2 glaçons,
2,5 cl de vodka,
2,5 cl de calvados,
1 trait d'abricot brandy,
5 cl de vin rouge,
1 gousse d'ail,
1 olive verte.

Mettre la glace, la vodka, le calvados, le vin rouge et l'abricot brandy dans le shaker, puis secouer énergique-ment. Frotter un verre à vin avec la gousse d'ail, puis y verser le contenu du shaker. Décorer avec l'olive verte.

Devil's own cocktail

2 à 3 glaçons,
2,5 cl de cognac,
2,5 cl de crème de menthe verte,
1 pincée de paprika.

Piler grossièrement la glace et la mettre dans le shaker. Ajouter le cognac et la crème de menthe et bien secouer le shaker. Passer dans un verre à cocktail. Saupoudrer de paprika et servir.

Diana cobbler

2 à 3 glaçons,
1 cuiller à café de grenadine,
1 cuiller à café de marasquin,
1 trait d'angostura,
champagne ou mousseux,
fruits frais.

Les cobblers sont rafraîchissants s'ils sont servis glacés. Piler très finement la glace que l'on mettra dans un grand verre jusqu'à moitié. Bien l'applatir. Verser, par-dessus, la grenadine, le marasquin et l'angostura et compléter avec le champagne. Garnir de fruits de saison et servir avec une paille et une longue cuiller.

Diki Diki cocktail

1 cl de jus de pamplemousse,
1 cl de punch suédois,
3 cl de calvados,
2 à 3 glaçons

Un cocktail à l'arôme fruité, que l'on peut servir dès le matin.
Bien secouer tous les ingrédients, glace comprise, dans le shaker. Passer dans une coupe à cocktail.

Dixie

Pour 6 personnes

2 à 3 glaçons,
1 cuiller à café de jus de citron,
24 cl de rye whisky,
2 cuillers à café de sucre,
2 traits d'angostura,
1 cuiller à café de curaçao,
2 cuillers à café de crème de

Une boisson qui a du tempérament: le Devil's own cocktail.

Le Dixie glacé, servi avec une branche de menthe.

menthe blanche,
feuilles de menthe pour décorer.

Mettre la glace et le jus de citron dans le shaker. Ajouter les autres ingrédients, excepté les feuilles de menthe, et secouer énergiquement. Passer dans des verres à cocktail. Décorer avec les feuilles de menthe.

Djakarta drink

Pour 2 personnes

¾ l d'eau,
4 tranches de gingembre vert,
50 g de sucre candi.

Voici une boisson chaude qui réjouira tous les amateurs de gingembre.
Mettre l'eau, le gingembre et le sucre candi dans une casserole et faire bouillir. Laisser infuser 15 minutes et passer. Servir très chaud dans des verres à anse.
On peut aussi, bien sûr, préparer cette boisson avec de l'alcool. Le rhum et l'arack sont conseillés, car ils conviennent parfaitement à ce genre de boisson.

Douce Brigitte

2 à 3 glaçons,
2 cl de liqueur de moka,
2 cl de crème fraîche,
1 cl d'abricot brandy.

Il est conseillé de servir ce cocktail en digestif, après un bon dîner.
Mettre tous les ingrédients dans le shaker. Secouer énergiquement quelques secondes, puis passer dans un verre à cocktail.

Douglas cocktail

1 glaçon,
2 traits d'angostura,
2 cl de grenadine,
2 cl de gin,
1 olive.

Mélanger tous les ingrédients, excepté l'olive, dans un verre à mélange. Passer dans un verre à cocktail et décorer avec l'olive. Servir avec des petites piques à cocktail.

De gauche à droite: Le Dubonnet, le Duplex, le Dubonnet fizz. Avec du Dubonnet, on peut préparer des drinks doux ou corsés; pour le Duplex, il vous faut du champagne ou du mousseux et de la glace à l'ananas.

Le Drink à la mandarine et au gingembre est bon aussi avec de l'alcool.

Drink au melon

Pour 6 à 8 personnes
cf photo page 53

---

1 petit melon sucrin ou cantaloup ou une petite pastèque,
⅛ l de rhum,
mousseux ou champagne.

Découper le chapeau du melon et évider les deux parties du melon. Couper la chair du fruit en petits dés et retirer les pépins. Denteler le contour du melon avec le couteau. Remplir le fruit évidé avec le melon coupé en dés, verser le rhum par-dessus, couvrir et laisser macérer 2 heures au réfrigérateur. Compléter avec le champagne juste avant de servir et présenter avec pailles et cuillers.

Dubonnet cocktail

---

2 à 3 glaçons,
2,5 cl de gin,
2,5 cl de Dubonnet,
zeste de citron.

La boisson idéale pour les heures passées devant la cheminée.
Mettre la glace, le Dubonnet et le gin dans le verre à mélange et bien remuer. Passer dans un verre à cocktail et distiller quelques gouttes de citron à partir du zeste.

Dubonnet fizz

---

2 à 3 glaçons,
4 cl de Dubonnet,
1 cuiller à café de cherry-brandy,
le jus d'une demie orange et d'un demi citron,
eau de Seltz.

Piler grossièrement la glace et la mettre dans le shaker. Ajouter tous les ingrédients, excepté l'eau de Seltz, et secouer le shaker énergiquement. Passer dans un verre à cocktail ou une timbale. Compléter avec l'eau de Seltz.

Duplex

---

1 cuiller à bouche bien pleine de glace à l'ananas,
2 cl de xérès,
champagne ou mousseux pour compléter.

La composition de ce drink est assez originale. Mettre la glace à l'ananas dans une coupe à champagne. Ajouter le sherry et remuer avec la glace. Emplir de champagne ou de mousseux. Servir avec une paille.

Drink à la mandarine et au gingembre

---

2 à 4 glaçons,
⅛ l de jus de mandarine,
2 cuillers à café de sucre,
2 cl de sirop de gingembre,
1 rondelle de mandarine.

Voici un drink rafraîchissant auquel vous pouvez, bien sûr, rajouter de l'alcool.
Mettre la glace et tous les ingrédients, excepté la rondelle de mandarine, dans un verre et bien mélanger. Verser dans une timbale dans laquelle on ajoutera la rondelle de mandarine. Servir bien frais avec une paille. Rajouter à volonté 1 ou 2 glaçons.

Drink au gingembre

⅛ l de jus d'orange passé,
2 cuillers à café de sirop de sucre,
2 cl de sirop de gingembre,
1 à 2 glaçons.

Bien mélanger tous les ingrédients dans un grand gobelet. Servir très frais avec une paille, avec ou sans glace.

E

East India

1 glaçon,
4 cl de rhum blanc,
1 cuiller à café de curaçao
orange,
1 cuiller à café de jus
d'ananas,
1 trait d'angostura,
1 cerise à cocktail.

Mettre les glaçons dans le shaker. Ajouter les autres in-grédients, sans la cerise, et bien secouer. Passer dans un verre à cocktail. Décorer avec la cerise et servir avec une petite pique.

Ecstasy cocktail

2 à 3 glaçons,
2 cl de vermouth dry
français,
2 cl de drambuie,
2 cl de cognac.

Mettre la glace et tous les in-grédients dans le shaker et secouer énergiquement. Ver-ser dans une coupe à cocktail en retenant les glaçons.

L'Ecstasy Cocktail met en train.

Le cocktail fruité East India stimule l'appétit.

Éclair vert

2 glaçons,
2,5 cl de vodka,
2,5 cl de vermouth blanc,
1 cuiller à café de
Chartreuse verte.

Mettre la glace dans le sha-ker. Verser les autres ingré-dients par-dessus, bien se-couer et passer dans un verre à cocktail.

Ecuador

2 cl d'eau-de-vie de vin,
2 cl de liqueur de moka,
1 cuiller à café de café
soluble,
1 cuiller à café de sirop de
caramel,
2 cl de lait concentré,
1 jaune d'œuf,
1 cuiller à bouche de glace à
la vanille.

Passer tous les ingrédients au mixer et servir dans une tim-bale avec une paille.

Eden rocks

1 cuiller à café de sirop de
framboise,
2,5 cl de kirsch,
champagne pour compléter,
1 fine tranche d'orange,
1 cerise au marasquin.

Mettre le sirop de framboise et le kirsch dans une coupe à champagne. Emplir de champagne. Ajouter la tranche d'orange et la cerise. Servir avec une paille.

Eggnog

2 glaçons,
1 jaune d'œuf,
2 à 3 cuillers à bouche de
sucre en poudre,
5 cl d'eau-de-vie de vin,
⅛ l de lait froid,
1 pincée de noix muscade
râpée.

Une boisson au lait, très salu-taire et contenant peu d'al-cool.

Un cocktail au champagne: l'Eden Rocks.

Mettre d'abord les deux glaçons dans le shaker. Ajouter le jaune, le sucre en poudre et l'eau-de-vie de vin. Bien secouer et passer dans un grand verre. Verser le lait, remuer un peu, saupoudrer de muscade et servir avec une paille.

A partir de la recette de base de l'Eggnog, on peut préparer de nombreux drinks qui sont tous nourrissants.

El Dorado

2 à 3 glaçons,
1 cuiller à café de noix de coco râpée,
2,5 cl de cognac aux œufs,
2,5 cl de crème de cacao noir,
5 cl de rhum blanc.

On ne sait pas si ce cocktail nous vient de la forêt vierge située sur l'Alto Parama en Argentine et qui fut colonisée par les Allemands, ou bien du légendaire Pays de l'Or du nom de ce cocktail.

Mettre tous les ingrédients dans le shaker et bien secouer. Passer dans un grand verre à cocktail ou dans une coupe à champagne et servir avec une paille.

Empire

2 à 3 glaçons,
2,5 cl de dry gin,
1,2 cl de calvados,
1,2 cl d'abricot brandy,
quelques cerises pour décorer.

Ce cocktail fait partie des before-dinner-cocktails que vous vous devez, en tant qu'hôte, d'essayer absolument.
Mettre la glace avec le dry gin, le calvados et l'abricot brandy dans un verre à mélange. Bien remuer. Passer dans un verre à cocktail. Servir avec quelques cerises et une petite pique à cocktail. Il existe encore une autre version de cette recette: remplacer le calvados par la même quantité de cognac.

F

Fakir

¹⁄₈ l de lait froid,
2 cl de sirop d'ananas,
2 cl de sirop d'orange,
1 cuiller à café de sucre
vanillé,
coca cola.

Voici une boisson, fraîche et
sans alcool, qui se prépare
rapidement.
Mélanger dans un verre le
lait, le sirop d'orange et
d'ananas, aromatiser de sucre vanillé et emplir de coca
cola. Servir bien frais avec
une paille.

Fanciulli

2 à 3 glaçons,
1 cl de fernet branca,
1,5 cl de vermouth rosso,
2,5 cl de bourbon.

Cette boisson stimulante est
meilleure avant le repas.
Mettre, dans le shaker, tous
les ingrédients dans l'ordre
de la recette. Secouer énergiquement et verser dans un
verre à cocktail en retenant
les glaçons.

Fanny hill

1 cl de Campari,
1 cl de curaçao blanc,
1 cl d'eau-de-vie de vin,
champagne ou mousseux,
1 rondelle de citron.

Mélanger le Campari, le curaçao et l'eau-de-vie de vin
dans une coupe à champagne
et emplir de champagne ou

La célèbre Fanny Hill, qui fit éclater le scandale, a donné son nom à un cocktail au champagne, de la couleur d'un rubis rouge.

On appelle volontiers cette boisson un promille flip tonifiant.

Passer tous les ingrédients au mixer et servir dans un verre avec une paille.

Feodora cobbler

3 glaçons,
6 rondelles de banane,
1 cl d'eau-de-vie de vin,
1 cl de curaçao,
1 cl de rhum,
eau de Seltz,
1 tranche d'orange.

Bien que l'on considère que les cobblers sont plutôt des boissons féminines, ce cobbler un peu plus corsé plaira également aux hommes.

Piler très finement la glace et la mettre dans un verre à cobbler ou une coupe à champagne. Bien applatir la glace. Poser dessus les rondelles de banane, verser l'eau-de-vie de vin, le curaçao et le rhum par-dessus; emplir d'eau de Seltz à volonté. Faire une entaille dans la tranche d'orange et la mettre sur le bord du verre. Servir avec paille et cuiller.

Le Feodora cobbler (à gauche) et le Favori (à droite): le rhum et le curaçao rendent ces boissons bien moins inoffensives qu'elles ne le paraissent sur la photo.

mousseux. Poser la rondelle de citron à la surface.

Si on préfère mettre davantage de champagne, on pourra préparer ce cocktail dans un grand verre.

Favori

2 cl de curaçao blanc,
2 cl de rhum,
2 cl de lait concentré,
1 cuiller et demie à café de sucre en poudre,
1 cuiller et demie à café de café soluble,
1 jaune d'œuf.

Boire un Fanciulli avant le repas fait beaucoup de bien.

Flamingo cooler

3 glaçons,
2 cl de liqueur de mûre,
2 cl d'eau-de-vie de vin,
2 cl de jus de citron,
1 cuiller à café de jus d'orange,
1 à 2 cuillers à café de sucre,
ginger ale,
1 tranche d'orange.

Les coolers contiennent, la plupart du temps, du ginger ale. Ils font partie des boissons désaltérantes. Mettre la glace dans le shaker. Verser, par-dessus, la liqueur de mûre, l'eau-de-vie de vin, le jus de citron et le jus d'orange, saupoudrer de sucre et secouer énergiquement. Passer ensuite dans un verre et compléter de ginger ale à volonté. Décorer avec la tranche d'orange en la fixant sur le bord du verre.

Fleur rouge

Le jus d'un demi citron,
2 à 3 glaçons,
2 cuillers à bouche de sucre,
1,5 cl de Schwarzer Kater,
1,5 cl de rhum,
1,5 cl de vermouth rosso,
1 trait de jus de citron,
1 trait de vermouth dry,
1 tranche d'orange pour décorer.

Givrer d'abord le verre: mettre le sucre dans une soucoupe et le jus de citron dans une autre. Tremper le bord d'un verre à cocktail dans le jus de citron puis dans le sucre, après avoir laissé égoutter un peu. Retourner le verre et laisser sécher. Mettre tous les ingrédients, excepté la tranche d'orange, dans le shaker. Secouer énergiquement et passer dans le verre givré.

Flip à la pêche

1 à 2 demi-pêches en boîte,
1 cuiller à café de sirop d'arbouse,
2 cl de lait concentré,
1 œuf,
¼ l de lait froid.

Les enfants aussi apprécieront ce flip nourrissant. Passer tous les ingrédients au mixer et servir dans un grand gobelet.

Flip à l'arbouse

2,5 cl de sirop d'arbouse,
¼ l de lait froid,
1 jaune d'œuf.

Passer tous les ingrédients au mixer, verser dans un grand gobelet et servir avec une paille.

Flip amande

Pour 4 personnes
cf photo page 72

120 g d'amandes épluchées,
½ sachet de sucre vanillé,
2 cuillers à bouche de sucre,
2 jaunes d'œufs,
¼ l de lait,
⅛ l de crème fraîche,
1 cuiller à thé de sucre,
4 cuillers à bouche de sauce chocolat.

Passer les amandes au mixer. Ajouter le sucre vanillé, le sucre, les jaunes et le lait et mixer une nouvelle fois. Verser dans des gobelets moyens. Battre la crème avec le sucre jusqu'à obtenir de la crème Chantilly. Décorer avec cette crème Chantilly sur laquelle on fera couler de la sauce chocolat. Servir avec une paille.

Flip au jus de raisin

⅛ l de lait froid,
⅛ l de jus de raisin bien frais,
1 jaune d'œuf,
2 cuillers à café de sucre.

Passer tous les ingrédients au mixer, puis servir dans un grand gobelet.

Le Flip à l'arbouse.

La Perle rouge (à gauche; recette page 140) et la Fleur rouge.

Les enfants apprécieront encore davantage ce flip si on remplace le sucre par du sirop de grenadine.

Flip aux herbes

⅛ l de lait,
125 g d'herbes (persil, ciboulette, fenouil sauvage),
1 jaune d'œuf,
⅛ l de crème fraîche,
2 cl de gin,
1 pincée de sel et 1 pincée de poivre,
1 cl de ketchup.

On peut servir cette boisson pour tonifier, redonner des forces, ou bien comme boisson bienfaisante pour la santé, ou encore comme entrée sous forme liquide, en début de repas. C'est une façon agréable de prendre des vitamines.

Passer au mixer le lait, les herbes, le jaune et la crème fraîche, passer dans une carafe, ajouter le gin et épicer avec sel, poivre et ketchup. Servir dans un grand gobelet.

Flip de Coco

1 cuiller à bouche de glace pilée,
1 verre (2 cl) de rhum blanc,
1 jaune d'œuf,
1 cuiller à café de crème fraîche,
2 verres (2 x 2 cl) de crème de cacao,
noix muscade râpée.

Ce flip tient son nom de la minuscule île Coco de l'Océan Pacifique.
Bien secouer le shaker contenant la glace, le rhum blanc, le jaune, la crème fraîche et la crème de cacao. Le jaune et la crème fraîche doivent être bien battus et former une mousse. Verser dans un verre à flip ou à vin rouge. Saupoudrer légèrement de noix muscade. Servir aussitôt avec une paille. Ne pas laisser reposer pour éviter que la mousse ne tombe.

Le Flip banane redonne la forme à ceux qui sont fatigués.

Le Floater: l'eau-de-vie de vin et l'eau de Seltz ne doivent pas se mélanger (recette page 74).

Flip banane

2 glaçons,
⅛ l de lait,
2 cl de crème fraîche liquide,
1 jaune d'œuf,
1 banane,
le zeste râpé d'un demi citron,
2 à 4 cuillers à café de sucre.

Ce cocktail à base de lait peut convenir aux malades comme fortifiant et aux gens fatigués comme boisson rafraîchissante.
Piler la glace et la mettre dans le shaker. Puis verser tous les ingrédients par-dessus avec, tout d'abord, peu de sucre; agiter fortement le shaker et verser le contenu dans une grande coupe.

Le Flip amande (recette page 70) est un véritable plaisir pour ceux qui sont minces . . .

Flip Flap

2 à 3 glaçons,
1 jaune d'œuf,
1 cuiller à café de sirop de sucre,
1 cuiller à café de grenadine,
2,5 cl de porto,
2,5 cl de xérès,
1 pincée de noix muscade.

Mettre tous les ingrédients dans le shaker. Envelopper le shaker dans une serviette et secouer brièvement mais énergiquement. Passer le contenu dans un verre ballon ou à champagne. Saupoudrer d'un peu de noix muscade râpé et servir avec une paille.

Flip fraise

5 cl de sirop de fraise,
3 cuillers à bouche de purée de fraises fraîches,
4 cl de lait,

1 cuiller à bouche de glace à
la fraise,
1 jaune d'œuf.

Voici un flip sans alcool que
l'on peut aussi servir le matin.
Passer tous les ingrédients
très rapidement au mixer.
Verser aussitôt dans un gobelet ou une coupe et servir avec
une paille.

Si on ne le sert pas immédiatement, le flip devient
aqueux, insignifiant et perd
son goût.

Flip miel

2 gros cubes de glace,
2 cuillers à café de miel,

2 cl de jus de cassis,
¼ l de lait,
1 jaune d'œuf.

Un drink à boire le matin ou
à l'heure du thé. Mettre tous
les ingrédients dans le shaker, agiter quelques secondes
et passer dans un grand gobelet. Servir avec une paille.

*De gauche à droite: Sorbet
ananas-fraise (recette page
178) et Frappe à la fraise
(recette page 74). Avec des
fraises, on peut préparer
toutes sortes de mixtures
pouvant également servir de
dessert.*

Floater

cf photo page 72

3 à 4 glaçons,
eau de Seltz pour remplir le
verre,
4 cl d'eau-de-vie de vin.

Remplir un grand verre ballon ou un grand gobelet jusqu'à la moitié avec les glaçons ou un assez gros morceau de glace. Verser l'eau de Seltz par-dessus. Verser délicatement l'eau-de-vie de vin en la faisant couler contre la paroi du verre pour qu'elle ne se mélange pas avec l'eau. Servir avec une paille.

Fontaine de jouvence

3 cl de liqueur aux œufs,
3 cl de cherry-brandy,
3 cl de crème de menthe verte.

Un pousse-café très coloré que les femmes aiment déguster avec un petit noir après le dîner.
Verser d'abord la liqueur aux œufs dans un verre à pied, long et étroit. Quand elle a déposé, verser délicatement le cherry-brandy en le faisant couler sur le dos d'une longue cuiller contre la paroi du verre, pour éviter qu'il ne se mélange à la liqueur. Attendre un peu jusqu'à ce que la surface du liquide soit lisse puis verser la crème de menthe de la même façon. Tout l'art réside dans le fait de ne pas laisser les liquides se mélanger. Servir avec une paille et déguster les liqueurs l'une après l'autre, séparément.

De gauche à droite: fontaine de jouvence et la vierge (recette page 196).

Fraises au vin blanc

Pour 2 personnes

125 g de fraises bien mûres,
2 cuillers à café de jus de citron,
2 cuillers à café de sucre en poudre,
vin blanc de Bordeaux pour remplir le verre.

Laver les fraises, les égoutter et les équeuter. Les répartir dans des coupes à champagne, les aroser de jus de citron et les saupoudrer de sucre. Remplir la coupe de vin blanc de Bordeaux et servir avec une cuiller.

Frappe à la fraise

cf photo page 73

1 pot de yaourt bien frais,
2 cuillers à café de sucre vanillé,
2 à 3 cuillers à bouche de fraises écrasées légèrement sucrées.

Le Frappé fraise est une boisson idéale pour les petits creux entre les repas; elle ne contient pas d'alcool ni de glace. Battre le yaourt et le sucre vanillé dans un verre jusqu'à ce que ça mousse. En emplir une coupe avec la moitié, mettre les fraises écrasées par-dessus et verser le reste de yaourt battu. Servir avec une cuiller.

French cocktail

1 glaçon,
3 cl de gin,
2 cl de Pernod,
1 cuiller à café de grenadine.

Le gin constitue une base idéale pour les cocktails, car il se marie bien avec les différents ingrédients. Mettre la glace dans le shaker. Verser tous les autres ingrédients par-dessus. Secouer brièvement et passer dans un verre à cocktail.

French 75

2 glaçons,
1 cl de jus de citron,
2 cl de gin,
2 cl de Cointreau,
1 cl de Pernod,
champagne.

Un long drink français complété avec du champagne. Pi-

De gauche à droite: le French cocktail, le French 75, le Fresco: trois boissons de grande classe internationale.

ler la glace et la mettre dans le shaker. Verser le jus de citron, le gin, le cointreau et le pernod par-dessus. Secouer brièvement mais énergiquement et passer dans un grand verre à cocktail. Remplir le verre de champagne, à volonté.

Fresco

3 morceaux de sucre,
3 cuillers à café de jus de citron,
champagne ou mousseux,
1 spirale de zeste de citron.

Ce cocktail au champagne convient à plusieurs occasions. En outre, il est très vite préparé.
Mettre le sucre dans un verre à cocktail, verser le jus de citron par-dessus et bien en im-

biber le sucre. Remplir le verre de champagne et décorer avec le zeste de citron sur le rebord du verre. Servir avec une paille.

Frozen Caruso cocktail

4 à 5 glaçons,
1,5 cl de gin,
1,5 cl de vermouth dry,
1,5 cl de crème de menthe.

Piler grossièrement la glace, la mettre dans un shaker avec tous les ingrédients et secouer fortement. Verser dans un petit gobelet et servir avec une paille.

Furor Bavaricus

Pour 1 à 2 personnes

1 citron,
8 morceaux de sucre,
¼ l de lait,
1 jaune d'œuf.

Ce «réchauffant de l'âme» se doit d'être servi aussi brûlant que le péché. Ce n'est qu'ainsi qu'il réchauffe, bien qu'il ne contienne aucun alcool.
Frotter le sucre sur le zeste et faire frondre le sucre dans une casserole avec le lait très chaud. Battre le jaune dans un petit gobelet et le mélanger au lait tout en continuant de fouetter. Ceci doit se faire à feu doux jusqu'à ce que ça frémisse.
Servir dans des tasses réchauffées ou des verres à anse résistant à la chaleur.

Le Frozen Caruso a le goût d'un bonbon à la menthe.

G

Gargantua

2 bouteilles de bière blonde,
½ bouteille de xérès,
1 à 2 cuillers à café de sucre,
2 tranches de pain blanc grillé,
le zeste de 2 citrons,
1 pincée de noix muscade râpée.

Faire frémir la bière et le xérès dans une casserole et sucrer à volonté. Émietter le pain et le jeter dans la casserole. Mettre les zestes de citron dans une terrine à punch et verser le mélange bière-

Le Gazouillis du harem est une boisson (pour la) «favorite».

xérès par-dessus. Épicer avec la muscade et passer aussitôt dans des verres à punch.

Gazouillis du harem

1 à 2 cuillers à bouche de glace au citron,
4 cl de thé glacé,
4 cl environ de vin rouge.

Remplir une coupe à champagne, jusqu'au tiers environ, de glace au citron, verser le thé par-dessus et compléter avec le vin rouge. Servir avec une longue cuiller et une paille.
Un vin rouge de Bourgogne sera celui qui conviendra le mieux.

Geisha

le jus d'un demi citron,
2 cuillers à bouche de sucre,
2 à 3 glaçons,
1,7 cl de vermouth blanc,
1,7 cl de cherry-brandy,
1,7 cl de gin,
¼ de rondelle d'ananas en conserve.

Mettre dans deux soucoupes différentes, d'une part le jus de citron et, d'autre part, le sucre. Passer le bord du verre d'abord dans le jus de citron, laisser un peu sécher, puis le passer dans le sucre. Remettre le verre à l'endroit et laisser sécher. Pendant ce temps, piler la glace. La mettre dans le shaker avec le vermouth, le cherry-brandy et le gin. Secouer brièvement. Passer le cocktail dans le verre givré. Décorer avec une tranche ou un petit morceau d'ananas et servir avec paille et cuiller.

Le punch à la bière Gargantua est une boisson idéale pour les jours de pluie.

Lorsque le bord du verre n'est pas givré, le Geisha cocktail se sert en apéritif.

Le Georgia mint julep convient tout à fait aux joyeuses garden-parties.

Georgia mint julep

2 cuillers à café de sucre,
6 cl d'eau,
3 branches de menthe fraîche,
2 glaçons,
2,5 cl d'eau-de-vie de vin,
2,5 cl d'abricot brandy,
1 abricot ou 1 pêche,
1 petite branche de menthe fraîche,
1 rondelle de citron,
1 rondelle de citron vert.

Voici la boisson idéale pour les chaudes soirées d'été passées sur le balcon ou dans le jardin. Dissoudre le sucre dans l'eau, ajouter la menthe, laisser infuser environ 3 minutes, la presser avec une cuiller à mélange et la retirer du liquide. Raper finement la glace et en remplir un gobelet. Verser dessus le mélange sucre-menthe, l'eau-de-vie de vin et l'abricot brandy. Couper le fruit dénoyauté en huit et s'en servir comme décoration. Mettre la petite branche de menthe au milieu et, éventuellement, rajouter les deux rondelles de citron. Servir avec paille et cuiller.
On utilisera des fruits frais ou en conserve. La quantité dépendra du goût de chacun.

Gin fizz

cf photo page 78

2 à 3 glaçons,
le jus d'un citron,
2 cuillers à café de sirop de sucre,
3 cl de gin,
eau de Seltz.

Les inventeurs du Gin fizz, deux barmen français, ont ramassé une petite fortune en s'appliquant à préparer cette boisson. L'essentiel, en effet, dans le Gin fizz, c'est d'abord la façon de le secouer.

Piler la glace et la mettre dans le shaker. Verser dessus d'abord le jus de citron, puis le sirop de sucre et le gin. Envelopper le shaker dans une serviette afin d'éviter que la chaleur des mains n'ait un effet négatif sur le mélange. En fait, le shaker doit être légèrement embué. C'est pourquoi, secouer 1 à 2 minutes qui suffiront à causer la buée sur le shaker. Passer le fizz dans un grand verre et compléter avec l'eau de Seltz jusqu'à mi-hauteur environ. Servir avec une paille.

Gin oyster

cf photo page 78

1 cuiller à café de gin,
1 jaune d'œuf,
2 cuillers à café de ketchup,
1 trait de worcestershire sauce,
1 trait de jus de citron,
1 pincée de sel,
de poivre, de paprika et de noix muscade râpée.

Le Gin oyster est une boisson forte et comme anti-gueule-de-bois très efficace.
Verser d'abord le gin dans un verre à cocktail, poser le jaune par-dessus et l'entourer de ketchup. Ajouter la worcestershire sauce et le jus de citron passé et saupoudrer le Gin oyster avec les autres épices. Servir avec une cuiller.

Gin punch

cf photo page 78

3 glaçons,
jus d'un demi citron,
2 cuillers à café de sucre,
2 traits de marasquin,
4 cl de gin,
1 cuiller à bouche de cerises à cocktail,
1 cuiller à bouche de morceaux d'ananas en conserve.

ment et passer dans un verre à cocktail.

Gloegg des Alpes

Pour 4 à 6 personnes

½ l de vin rouge,
½ l de muscat,
⅛ l de vermouth rouge,
1 trait d'angostura bitter
60 g de raisins secs,
écorce d'une demie orange
et zeste d'un demi citron,
1 cuiller à bouche de
gingembre confit concassé,
60 g de sucre,
⅛ l d'aquavit
60 g d'amandes épluchées.

Mettre dans un récipient résistant à la chaleur le vin rouge, le muscat, le vermouth et l'angostura avec les raisins secs, ainsi que les écorces d'orange, les zestes de citron et le gingembre. Laisser macérer quelques heures. Ajouter enfin le sucre, l'aquavit et les amandes. Faire chauffer à feu doux. Verser dans des verres à anse et servir avec des cuillers.

Gogel-Mogel

1 œuf,
1 jaune d'œuf,
1 cuiller à café de sirop de sucre,
6 cl d'eau-de-vie de vin,
1 pincée de noix muscade râpée.

Le sirop de sucre et la muscade donne à ce drink une note personnelle, pleine de piquant.
Fouetter l'œuf et le jaune dans une petite soucoupe. Y faire couler lentement le sirop de sucre et l'eau-de-vie de vin. Continuer à battre jusqu'à ce que ça mousse. Verser dans une coupe à champagne évasée et saupoudrer de noix muscade râpée.

Le Gin punch (en haut à gauche), le Gin fizz (en haut à droite) et le Gin oyster.
Le gin constitue la base de nombreux cocktails. Cette photo nous montre trois drinks classiques.

Râper finement la glace. En remplir un gobelet jusqu'à une bonne moitié. Verser les liquides, remuer un peu et décorer avec les fruits. Servir avec paille et cuiller.

Gipsy

2 glaçons,
3 cl de vodka,
2 cl de Bénédictine,
1 trait d'angostura.

La vodka et la Bénédictine se marient bien et elles confèrent à ce cocktail un arôme tout à fait particulier.
Mettre la glace dans le shaker. Verser les autres ingrédients par-dessus, secouer brièvement mais énergique-

Incandescence alpestre (en haut; recette page 95), Gloegg des Alpes, Café des montagnes (en bas; recette page 35).
Sur les pistes de ski comme à la maison auprès de la cheminée, on se sent bien avec ces trois boissons.

Golden cocktail

2 à 3 glaçons,
1 cuiller à café de grenadine,
1 cuiller à café de curaçao blanc,
2 cl de vermouth rosso,
2 cl de gin,

1 cerise.

Mettre la glace dans le shaker. Ajouter la grenadine, le curaçao, le vermouth et le gin. Secouer brièvement mais énergiquement. Passer dans un verre à cocktail, décorer avec la cerise et servir avec un bâtonnet pour la cerise.

Golden daisy cocktail

2 à 3 glaçons,
jus d'un citron,
1 cl de Cointreau,
3 cl de whisky,
1 à 2 cuillers à café de sirop de sucre,
eau de Seltz.

Ce cocktail est très stimulant et salutaire. Mettre la glace dans le shaker. Verser les ingrédients par-dessus, excepté l'eau de Seltz, et secouer. Passer dans un verre à cocktail. Remplir d'eau de Seltz. Ce cocktail se prépare également au mixer.

Le Golden fizz est un long drink glacé à base de gin.

Golden fizz

2 à 3 glaçons,
1 jaune d'œuf,
jus d'un citron,
1 à 2 cuillers à café de sucre en poudre,
1 à 2 cuillers à café de grenadine,
5 cl de gin,
eau de Seltz pour remplir le verre.

Comme tous les fizz, ce drink doit être servi glacé.
Piler grossièrement la glace et la mettre dans le shaker. Ajouter le jaune, le jus de citron, le sucre en poudre, la grenadine et le gin. Envelopper le shaker dans une serviette et secouer fortement et un bon moment.
Passer dans un grand verre et compléter avec l'eau de Seltz. Servir avec une paille.

De gauche à droite: Green fizz, Green dragon, Green hat, Green sea.
La crème de menthe donne à cette famille de Green sa belle couleur verte et son arôme de menthe poivrée.

Golden Lady

2 glaçons,
1 cl de curaçao blanc,
1 cl de jus d'orange,
3 cl d'eau-de-vie de vin,
champagne ou mousseux

bien frais pour remplir le verre.

Mettre la glace dans le shaker. Verser les autres ingrédients par-dessus et secouer énergiquement. Passer dans une coupe à champagne et remplir de champagne.

Good morning cocktail

3 glaçons,
2 cl de rhum,
2 cl de porto,
jus d'un demi citron,

1 blanc d'œuf,
1 cuiller à café de sirop de sucre.

Ceux qui, le matin, se signent sans y croire, apprécieront beaucoup cette boisson. Mettre la glace dans le shaker; ajouter les autres ingrédients, secouer et servir dans un gobelet.

Grand Marnier Pick me up

2 à 3 glaçons,
1,2 cl de jus d'orange,
2,5 cl de Grand Marnier,
champagne pour remplir le verre.

Piler la glace et la mettre dans le shaker avec le jus d'orange et le Grand Marnier. Secouer fortement. Passer dans une coupe à champagne et compléter avec du champagne.

Grapefruit highball

2 à 3 glaçons,
2,5 cl de grenadine,
7,5 cl de jus de pamplemousse,
eau de Seltz ou ginger ale.

Voici une boisson sans alcool qui convient tout à fait pour une garden-party.
Mettre, dans un grand verre, les glaçons, la grenadine et le jus de pamplemousse. Compléter avec l'eau de Seltz ou le ginger ale. Mélanger et servir avec une paille.
Au lieu de le servir dans un grand verre, on peut aussi présenter le Grapefruit highball dans un demi pamplemousse évidé, ce qui donne une petite note d'originalité.

Grasshopper

2,5 cl de crème de cacao,
2,5 cl de crème de menthe verte.

Le Grapefruit highball est une boisson sans alcool.

Ce Grasshopper fait partie des pousse-cafés. On le sert, comme toutes les boissons de ce genre, dans des verres à pousse-café ou dans des coupes à champagne. Il est très important de toujours verser les liquides dans l'ordre indiqué.
Verser la crème de cacao dans un verre à pousse-café. Ensuite, faire couler délicatement la crème de menthe sur le dos d'une cuiller à mélange. Servir avec une paille.

Green dragon

cf photo page 80-81

3 glaçons,
5 cl de vodka,
5 cl de crème de menthe verte.

Mettre la glace, la vodka et la crème de menthe dans le shaker. Secouer brièvement et énergiquement. Servir dans une coupe ou une flûte à champagne rafraîchie ou un verre à cocktail, également rafraîchi.

Pour rafraîchir le verre, on le remplit de glace pilée que l'on retire au moment de verser le drink.

Green fizz

cf photo page 80-81

4 à 5 glaçons,
1 blanc d'œuf,
2 cuillers à café de sirop de sucre,
le jus d'un citron,
5 cl de gin,
1 cuiller à café de crème de menthe verte,
eau de Seltz.

Le Green fizz est le roi incontesté du long drink et il suffit de lui supprimer ou de lui ajouter un autre ingrédient pour qu'il change de nom. En effet, si on supprime la crème de menthe, on obtient un «Silver fizz». Mais si on ajoute 2 cl de crème fraîche au Green fizz, il devient un «New Orleans fizz». En outre, le «Silver fizz» devient un «Pink Lady fizz» si on utilise à la place du sirop de sucre la

même dose de grenadine.
Piler la glace et la mettre dans le shaker. Ajouter le blanc d'œuf, le sirop de sucre et le jus de citron. Envelopper le shaker dans une serviette et secouer pendant 2 minutes. Ajouter le gin et la crème de menthe verte, secouer encore une fois brièvement et passer dans un gobelet. Compléter avec l'eau de Seltz.

Green hat

cf photo page 80-81

2 à 3 glaçons,
2,5 cl de gin,
2,5 cl de crème de menthe verte,
eau de Seltz.

Mettre la glace dans un grand gobelet ou une grande coupe. Ajouter le gin et la crème de menthe, puis compléter avec l'eau de Seltz. Servir avec une paille.

Green sea

cf photo page 80-81

2 à 3 glaçons,
1,5 cl de vermouth dry français,
2 cl de vodka,
1,5 cl de crème de menthe verte.

En plongeant le regard dans le verre, on ressent les vagues et le mouvement des bateaux. C'est ce qu'affirment, en tous cas, les amateurs de cette boisson.
Piler la glace et la mettre dans le shaker. Ajouter le vermouth dry, la vodka et la crème de menthe. Bien secouer et passer dans un verre à cocktail.

Grenadine à l'eau

2 à 3 glaçons,
5 cl de sirop de grenadine,
eau de Seltz.

Les invités qui doivent rentrer chez eux en voiture sauront apprécier cette boisson sans alcool.
Mettre la glace dans un grand gobelet. Verser le sirop de grenadine par-dessus et compléter avec l'eau de Seltz. Servir avec une paille.

Grenadine shake

2 cl de grenadine,
1 cuiller à bouche de jus de citron,
1 cuiller à bouche bien pleine de glace à la vanille,
⅛ l de lait.

Passer tous les ingrédients au mixer et verser le mélange obtenu dans un grand gobelet ou une grande coupe. Décorer éventuellement avec une rondelle de citron sur le bord du verre. Servir avec une paille.

De haut en bas: Grenadine Shake, Grenadine à l'eau.
La grenadine donne une belle couleur rouge et un goût prononcé.

Grog américain

cf photo page 84

⅛ l de thé fort et brûlant,
1 à 2 cuillers à café de sucre,
1 doigt de curaçao,
4 cl de rhum,
1 rondelle de citron,
1 clou de girofle.

Les grogs à base de thé sont répandus dans le monde entier et ils sont partout préparés de différentes façons. Bien mélanger les ingrédients dans un verre à grog. Puis, ajouter à la fin la rondelle de citron et le clou de girofle.

Grog aux cerises

cf photo page 84

1 cuiller à bouche de cerises dénoyautées à l'eau-de-vie,
1 cuiller à bouche de sucre candi blanc,
3,5 cl d'eau bouillante,
2 cl d'eau-de-vie.

Mettre les cerises à l'eau-de-vie et le sucre candi dans un verre à grog réchauffé. Verser d'abord l'eau bouillante, puis l'eau-de-vie de vin dans le verre. Servir aussitôt avec bâtonnet ou cuiller (pour les cerises).

Grog beurre

10 à 20 g de beurre,
3 cuillers à café de sucre,
2 clous de girofle,
un peu de cannelle,
1 zeste de citron,
10 cl de rhum ou d'eau-de-vie de vin,
jus de raisin ou de pomme chaud.

Une recette à retenir pour l'hiver.
Mettre le beurre et le sucre dans un verre à punch ou à grog. Ajouter les épices et, au choix, verser du rhum ou de l'eau-de-vie de vin par-dessus. Remplir de jus de raisin ou de pomme chaud et bien remuer. Puis retirer les épices et servir le grog. En outre, il est possible de remplacer le jus de fruit par de l'eau.

Le Grog à base de thé est apprécié; les amateurs de grog considèrent qu'il «réchauffe l'âme» à plusieurs occasions.

Le Grog aux cerises ne réchauffe pas seulement, l'eau-de-vie de vin et les cerises en font un véritable plaisir du palais.

Grog du Holstein aux œufs

1 jaune d'œuf,
1 cuiller à bouche de sucre,
4 cl d'eau,
6 à 8 cl de rhum.

On dit que plus le grog est fort, meilleur il est. Battre le jaune et le sucre jusqu'à obtenir une crème mousseuse qu'on mettra dans un verre à grog réchauffé. Faire chauffer séparément l'eau et le rhum et les ajouter au mélange mousseux. Servir très chaud.

La «guérisseuse» n'a pas seulement l'air d'être bonne pour la santé, elle est aussi d'un goût exquis.

nouvelle fois. Verser dans un grand gobelet, décorer avec la tige de persil et servir.

Guillome sour

2 glaçons,
1 cuiller à café de sirop de sucre,
le jus d'un demi citron,
4 cl de scotch,
2 cuillers à café de crème fraîche,
eau de Seltz,
3 cerises à cocktail.

Le Guillome sour est un long drink pour les chaudes soirées estivales.
Piler la glace et la mettre dans le shaker. Verser, par-dessus, le sirop de sucre, le jus de citron, le whisky et la crème fraîche; bien secouer pendant 1 à 2 minutes, passer dans un gobelet et compléter avec l'eau de Seltz. Mettre les cerises à cocktail dans le verre et servir avec paille et cuiller.

Conseil

Passer le verre à grog sous l'eau chaude avant d'y verser le grog afin de ne pas faire éclater le verre. On peut aussi placer une cuiller en argent dans le verre.

Guérisseuse

½ botte de fenouil sauvage,
½ botte de persil,
½ botte de pimprenelle,
4 cuillers à café de jus d'orange,
¼ l de lait froid,
sel, poivre blanc,
1 pincée de sucre ou
1 cuiller à thé de miel,
1 tige de persil pour décorer.

Les guérisseuses disparaissent lentement, mais avec leurs recettes, on peut toujours se préparer des boissons miraculeuses qui vous transforment un homme épuisé un homme en pleine forme.
Laver les herbes et les mixer en purée. Ajouter le jus d'orange, le jus de citron et le lait. Épicer de poivre et sel. Sucrer, selon le goût, avec du miel ou du sucre et mixer une

85

H

Half and half

2 glaçons,
2,5 cl de vermouth bianco,
2,5 cl de jus de
pamplemousse,
1 trait de Campari.

Cette boisson se sert avant le
repas. Mettre la glace dans le
shaker. Verser les autres ingrédients par-dessus, secouer
énergiquement et passer
dans un verre à cocktail.

Happy Ice-Cream-Soda

2 cl d'abricot brandy,
2 cl de sirop de fraise,
2 cl de lait concentré,
1 cuiller à bouche bien
pleine de glace à la vanille,
1 cuiller à bouche bien
pleine de glace à la fraise,
1 cuiller à bouche de crème
Chantilly,
1 cuiller à bouche d'abricots
secs hachés menu.

Cette boisson ne désaltère
pas forcément, mais elle rafraîchit et elle est toujours délicieuse.
Mettre l'abricot brandy et le
sirop de fraise dans un grand
gobelet. Ajouter successivement le lait concentré et la
glace à la vanille, puis compléter à volonté avec l'eau de
Seltz. Ajouter la glace à la
fraise, la crème Chantilly et
garnir d'abricots secs hachés
menu. Servir avec une longue
cuiller et une paille.

Half and half: une boisson amère fruitée servie en apéritif.

Harry's dry jumbo

2 à 3 glaçons,
1 cuiller à café de cynar,
2 cuillers à café de rosso
antico,
2,5 cl de vodka,
5 cl de gin.

Si vous voulez vous procurer
un plaisir particulier, alors
préparez-vous ce drink.
Mettre la glace, le cynar, le
rosso antico, la vodka et le

gin dans un verre à mélange. Bien remuer le tout et servir dans un petit gobelet.

On peut remplacer les 2 ou 3 glaçons par un seul gros glaçon et servir le drink avec ce cube de glace.

Harry's pick me up

2 glaçons,
1 cuiller à café de grenadine,
1 cl de jus de citron,
2 cl d'eau-de-vie de vin, mousseux très frais.

Idéal pour faire commencer une petite fête, ce cocktail rafraîchit et délie les langues. Il convient aussi tout à fait

comme apéritif avant le dîner.

Mettre la glace dans le shaker, verser le jus de citron, la grenadine et l'eau-de-vie de vin par-dessus, secouer et passer dans une coupe à champagne. Compléter à volonté et selon le goût avec du mousseux très frais.

Haute couture

1,5 cl d'eau-de-vie de vin,
1,5 cl de crème de cacao,
1,5 cl de Bénédictine.

Ce cocktail se prépare sans glace. Mettre, dans l'ordre, tous les ingrédients dans un verre à cocktail et servir avec une paille.

Havane: un drink pour clore un bon repas.

Attention au Harry's dry jumbo, il est aussi fort qu'un éléphant.

Havane

2 à 3 glaçons,
2 traits de jus de citron,
1,2 cl de gin,
1,2 cl de punch suédois,
2,5 cl d'abricot brandy,
1 cerise à cocktail.

Mettre tous les ingrédients dans le shaker. Secouer fortement et passer dans un verre à cocktail. Décorer avec la cerise.

Hawaii-kiss

Pour 2 personnes

1 ananas frais,
2 cl de gin,
2 glaçons,
vin mousseux.

Évider le fruit, presser le jus et le verser dans la coque de l'ananas. Ajouter le gin et les glaçons, remplir de vin mousseux. Servir avec une paille.

Hawaii shake

2 cl de pulpe de fraise,
1 cuiller à bouche bien pleine d'ananas râpé en conserve,
1 cuiller à bouche bien pleine de glace à la vanille,
1/8 l de lait.

Plus ce lait glacé sera servi frais, meilleur il sera.

Passer tous les ingrédients au mixer, verser dans un grand gobelet et servir avec une paille et une longue cuiller.

L'Helvétia est un short drink qui va très bien avec le café.

Helvétia

2 à 3 glaçons,
1 cl de crème fraîche,
1 cuiller à café de grenadine,
1,5 cl de kirsch,
1,5 cl de cherry-brandy.

L'Helvétia se sert à la fin du repas avec le café. Mettre d'abord les glaçons, la crème fraîche et la grenadine dans le shaker. Ajouter le kirsch et le cherry-brandy et bien secouer. Passer dans un verre à cocktail ou une coupe et servir aussitôt.

Highball framboise

2 à 3 glaçons,
2 cl de gin,
1 cl de sirop de framboise,
1 cuiller à café de jus de citron passé,
eau de Seltz pour remplir le verre.

L'attrait tout à fait particulier de ce long drink rafraîchissant réside dans son arôme de framboise. Mettre

la glace dans un grand gobelet. Verser tous les ingrédients par-dessus, remuer et compléter à volonté avec l'eau de Seltz. Servir avec une paille.

Highball au gingembre

3 à 4 glaçons,
4 cl de whisky,
2 à 3 petits morceaux de gingembre vert,
eau de Seltz ou ginger ale.

Mettre la glace dans un grand gobelet, verser le whisky par-dessus. Ajouter les morceaux de gingembre et remplir le verre au choix avec de l'eau de Seltz ou du ginger ale.

Le Hit au marasquin revigore autant qu'il en a l'air.

Highland-punch

Pour 8 personnes

350 g de sucre,
le jus d'un citron,
1 l d'eau,
½ bouteille de whisky,
½ bouteille de rhum,
⅛ l d'eau-de-vie de vin,
⅛ l de porto.

Il est préférable de ne jamais boire ce punch à jeun.
Faire frémir le sucre, le jus de citron passé et l'eau dans une casserole. Ajouter successivement les autres alcools. Faire frémir le tout et servir aussitôt dans des verres à punch.

Deux boissons rafraîchissantes: Highball framboise (à gauche), Ice-Cream-Soda à la framboise (à droite, recette page 93).

Highlife

2 à 3 glaçons,
1 cuiller à café de jus de citron,
1 cuiller à café de sirop de sucre,
5 cl de cognac,
eau de Seltz.

Mettre la glace dans un gobelet. Ajouter le jus de citron, le sirop de sucre et le cognac et remplir le verre d'eau de Seltz. Remuer.

Hit au marasquin

1 jaune d'œuf,
1 cuiller à bouche rase de sucre en poudre,
4 cl de marasquin,
1/8 l de lait très chaud.

Mélanger le jaune et le sucre jusqu'à obtenir une mousse. Ajouter le marasquin et verser dans un gobelet. Remplir de lait chaud, remuer et servir.

Le Honeymoon.

Le Highland punch met de l'ambiance dans toutes les réceptions.

Hock cup

cf photo page 90

1 tranche d'ananas en conserve,
1 à 2 cuillers à bouche de jus d'ananas,
1 trait de marasquin,
1 trait de jus d'orange,
5 cl de vin du Rhin,
5 cl d'eau de Seltz,
1 quartier d'orange.

Mettre la tranche d'ananas dans un verre à punch froid, verser le jus par-dessus, ajouter le marasquin et le jus d'orange et remplir le verre de vin d'eau de Seltz. Déposer un quartier d'orange dans le verre.

Honeymoon cocktail

2 à 3 glaçons,
3 traits de curaçao orange,

Le Hock cup est un punch froid délicieux qui demande très peu de préparation.

1 cl de jus d'orange,
1,5 cl de Bénédictine,
2,5 cl de calvados.

Mettre la glace dans le sha-ker. Ajouter le curaçao orange, le jus d'orange, la Bé-nédictine et le calvados. Se-couer fortement quelques se-condes, puis passer dans un verre à cocktail.

Horchata

Pour 4 à 6 personnes

100 g de pépins de melon,
100 g de sucre,
3/4 l d'eau,
zeste râpé d'un demi citron,
4 à 6 glaçons.

Passer les pépins de melon à la moulinette ou au mixer, puis les mettre dans une cru-che. Ajouter le sucre, l'eau et le zeste de citron et laisser macérer 6 heures. Juste avant de servir, remplir des petits gobelets, jusqu'au quart, avec de la glace pilée puis y verser le mélange auparavant passé.

Horse's neck

1 zeste de citron en spirale,
jus d'un citron,
2 glaçons,
1 cuiller à café de sucre,
jus d'un demi pamplemousse,
ginger ale ou bitter lemon.

On sert le Horse's neck dans une coupe à champagne bien qu'il ne contienne pas de champagne.
Mettre la spirale de citron dans la coupe. Mettre le jus de citron, la glace, le sucre et le jus de pamplemousse dans le shaker, agiter, passer dans la coupe à champagne et compléter avec du ginger ale ou du bitter lemon.

Hot coffee

4 morceaux de sucre,
2 cl d'armagnac,
1/8 l de café fort très chaud.

Le punch Hot locomotive acquiert une note particulière grâce au curaçao.

I

Ice-cream-frappés

Contrairement aux glacés et frappés mixés avec des glaçons ou de la glace pilée, les ice-cream-frappés sont toujours préparés avec de la crème glacée. On les sert – avec ou sans alcool – au goûter, par les jours de grande chaleur. Ils sont présentés dans de grand gobelets avec paille et longue cuiller.

Mettre le sucre dans un verre résistant à la chaleur, réchauffer un peu l'armagnac, le verser par-dessus et flamber. Une fois la flamme éteinte, remplir le verre de café.

Hot Italy

4 à 5 glaçons,
4 cl de whisky,
vermouth rosso,
1 trait d'angostura,
1 zeste de citron.

Voici un cobbler qui rafraîchit et réchauffe en même temps. La glace rafraîchit tandis que le vermouth procure une sensation de chaleur.
Râper finement la glace, et en remplir un grand gobelet jusqu'à la moitié environ. Verser le whisky par-dessus, com-pléter à volonté avec le vermouth, ajouter l'angostura et arroser de gouttes de citron en pressant sur le zeste.

Hot locomotive

1 jaune d'œuf,
1 cuiller à café de sucre,
1 cuiller à café de miel,
1,5 cl de curaçao triple sec,
10 cl de vin rouge,
1 rondelle de citron,
1 pincée de noix muscade râpée.

Mélanger le jaune, le sucre et le miel dans une casserole. Ajouter le curaçao et le vin rouge et faire frémir tout en continuant à battre. Déposer la rondelle de citron dans un verre réchauffé que l'on remplira de punch. Saupoudrer de noix muscade râpée.

Huckleberry drink

4 cl de sirop de myrtille,
6 cl d'eau chaude,
1 cl de jus d'orange passé,
1 rondelle d'orange.

Voici une boisson chaude que les enfants, surtout, apprécient l'hiver quand les journées sont rudes.
Mettre le sirop de myrtille dans le gobelet, mélanger à l'eau chaude et raffiner avec le jus d'orange. Faire une entaille dans la rondelle d'orange et la fixer sur le bord du verre ou bien la poser simplement dans le verre.

Ice-cream-frappé citron

cf photo page 92

2 cuillers à bouche bien pleine de glace au citron,
1 cl de vodka,
4 cl de lait,
le jus d'un demi citron,
1 cuiller à café de sucre en poudre,
1 rondelle de citron.

Mettre la glace, la vodka, le lait, le jus de citron et le sucre en poudre dans le shaker et secouer, ou bien passer au mixer. Verser dans une coupe à champagne et décorer avec la rondelle de citron. Servir avec une paille.

Ice-cream-frappé framboise

2 cuillers à bouche bien pleine de glace à la framboise,
4 cl de lait,
1 cl d'eau-de-vie de framboise,
2 cuillers à café de sirop de framboise.

Mettre tous les ingrédients dans le shaker et secouer, ou bien les passer au mixer. Puis verser dans une coupe à champagne et servir avec une paille.

Ice-cream-frappé pêche

2 cuillers à bouche bien pleine de glace à la vanille,
2 cl d'eau-de-vie de vin,
4 cl de lait,
2 demi-pêches en conserve,
1 lamelle de pêche.

Passer soigneusement au mixer la glace à la vanille, l'eau-de-vie de vin et les de-mi-pêches. Verser dans une coupe à champagne. Décorer avec la lamelle de pêche et servir avec une paille.

Ice-Cream-Soda à la framboise

cf photo 88-89

3 cl de sirop de framboise,
2 cl de lait concentré,

De gauche à droite:
Ice-cream-frappé citron,
Ice-cream-frappé framboise
et Ice-cream-frappé pêche.

De gauche à droite: Shake aux noix (recette page 174) et au malt, ICS aux noix (recette page 94).

1 cuiller à bouche bien pleine de glace à la framboise,
eau de Seltz,
1 cuiller à bouche bien pleine de glace à la vanille,
2 cuillers à bouche de crème Chantilly,
1 cuiller à bouche de framboises fraîches.

L'anniversaire de votre en-fant sera encore plus réussi si vous y servez des Ice-Cream-Sodas à la framboise.
Mettre d'abord le sirop de framboise dans un grand go-belet, ajouter le lait concen-tré et la glace à la framboise et remplir le verre à volonté avec l'eau de Seltz. Ensuite, ajouter la glace à la vanille, surmonter d'un dôme de crème Chantilly et décorer avec les framboises. Servir avec une paille.

Ice-Cream-Soda au chocolat et à l'ananas

2 cl de sirop d'ananas
2 cl de sauce chocolat,
2 cuillers à bouche d'ananas rapé,
2 cl de lait concentré,
1 cuiller à bouche bien pleine de glace à la vanille ou à l'ananas,
eau de Seltz,
1 cuiller à bouche de glace au chocolat,
1 cuiller à café de crème Chantilly,
1 cuiller à café d'ananas râpé.

Mettre le sirop, l'ananas, le lait et la glace à la vanille ou à l'ananas dans un grand verre. Remplir d'eau de Seltz. Dé-corer avec la crème et l'ana-nas. Servir avec paille et cuil-ler.

93

Ice-Cream-Soda aux noix

cf photo page 93

2 cl de liqueur de noix au moka
2 cl de lait en conserve,
1 cuiller à bouche bien pleine de glace à la vanille,
eau de Seltz pour remplir le verre,
1 cuiller à bouche bien pleine de glace aux noix,
1 à 2 cuillers à bouche de crème Chantilly,
1 à 2 cuillers à café de noix hachées.

L'ICS aux noix n'est pas uniquement un long drink frais destiné à rafraîchir vos invités lors d'une gardenparty, il convient tout aussi bien en guise de dessert.
Mettre la liqueur, le lait, et la glace à la vanille dans un grand verre. Compléter avec l'eau de Seltz, ajouter la glace à la noix, surmonter d'un dôme de crème Chantilly et parsemer de noix hachées. Servir avec paille et longue cuiller.

L'idiot, un cocktail au champagne sec, idéal en apéritif.

Ice-Cream-Soda cheerio

2 cl de sirop d'orange,
2 cl de gin,
1 cuiller à bouche bien pleine de glace à la vanille,
2 cl de lait en conserve,
eau de Seltz,
1 cuiller à bouche bien pleine de glace à l'orange,
2 cuillers à bouche de crème Chantilly,
1 grande rondelle d'orange.

«ICS» signifie Ice-Cream-Soda. La recette de base est toujours la même. Mettre d'abord le sirop et le gin dans le verre, puis la première portion de glace et le lait en conserve. Remplir le verre

Voici 4 réprésentants d'une honorable famille de drinks: les Imperial Crustas.

d'eau de Seltz, ajouter la seconde portion de glace et décorer avec la crème Chantilly et les fruits.

Ice-Cream-Soda maison

2 cl de liqueur de moka,
2 cl de liqueur aux œufs,
2 cl de lait concentré,
1 cuiller à bouche bien pleine de glace à la vanille,
1 cuiller à bouche bien pleine de glace au chocolat,
4 cuillers à bouche de crème fraîche,
chocolat en granulés pour décorer.

Mettre la liqueur de moka et la liqueur aux œufs dans un grand gobelet. Verser le lait concentré. Ajouter délicatement la glace à la vanille et la glace au chocolat. Battre la crème dans un plat jusqu'à ce qu'elle se transforme en chantilly. En remplir une poche qu'on pressera sur la glace. Servir avec paille et cuiller, si possible une cuiller à mélange.

Idiot

4 cl de vin rouge,
1 cuiller à café de sirop de sucre,
environ 6 cl de champagne ou de mousseux,
1 ruban de zeste de citron.

Le nom de ce cocktail ne s'explique pas. Par expérience, on ne sait qu'une chose: son goût est délicieux.
Verser le vin rouge dans une coupe à champagne, ajouter le sirop de sucre, emplir de champagne ou de mousseux et décorer avec le ruban de zeste de citron.

L'Ice-Cream-Soda (ICS) existe avec ou sans alcool.

Imperial crusta

2 glaçons,
le jus d'une mandarine,
5 cl de kirsch,
1 cuiller à café de sirop de sucre,
le jus d'une demie orange,
2 cuillers à bouche de sucre,
1 spirale d'écorce d'orange.

Pour débuter une garden-party, pour accompagner une petite fête, ou même comme after-drink-drink. Mettre la glace dans le shaker. Verser par-dessus le jus de mandarine, le kirsch et le sirop de sucre, bien secouer, passer dans un verre givré et décorer avec la spirale d'écorce d'orange.

Incandescence des Alpes

Pour 2 personnes
cf photo page 79

⅛ l de lait,
5 cl de sirop de cerise,
2 cuillers à bouche bien pleines de glace à la vanille,
10 cl de coca cola.

Passer au mixer le lait, le sirop de cerise et la glace à la vanille; verser dans un grand verre étroit et remplir de coca. Servir avec une paille.

Irish coffee

4 cl de whisky irlandais,
3 cuillers à café de sucre,
⅛ l de café fort et très chaud,
2 à 3 cuillers à bouche de crème légèrement fouettée.

Réchauffer un verre tulipe à vin ou un verre à Irish coffee. Y mettre le sucre et le whisky et remplir le verre de café. Faire couler la crème sur le café en la faisant glisser sur le dos d'une cuiller contre la paroi du verre.

Island dream

3 à 4 glaçons,
2 cuillers à café de curaçao,
2 cuillers à café de grenadine,
2 cuillers à café de jus de citron,
2 cuillers à café de jus d'orange,
rhum blanc,
3 cerises à cocktail,
1 rondelle de citron.

Piler très finement la glace et en remplir un gobelet jusqu'à la moitié. Ajouter le curaçao, la grenadine, le jus de citron et d'orange, compléter avec

J

Jackie

2 à 3 glaçons,
1 cuiller à café de jus de framboise,
4 cl de lait concentré,
1 cuiller à café de pâte d'amande,
eau de Seltz.

Les enfants adorent quand on leur prépare un drink et celui-ci leur plaira sûrement. Piler grossièrement la glace, en remplir un gobelet jusqu'à la moitié. Verser le jus de framboise, le lait concentré et la pâte d'amande par-dessus, bien remuer et remplir le verre d'eau de Seltz.

Japan crusta

le jus d'un demi citron,
2 cuillers à bouche de sucre,
3 à 4 glaçons,
3 cl de kirsch,
3 cl de jus de mandarine,
1 trait de curaçao triple sec,
1 cuiller à café de sirop de sucre,
2 à 3 quartiers de mandarine.

Voici un cocktail et un highball pour ceux qui n'ont pas à craindre l'alcotest: Island dream

le rhum à volonté, bien remuer et décorer avec les cerises à cocktail et la rondelle de citron. Servir avec un bâtonnet pour piquer les cerises.

Island highball

2 glaçons,
1 cl d'eau-de-vie de vin,
1 cl de gin,
1 cl de vermouth rosso,
1 trait d'orange bitter,
eau de Seltz.

Mettre la glace dans un gobelet, verser les autres ingrédients par-dessus et compléter avec l'eau de Seltz à volonté. Servir avec une paille.

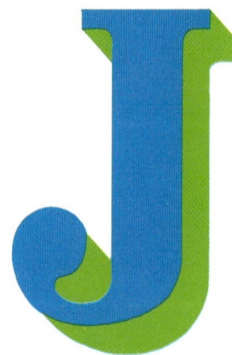

Mettre le sucre et le jus de citron dans deux soucoupes différentes. Passer le bord du verre d'abord dans le jus de citron, laisser égoutter un peu, puis le passer dans le sucre. Remettre le verre à l'endroit et laisser sécher le givre. Piler grossièrement la glace et la mettre dans le shaker. Verser tous les ingrédients par-dessus, excepté les quartiers de mandarine, bien agiter le shaker et passer délicatement dans le verre givré en faisant bien attention de ne pas toucher le givre avec le liquide. Décorer avec les quartiers de mandarine.

Japonaise

cf photo page 98

---

2 à 3 glaçons,
1 cl de grenadine,
2,5 cl de cognac aux œufs,
1,5 cl de kirsch,
eau de Seltz pour remplir le verre.

La Japonaise est un long drink à la fois tonique et rafraîchissant.
Mettre la glace, la grenadine, le cognac aux œufs et le kirsch dans un grand gobelet et bien mélanger. Remplir le verre à volonté d'eau de Seltz. Servir avec une paille.

Jasmin julep

2 à 3 glaçons,
1 cuiller à café de sucre,
3 cl d'eau-de-vie de vin,
1 fleur de jasmin,
vin mousseux.

Cette boisson se boit de mai à août pendant la saison du jasmin. On l'appréciera vraiment par une nuit chaude, installé dans le jardin ou sur le balcon.
Piler finement la glace. Remplir une coupe à champagne, jusqu'au tiers environ, de glace pilée, ajouter le sucre et l'eau-de-vie de vin. Décorer avec la fleur de jasmin et remplir délicatement le verre de champagne en faisant attention de ne pas abîmer la fleur. Servir avec paille et cuiller. Rien que le parfum de ce long drink est déjà grisant.

Le Joe Collins (à droite) et le Jeune Homme (à gauche) sont deux boissons qui font l'unanimité parmi les invités de toutes les réceptions.

Jeune homme

---

1 à 2 glaçons,
1 cl de cointreau,
1 cl de Bénédictine,
1 cl de gin,
2 cl de vermouth dry,
1 trait d'angostura.

Les compositions de cocktails sont innombrables. C'est celle-ci que les jeunes Français ont choisie.
Mettre la glace dans le shaker, verser tous les autres ingrédients par-dessus, secouer fortement quelques secondes et passer dans un verre à cocktail. Pour accompagner ce cocktail, on sert des biscuits apéritif et des olives.

Jockey skin

2 morceaux de sucre,
1 cuiller à bouche de petits morceaux de pêche,
6 cl d'eau bouillante,
2 cl de liqueur de pêche.

Voici un grog au goût fruité qui ne contient que peu d'al-

La Japonaise: un long drink rafraîchissant avec peu d'alcool.

K

Kangaroo

2 à 3 glaçons,
4 cl de vodka,
1 cl de vermouth sec français,
1 zeste de citron.

Bien remuer les glaçons avec la vodka et le vermouth dans le verre à mélange. Passer dans une coupe. Arroser de gouttes de citron en pressant le zeste au-dessus du verre. Servir avec une paille.

Ketchup cup

4 cl de ketchup,
1 jaune d'œuf,
2 cuillers à café de jus de citron,
1 pincée de sucre,
2 cuillers à café de crème fraîche,
poivre blanc fraîchement moulu.

Mettre le ketchup, le jaune, le jus de citron et le sucre dans un verre à mélange. Bien remuer avec une longue cuiller. Passer dans une coupe à cocktail. Verser la crème au centre du verre. Remuer très brièvement avec une longue cuiller. Saupoudrer de poivre blanc.

Kiku Kiku

cf photo page 102

2 glaçons,
6 cl de vin de riz,
1 cl de gin,
3 cl de jus d'ananas.

cool. Il est conseillé, ici, d'utiliser des pêches en conserve plutôt que des fraîches.
Mettre le sucre dans un verre à grog réchauffé et ajouter les morceaux de pêche. Remplir le verre d'eau bouillante et, ensuite, ajouter la liqueur. Bien mélanger et servir avec une cuiller. Ce grog n'est pas seulement un plaisir pour les yeux, il est aussi un plaisir du palais.
On peut aussi bien utiliser des fruits en conserve que des fruits frais.

Joe Collins

cf photo page 97

3 à 4 gros glaçons,
le jus d'un demi citron,
1 cuiller à café de sirop de sucre,
4 cl de vodka,
1 cuiller à café de jus de citron vert,
1 trait d'angostura,
eau de Seltz.

Les frères Collins sont plusieurs; ils sont préparés à base de gin, d'eau-de-vie de vin ou de whisky. Le Joe Collins, lui, est préparé avec de la vodka.
Mettre la glace dans un gobelet moyen. Verser le jus de citron par-dessus, ajouter le sucre, la vodka, le jus de citron vert et l'angostura, bien remuer et compléter à volonté avec l'eau de Seltz. Servir avec une paille.

Le Ketchup cup est la sœur délicieuse du Bloody Mary.

98

Le Klondyke cooler (en haut), le Klondyke (en bas). Le fleuve Klondyke, au Canada, était jadis célèbre à cause de l'or qu'on y trouvait; aujourd'hui, ce sont les boissons qui portent son nom qui sont célèbres.

Voici un mélange un peu osé qui nous vient d'extrême-orient et que l'on sert dans un verre à pied aux côtés évasés. Râper finement la glace et en remplir le verre aux trois quarts. Verser les autres ingrédients par-dessus et mélanger délicatement. Servir avec une paille.

Klondyke

cf photo page 99

3 glaçons,
3,5 cl de calvados,
1,5 cl de vermouth dry français,
1 trait d'angostura,
1 olive,
1 zeste de citron.

Ce before-dinner-cocktail se fait également appeler «Star-cocktail». Comme le Klon-dyke-Cooler, son nom lui vient de la région des chercheurs d'or qui se situe dans le Yukon.
Mettre la glace, le calvados, le vermouth dry et l'angostura dans un verre à mélange et bien remuer avec une cuiller à mélange. Passer dans un verre à cocktail. Décorer avec une olive et envoyer une fine pluie d'essence de citron sur le cocktail en pressant le zeste, entre le pouce et l'index, au-dessus du verre. Servir avec un petit bâtonnet pour piquer l'olive.

Klondyke-cooler

cf photo page 99

3 à 4 glaçons,
2,5 cl de jus de citron,
2,5 cl de vermouth dry français,
2,5 cl de vermouth rosso,
2 cuillers à café de sucre,
ginger ale pour remplir le verre.

Le Knock-out: un cocktail bien dangereux.

Ce cooler tient son nom de la région des chercheurs d'or, située sur le fleuve Klondyke, au Canada. Peut-être même que ce sont les chercheurs d'or qui ont découvert cette boisson. En tout cas, elle aurait été idéale dans cette région où le climat est chaud et humide.
Mettre la glace, le jus de citron, le vermouth et le sucre dans le shaker. L'envelopper dans une serviette et secouer longtemps et énergiquement. Passer dans un gobelet moyen et compléter par du ginger ale glacé. Servir avec une paille.

Knickebein

cf photo page 102

cherry-brandy,
1 jaune d'œuf,
scotch.

C'est dans le pied du verre qu'on verse le cherry-brandy. Il s'agit, en fait, d'un verre spécial dont le pied est creux. On met, ensuite, le jaune d'œuf sur le trou à l'entrée du pied et on remplit le verre de scotch. On sert avec paille et cuiller.

Le Kon-Tiki est un sorbet complété par du coca.

Knock-out

2 glaçons,
2 cuillers à café de sirop de sucre,
2 cl de scotch,
1 jaune d'œuf,
vin mousseux ou champagne.

Voici un cocktail au champagne nourrissant et bon pour la circulation du sang.
Mettre la glace dans le shaker. Ajouter tous les autres ingrédients, excepté le champagne, secouer énergiquement et passer dans un verre à cocktail ou une coupe à champagne. Compléter par du champagne et servir avec une paille.

On assiste à un véritable feu d'artifice quand on «célèbre» correctement le krambambuli: l'eau-de-vie de genièvre.

De gauche à droite: le Cocorico (page 55) et le Kiku Kiku, deux longdrinks qui chassent bien toute gueule de bois.

En Allemagne on sert le Knickebein, dans un verre spécial du même nom.

Kon-Tiki

cf photo page 100

¹/₈ l de lait,
2 cl de sirop d'ananas,

1 cuiller à bouche bien pleine de glace à l'orange,
1 pincée de sucre vanillé,
coca cola pour remplir le verre.

Il y a très longtemps, bien avant l'arrivée des Espagnols, que les Incas connaissent des boissons glacées rafraîchissantes. Ce drink tient son nom de l'ancien roi des Incas, Kon-Tiki. Il est rafraîchissant et tonifiant.
Passer tous les ingrédients, excepté le coca, au mixer. Verser dans un grand gobelet et compléter avec le coca. Servir avec une paille.

Krambambuli

Pour 6 à 8 personnes
cf photo page 101

1 cuiller à bouche de raisins,
1 cuiller à bouche de dattes dénoyautées,
1 cuiller à bouche de fruits sucrés,
1 cuiller à bouche d'eau-de-vie de genièvre,
1 pain de sucre (500 g),
20 cl de rhum chaud,
2 l de vin blanc,
1 l de thé noir,
le jus de deux citrons,
le jus de deux oranges.

Une boisson lourde et très sucrée dans laquelle, tout au plus, la flamme bleue du rhum en train de flamber, rappelle la couleur bleue de l'ancienne liqueur.
Mettre tous les fruits dans une marmite en cuivre sur laquelle on posera une grille. Placer, dessus, le pain de sucre préalablement concassé, verser quelques gouttes de rhum sur celui-ci et flamber. Verser, ensuite, goutte à goutte le reste de rhum sur le pain de sucre. Lorsque le sucre et le rhum ont fini de flamber et ont coulé dans la marmite, mélanger dans une casserole le vin, le thé, les jus d'orange et le citron, faire frémir et verser dans la marmite.
Normalement, on ne mange pas les fruits.

L

Lady Mary

¹/₃ de concombre épluché,
5 à 6 feuilles de basilic frais,
1 rondelle d'oignon,
2 à 3 glaçons,
sel et poivre selon le goût,
jus de tomate,
2 cl d'alcool de graines de citron,
2 petits oignons blancs au vinaigre.

La Lady Mary est la sœur, moins connue de la Bloody Mary. Toutes deux font partie des bons remèdes en cas de tête lourde ou d'estomac barbouillé.
Mixer en purée le concombre, les feuilles de basilic et la rondelle d'oignon. Mettre la glace dans un grand gobelet. Assaisonner cette purée avec sel et poivre, la verser sur la glace et remplir de jus de tomate et d'alcool de graines de citron. Décorer avec les petits oignons et servir avec une paille.

Lady's beer cup

Pour 2 personnes

2 cl de rhum,
¹/₈ l de crème fraîche,
2 cl de jus de cerise,
¹/₂ l de bière forte.

Celui qui ne veut toujours pas croire que le cocktail à base

La Lady Mary est une boisson épaisse dont les bienfaits se font particulièrement sentir lors des «lendemains difficiles».

Les hommes aussi apprécieront certainement le Lady's beer cup.

de bière plaît aux hommes et encore plus aux femmes doit absolument essayer cette recette. Les quantités sont mesurées pour deux personnes. Mélanger le rhum, la crème et le jus de cerise dans une carafe, verser la bière, mélanger délicatement, verser dans deux grands gobelets et servir aussitôt.

Lady's crusta

cf photo page 104

Le jus d'une demie orange,
2 cuillers à bouche de sucre,
1 glaçon,
5 cl de porto,
le jus d'une orange,
1 cuiller à café de sirop de sucre,
1 spirale d'écorce d'orange.

Mettre le jus d'orange dans une soucoupe et le sucre dans une autre. Retourner un verre à vin et tremper le bord du verre dans le jus d'orange, laisser égoutter quelques instants puis le tremper dans le sucre; laisser sécher le bord givré. Mettre la glace dans le shaker. Verser le porto, le jus d'orange et le sirop de sucre par-dessus, frapper et passer dans le verre givré. Décorer le bord du verre avec la spirale d'écorce d'orange.

Lady's punch

cf photo page 49

5 cl de curaçao,
1 tranche d'orange,
5 cl de vin rouge,
10 cl d'eau bouillante.

Mettre successivement le curaçao, la tranche d'orange et le vin rouge dans un verre à punch. Remplir d'eau bouillante et servir aussitôt.

Lait au citron

2 à 3 glaçons,
2,5 cl de grenadine,
15 cl de lait froid,
2,5 cl de jus de citron.

Mettre tous les ingrédients dans un verre à mélange, remuer avec une longue cuiller, puis passer dans un grand gobelet.

Lait au citron avec un doigt d'alcool

Pour 4 personnes

4 à 6 glaçons,
½ l de lait,
⅛ l de crème fraîche,
le zeste râpé et le jus de trois citrons,

4 cl de curaçao blanc.

Mettre la glace et tous les ingrédients dans un verre à mélange, remuer avec une longue cuiller, puis passer dans quatre coupes. Servir avec une paille.

Lait au gingembre

¼ l de lait,
1 cuiller à bouche de gingembre confit coupé en petits morceaux,
sucre à volonté,
½ banane,
1 à 2 cuillers à bouche de sucre,
huile pour graisser le papier,
1 à 2 cuillers à bouche de crème Chantilly.

Faire bouillir le lait et le gingembre, sucrer à volonté et

103

Le Lady's crusta est un long drink sucré à boire après un bon repas.

Voici deux boissons qui peuvent remplacer tous les desserts, lorsqu... aux abricots (à droite).

laisser refroidir. Remuer de temps en temps afin qu'il ne se forme pas de peau. Couper la demie banane épluchée en rondelles. Faire fondre et roussir le sucre dans une poêle. Tourner et retourner les rondelles de banane dans la sucre caramélisé. Laisser sécher les rondelles de banane sur du papier parcheminé enduit d'huile. Verser le lait dans un gobelet, décorer avec la crème Chantilly et les rondelles de banane. Servir avec paille et longue cuiller.

Lait estival

4 cuillers à bouche de baies de cassis fraîches,
1 à 2 glaçons,
¼ l de lait froid,

1 pointe de cannelle,
1 cuiller à café de sucre en poudre,
1 rondelle de citron.

Mettre le cassis au fond d'un gobelet et les glaçons par-dessus. Passer le lait, la cannelle et le sucre en poudre au mixer et verser dans le verre. Garnir d'une rondelle de citron et servir avec une longue cuiller.

Lait mixé aux abricots

Pour 4 personnes

200 g d'abricots,
4 cuillers à bouche de sucre (80 g),
½ l de lait,

4 cl de Cointreau,
⅛ l d'eau de Seltz.

Passer au mixer les abricots, le sucre, le lait et le Cointreau. Verser dans les verres et compléter avec l'eau de Seltz. Servir avec des pailles.

Lait mixé aux cerises

Pour 4 personnes

250 g de cerises dénoyautées,
40 g de massepain,
½ l de lait,
4 cl de rhum,

⅛ l d'eau de Seltz,
4 cuillers à bouche de crème Chantilly,
pistaches hachées.

Passer au mixer les cerises, le massepain, le lait et le rhum. Verser dans les verres et compléter avec l'eau de Seltz. Décorer avec la crème Chantilly et parsemer de pistaches hachées. Servir avec pailles et longues cuillers.

Lait romance

2 cl d'eau-de-vie de vin,
2 cl de curaçao blanc,
1 cuiller à café de grenadine,

on les sert bien fraîches: le Lait mixé aux cerises (à gauche) et

Le Leo's Special vous mettra de bonne humeur et détendra ainsi l'atmosphère.

4 cl de lait concentré,
1 jaune d'œuf,
1 cuiller à bouche bien pleine de glace à la vanille.

Passer tous les ingrédients au mixer, verser dans un petit gobelet et servir avec une paille.

Lara

cf photo page 105

Le jus d'un demi citron,
2 cuillers à bouche de sucre,
3 glaçons,
3 cl de vodka,
1 cl de curaçao triple sec,
3 cl de jus de citron,
1 trait de grenadine,
ginger ale pour remplir le verre,
½ tranche d'orange,
2 cerises à cocktail.

Le Lara ne compte pas seulement parmi les drinks qui procurent des plaisirs prolongés, il fait aussi partie des long drinks primés. C'est lors d'une compétition qu'il fut baptisé; son lieu de naissance est Wiesbaden.
Préparer d'abord le «grivage» du verre. Mettre le sucre dans une soucoupe et le jus de citron dans une autre. Retourner un grand gobelet et tremper le bord du verre dans le jus de citron, laisser égoutter quelques secondes, puis tremper dans le sucre.

Ce n'est pas à tort que le Lara se voit attribuer tant de compliments.

Le Last but not Least peut se boire dès le petit déjeuner; il contient du jus de tomate et de la crème fraîche.

Laisser sécher le bord givré. Mettre la glace, la vodka, le curaçao triple sec, le jus de citron et la grenadine dans un verre à mélange et bien remuer. Passer le mélange dans le gobelet. Compléter avec du ginger ale et décorer avec la tranche d'orange et les cerises à cocktail. Servir avec une paille et une longue cuiller pour déguster les cerises.

Last but not least

cf photo page 105

---

2 glaçons,
4 cl de scotch,
2 cuillers à bouche de jus de tomate,
3 cuillers à bouche de crème fraîche,
2 doigts de tabasco,
sel et paprika,
1 olive dénoyautée.

Mettre la glace dans le shaker. Verser le whisky, le jus de tomate, la crème fraîche et le tabasco, frapper, et passer dans un gobelet. Saupoudrer d'un peu de sel et paprika. Piquer l'olive sur un bâtonnet qu'on posera sur le verre. Laisser le sel et le paprika à portée de la main au cas où des invités voudraient encore renforcer le goût de ce drink. Servir avec une paille.

Leo's special

cf photo page 105

---

2 à 3 glaçons,
2 cl d'eau-de-vie de vin,
2 cl de curaçao triple sec,
1 cl de jus d'orange,
1 cl de jus de pamplemousse,
champagne ou mousseux,
1 cerise à cocktail.

Mettre la glace, l'eau-de-vie de vin, le curaçao triple sec et les jus de fruit dans le shaker. Secouer énergiquement quelques secondes et passer dans une coupe à champagne. Compléter avec du champagne ou du mousseux et garnir d'une cerise à cocktail. Servir avec un petit bâtonnet pour la cerise.

Malgré son nom, le Lieutenant cocktail n'a pas la sévérité d'un militaire, il est plutôt doux.

Lieutenant cocktail

---

2 glaçons,
3 cl de whisky,
1 cl d'abricot brandy,
1 cl de jus de pamplemousse,
1 cuiller à café de sirop de sucre,
1 cerise à cocktail.

Pour les mélanges, il est conseillé de prendre du bourbon. Mettre la glace dans le shaker. Ajouter les autres ingré-

Le Bord givré du Lilly's smile fait penser à des lèvres rouges.

Les adultes aussi apprécient la limonade faite maison.

dients, excepté la cerise à cocktail, frapper et passer dans un verre à cocktail. Décorer avec la cerise. Servir avec un bâtonnet pour déguster la cerise.

Lilly's smile

le jus d'un demi citron,
2 cuillers à bouche de sucre rouge pour confiture,
2 à 3 glaçons,
5 cl de jus de poire,
2,5 cl de rhum blanc,
2,5 cl d'abricot brandy,
rosé mousseux pour remplir le verre.

Mettre le sucre dans une soucoupe et le jus de citron dans une autre. Tremper le bord de la coupe à champagne d'abord dans le jus de citron,

laisser sécher quelques secondes, puis le faire tourner dans le sucre et laisser sécher. Mettre la glace, le jus de poire, le rhum et l'abricot brandy dans un shaker, frapper quelques secondes et passer dans la coupe à champagne. Compléter avec le rosé mousseux et servir avec une paille.

Limonade

Pour 4 à 6 personnes

le jus passé de six citrons,
1 l d'eau froide,
225 g de sirop de sucre ou de sucre en poudre,
8 à 12 glaçons,
4 à 6 rondelles de citron ou
4 à 6 branches de menthe fraîche.

Mettre le jus de citron, l'eau et le sirop de sucre dans une grande carafe. Mélanger et mettre au frais. Avant de servir, mettre deux glaçons dans chaque verre et verser la limonade par-dessus. Décorer à volonté avec une rondelle de citron ou une branche de menthe fraîche. Servir avec des pailles.

Liqueur aux œufs

Pour 3 à 5 personnes

5 jaunes d'œuf,
¾ de tasse de lait concentré à 10%,
à peine ¼ l d'eau-de-vie de vin.

Passer d'abord au mixer les jaunes et le lait concentré, et ajouter ensuite l'eau-de-vie de vin. Mixer une nouvelle fois brièvement. Verser dans une carafe en verre, puis dans des verres à liqueur.

107

Liqueur de fraise

600 g de fraises des bois bien mûres,
1 l d'eau-de-vie de vin,
½ gousse de vanille,
600 à 650 g de sucre candi,
2 l d'eau,
2 l d'alcool pharmaceutique ou 2 l d'eau-de-vie de vin, éventuellement un peu de colorant alimentaire rouge.

Vous pouvez, bien sûr, acheter de la liqueur de fraise mais elle sera bien meilleure si vous la faites vous-même. Écraser les fraises en purée et les mettre dans un pot. Ajouter l'eau-de-vie de vin et la gousse de vanille en petits morceaux. Bien remuer le tout et mettre en bouteilles. Laisser reposer les bouteilles bien fermées pendant 15 jours. Ensuite, recueillir le jus filtré dans un torchon. Dissoudre le sucre candi dans l'eau et faire bouillir environ 20 minutes. Mélanger le sirop de sucre refroidi avec le jus de fraise et l'alcool ou l'eau-de-vie de vin. Passer ce liquide dans un filtre en papier et ajouter, éventuellement, du colorant alimentaire rouge. Mettre la liqueur de fraise en bouteilles et conserver au frais.

Liqueur de vanille

125 g de sucre,
⅓ l d'eau,
1 gousse de vanille,
¼ l d'esprit de vin à 90%,
4 cuillers à bouche de rhum à 40%.

De nombreux cocktails contiennent de la liqueur de vanille. Et, pourtant, on en trouve rarement dans le commerce. Il est donc conseillé de la faire soi-même et, d'ailleurs, ce n'est guère très compliqué.
Mettre le sucre, l'eau et la gousse de vanille coupée en petits morceaux, dans une casserole. Amener à ébullition puis laisser cuire 10 minutes. Retirer la vanille. Filtrer cette eau sucrée, puis laisser refroidir. Mélanger, enfin, avec l'esprit de vin et le rhum. Remplir une bouteille bien rincée et égouttée de cette liqueur, puis y mettre un bouchon. Conserver au frais.

Liqueur de violettes

200 g de violettes fraîchement cueillies,
½ l d'eau bouillante,
100 à 150 g de sucre,
¼ l d'esprit de vin (vendu en pharmacie),
5 cl de cognac.

Si vous aimez tout ce qui sort de l'ordinaire, essayez cette recette extraite d'un très vieux livre de recettes manuscrites.
Enlever les tiges des violettes.

Si ce drink s'appelle Little devil, Petit diable, ce n'est certainement pas sans raison.

Mettre les fleurs dans une coupe de porcelaine ou en métal précieux. Verser l'eau bouillante par-dessus. Les fleurs doivent être à peine recouvertes. Couvrir et laisser macérer deux heures. Filtrer cette eau dans une casserole, puis y ajouter le sucre. Faire frémir tout en remuant constamment. Retirer la casserole du feu, puis laisser refroidir. Mélanger avec l'esprit de vin et le cognac. Mettre la liqueur de violettes dans une bouteille propre, rincée à l'eau très chaude, puis égouttée. Bien fermer la bouteille et conserver cette liqueur dans un endroit frais et sec.

Le Lone tree cooler est un long drink plein d'arôme.

Little devil

2 à 3 glaçons,
1 cl de jus de citron,
1 cl de Cointreau,
1,5 cl de gin,
1,5 cl de rhum blanc.

Love-love: un drink glacé.

Love-love

4 cl de liqueur de chocolat,
4 cl d'eau-de-vie de vin,
1 cuiller à bouche bien
pleine de glace à la vanille,
crème Chantilly.

Love-love, ça ressemble à un
tube du hit-parade. C'en est
un, en quelque sorte. Et peut-
être bien que vous l'apprécierez autant dans un verre
qu'en disque.
Mettre tous les ingrédients,
excepté la crème fraîche,
dans le shaker, secouer et verser dans un gobelet. Décorer
avec la crème Chantilly et
servir aussitôt avec une paille.

La Liqueur de violettes est une recette venant de nos arrière-grand-mères.

Si vous avez déjà bu ce cocktail, alors vous savez bien
pourquoi il s'appelle «little
devil» (petit diable).
Mettre la glace et tous les ingrédients dans le shaker et
frapper. Passer dans un verre
à cocktail et servir avec une
paille.

Lone tree cooler

2 à 3 glaçons,
4 cl d'abricot brandy,
le jus d'un citron jaune et le
jus d'un citron vert,
1 trait de grenadine et
1 trait d'angostura,
eau de Seltz.

Piler la glace et la mettre dans
le shaker avec tous les ingrédients. Frapper. Passer dans
une coupe haute. Compléter
avec l'eau de Seltz et servir
avec une paille. À la place de
l'eau de Seltz, on peut aussi
utiliser du mousseux ou du
champagne.

M

Madère cobbler

4 glaçons,
2 quartiers de pêches,
2 grappes de raisin,
2 cerises,
3 morceaux d'ananas,
2 cuillers à café de grenadine,
1 trait de kirsch,
1 trait de curaçao,
1 trait de marasquin,
madère.

Piler finement la glace et en remplir une coupe aux ⅔. Décorer avec les fruits. Verser la grenadine, le kirsch, le curaçao et le marasquin pardessus. Compléter avec le madère. Servir avec paille et cuiller.

Madère flip

2 à 3 glaçons,
1 jaune d'œuf,
2 cuillers à café de sirop de sucre,
5 cl de madère,
noix muscade.

Le Madère flip est un fortifiant qui combat rapidement les petites faiblesses physiques.
Mettre tous les ingrédients dans le shaker, excepté la noix muscade. Secouer quelques secondes énergiquement. Passer dans un gobelet. Saupoudrer d'un peu de noix muscade râpée. Servir aussitôt avec une paille.

De haut en bas: le Madère flip et le Madère cobbler.

Magicien

3 cuillers à bouche de glace concassée,
2,5 cl de jus de limette,
2,5 cl de jus d'orange,
2,5 à 5 cl de lait de noix de coco,
2 cuillers à café de grenadine,
2 cuillers à café de sucre,
2 à 3 traits d'angostura,
5 à 7,5 cl de rhum blanc,
2 cuillers à bouche de glace pilée,
2 à 3 brins de menthe,
1 tranche d'orange,
1 rondelle de limette,
2 cerises à cocktail.

Mettre la glace concassée, les jus de limette et d'orange, le lait de noix de coco, la grenadine, le sucre, l'angostura et le rhum dans le shaker. Envelopper le shaker dans une serviette et bien l'agiter pendant 1 à 2 minutes. Passer le contenu dans un grand gobelet. Ajouter la glace pilée et décorer avec les brins de menthe et les fruits. Servir avec paille et cuiller.

Magnolia blossom

cf photo page 112

2 à 3 glaçons,
2,5 cl de gin,
1,5 cl de crème fraîche,
1 cl de jus de citron,
2 traits de sirop de grenadine.

Mettre la glace et tous les ingrédients dans le shaker. Secouer quelques secondes énergiquement. Passer dans un verre à cocktail et servir aussitôt.

Le Maï Taï est un drink à base de rhum préparé avec des jus de fruits et des fruits.

C'est Enrique Bastante qui a, le premier, préparé le Mallorca.

Maï Taï

2 à 3 glaçons,
2,5 cl de jus de citron vert,
2,5 cl de jus d'orange,
5 cl de rhum blanc,
3 cerises à cocktail ou au marasquin,
3 morceaux d'ananas,
2 tranches d'orange.

Maï Taï rime avec Hawaï et c'est d'ailleurs, justement de là que nous vient ce drink à base de rhum. À Hawaï, on sert toujours le Maï Taï avant le traditionnel «luau», fête de la ripaille, où l'on fait rôtir poules et cochons dans un grand trou.
Râper finement la glace comme pour le cobbler. Mettre le jus de citron vert et le jus d'orange dans un petit gobelet et bien remuer. Le remplir avec la glace pilée. Puis, décorer avec les cerises, les morceaux d'ananas et les tranches d'orange. Servir avec paille et cuiller.

Mallorca

3 glaçons,
2 cl de rhum,
1 cl de drambuie,
1 cl de vermouth dry,
1 cl de liqueur de banane,
1 zeste de citron.

Si un jour vous alliez à Madrid à «La Boîte», demandez à Enrique Bastante de vous préparer un «Mallorca». Cet Espagnol a de quoi être fier de sa création.
Mettre la glace, le rhum, le vermouth dry, la liqueur de banane et le drambuie dans un verre à mélange. Remuer 30 secondes avec une longue cuiller. Passer dans un verre à cocktail en retenant les glaçons. Décorer avec le zeste de citron.

Mamie chaleureuse

1 cuiller à bouche de miel,
200 g de lait chaud,
1 jaune d'œuf,
2 cl d'eau-de-vie de vin ou de rhum,
1 pincée de noix muscade râpée.

On peut faire confiance à ce bon sédatif: le lait chaud, le miel et le jaune, c'est connu, exercent un effet apaisant, tandis que l'alcool raffine la boisson.
Faire fondre le miel dans le lait chaud. Battre le jaune jusqu'à ce qu'il mousse et l'ajouter au lait. Verser dans une tasse ou un gobelet en porcelaine réchauffé. Affiner avec l'eau-de-vie de vin ou le rhum et saupoudrer de noix muscade râpée.

Mango glory

2 à 3 glaçons,
1 blanc d'œuf,
2 cl de sirop de mangue,
1 cuiller à café d'angostura,
1 cuiller à café de Pernod,
3 cl de scotch,
eau de Seltz pour remplir le verre.

Voici un long drink mousseux et rafraîchissant que vous pourrez vous préparer

Magnolia blossom, voici un nom de cocktail bien romantique.

les soirs d'été. En outre, il fait partie des cocktails raffinés que tout le monde ne connaît pas encore.

Mettre la glace dans le shaker. Ajouter le blanc d'œuf, le sirop de mangue, l'angostura, le Pernod et le whisky. Secouer énergiquement quelques secondes et passer dans un petit gobelet. Compléter avec l'eau de Seltz. Remuer et servir avec une paille.

Manhatten cooler

3 à 4 glaçons,
8 cl de vin de Bordeaux rouge et jeune,
3 traits de rhum,
1,5 cl de jus de citron,
2 cuillers à café de sucre en poudre,
ginger ale à volonté,

1 cuiller à bouche de fruits de saison.

Piler la glace et la mettre dans le shaker. Ajouter le vin, le rhum, le jus de citron et le sucre en poudre. Envelopper le shaker dans une serviette et secouer énergiquement pendant un bon moment. Passer le contenu dans un gobelet et compléter à volonté avec du ginger ale. Décorer avec les fruits et servir avec paille et cuiller.

Manhattan dry

2 à 3 glaçons,
4 cl de whisky canadien,
1 cl de vermouth dry français,
1 trait d'angostura,
1 zeste de citron ou une cerise à cocktail.

Mettre la glace, le whisky, le vermouth et l'angostura dans un verre à mélange. Bien mélanger et passer dans un verre à cocktail. Décorer avec un zeste de citron ou une cerise, et dans ce cas servir avec un petit bâtonnet.

Manhattan latin

2 à 3 glaçons,
3,5 cl de rhum blanc,
1,5 cl de vermouth rosso,
1 cerise à cocktail.

Mettre la glace, le rhum et le vermouth dans un verre à mélange et bien remuer. Passer dans un verre à cocktail et décorer avec une cerise à cocktail. Servir avec un bâtonnet pour la cerise.

Manhattan sweet

2 à 3 glaçons,
2,5 cl de whisky canadien,
1,5 cl de vermouth bianco,
1 cl de vermouth dry français,
1 trait d'angostura,
1 cerise à cocktail.

Mettre la glace, le whisky, le vermouth et l'angostura dans un verre à mélange, bien remuer et passer dans un verre à cocktail. Selon le goût, décorer avec une cerise à cocktail. Servir avec un bâtonnet pour déguster la cerise.

Margarita

cf photo page 114

le jus d'un demi citron,
2 cuillers à bouche de sel,
5 cl de téquila,
2 à 3 glaçons,
2,5 cl de curaçao triple sec,
2,5 cl de jus de citron vert.

Mettre le sel dans une soucoupe et le jus de citron dans une autre. Tremper le bord d'un verre à cocktail d'abord dans le jus de citron, puis dans le sel après avoir laisser égoutter quelques secondes. Laisser sécher.
Piler grossièrement la glace et la passer au mixer 30 secondes avec la téquila, le curaçao et le jus de citron vert. Passer dans un verre à cocktail. Servir avec une paille. On peut aussi, bien sûr, préparer ce cocktail avec le shaker.

Tous les Manhattan drinks sont presque toujours préparés à base de rhum ou de whisky, comme ceux-ci qui sont bien connus. En bas à gauche: Manhattan cooler, au milieu à gauche: Manhattan latin, au milieu à droite: Manhattan sweet. En bas à droite: Manhattan dry.

Maria Mexicana

cf photo page 114

---

3 à 4 glaçons,
15 cl de Sangria,
5 cl de téquila,
2 traits d'angostura.

Mélanger tous les ingrédients dans le verre à mélange et passer dans un petit gobelet.

Martini dry

cf photo page 115

---

2 à 3 glaçons,

0,5 cl de vermouth dry français,
4 cl de gin,
2 traits d'orange bitter,
1 olive vert.

Le Martini tiède a un goût abominable. Beaucoup le servent «on the rocks», mais les glaçons risquent d'affadir

le goût de ce bon cocktail. Alors voici la façon de préparer le Martini dry: mettre la glace, le vermouth dry, le gin et l'orange bitter dans un verre à mélange. Bien remuer le tout et passer dans un verre à cocktail. Garnir d'une olive.

113

La Maria Mexicana et la Margarita sont des boissons qui ont du succès.

Le Martini orange sera idéal pour commencer une de vos prochaines réceptions. Il conviendra aussi très bien comme apéritif.

Mélanger le gin et le vermouth. Ajouter la tranche d'orange, couvrir et laisser macérer 2 heures. Retirer l'écorce d'orange. Mettre la glace, le mélange gin-vermouth et l'orange bitter dans le shaker. Secouer énergiquement quelques secondes et passer dans les verres à cocktail.

Martini sweet

2 à 3 glaçons,
1 cuiller à café de sirop de sucre ou de grenadine,
1,5 cl de vermouth rosso,
3,5 cl de gin,
1 cerise à cocktail.

Mettre la glace, le sirop de sucre ou la grenadine, le ver-mouth et le gin dans un verre à mélange. Bien remuer et passer dans un verre à cocktail. Garnir d'une cerise et servir avec un bâtonnet.

Martini very dry

2 à 3 glaçons,
2 traits de vermouth dry français,
5 cl de gin,
1 trait de jus de citron,
1 olive verte.

Mettre la glace, le vermouth dry, le gin et le jus de citron dans un verre à mélange. Bien remuer et verser dans un verre à cocktail en retenant les glaçons. Mettre une olive dans le verre.

Martini medium

2 à 3 glaçons,
1 cl de vermouth dry français,
1 cl de vermouth rosso,
3 cl de gin,
1 écorce d'orange.

Mettre la glace, le vermouth dry, le vermouth rosso et le gin dans un verre à mélange. Bien remuer et passer dans un verre à cocktail. Garnir d'une écorce d'orange.

Martini on the rocks

2 à 3 glaçons,
5 cl de dry gin,
1 trait de vermouth extra dry,
1 rondelle de citron.

Mettre la glace dans un petit gobelet. Ajouter le gin et le vermouth et garnir d'une rondelle de citron.

Martini orange

Pour 6 personnes
cf photo page 133

20 cl de dry gin,
12 cl de vermouth dry français,
8 cl de vermouth bianco,
écorce d'une orange,
4 à 6 glaçons,
1 cuiller à café d'orange bitter.

Le Mary of Scotland est préparé avec du whisky écossais.

Les Martini cocktails sont servis dans tous les bars du monde. De gauche à droite: Martini on the rocks, Martini sweet, Martini very dry, Martini medium.

Mary of Scotland

le jus d'un demi citron,
2 cuillers à bouche de sucre,
3 à 4 glaçons,
2 cl de scotch,

1,5 cl de drambuie,
1,5 cl de Chartreuse verte,
1 cerise à cocktail.

Mettre le jus de citron dans une soucoupe et le sucre dans une autre. Tremper le bord d'un verre à cocktail dans le jus de citron, laisser égoutter quelques secondes, puis le tremper dans le sucre. Faire tourner le verre dans le sucre, puis retourner le verre et laisser sécher le bord givré.
Mettre tous les ingrédients dans le shaker, excepté la cerise à cocktail. Secouer énergiquement quelques secondes et passer dans le verre givré. Garnir d'une cerise à cocktail et servir le cocktail avec un petit bâtonnet pour la cerise.

Le Brise-glace très chaud (recette page 29) et le Maté glacé servi dans un melon.

Un long drink bien connu, léger et agréable comme une fleur de mai. Jadis, c'étaient les dames qui l'appréciaient le plus. Mais c'était il y a longtemps, très longtemps. Mettre la glace dans le shaker. Ajouter la grenadine, le jus de citron et le punch suédois. Secouer énergiquement quelques secondes. Passer dans un gobelet moyen et compléter avec l'eau de Seltz. Servir aussitôt avec une paille.

Mazzagran

3 glaçons,
2 cl d'eau-de-vie de vin,
2 cl de marasquin,
1 trait d'angostura,
2 cuillers à café de sirop de sucre,
café froid pour remplir le verre,
clous de girofle moulus pour saupoudrer.

Mettre la glace dans un grand gobelet. Verser l'eau-de-vie de vin, le marasquin, l'angostura et le sirop de sucre et compléter avec le café froid. Remuer avec une longue cuiller. Parsemer d'un peu de poudre de clous de girofle et servir avec une paille.

Mélange impérial

⅛ l de café fort et très chaud,
⅛ l de lait,
1 jaune d'œuf,
1 trait d'eau-de-vie de vin,
sucre.

Mettre le café et le lait dans un gobelet. Mélanger. Incorporer le jaune et le battre. Ajouter l'eau-de-vie de vin et sucrer.

Maté glacé

1 cuiller à café de maté,
environ ⅛ l d'eau bouillante,
1 cuiller à bouche bien pleine de glace à la vanille.

Le maté se boit chaud, d'habitude. Mais cette version glacée est tout aussi intéressante.

Verser l'eau bouillante sur le thé dans un gobelet. Laisser infuser 5 minutes et passer. Passer rapidement le thé refroidi au mixer avec la glace à la vanille et servir aussitôt dans une coupe avec une paille.
Il existe encore une autre version séduisante: On peut boire le thé chaud ou froid dans des petites citrouilles ou des petits melons évidés.

May blossom fizz

2 à 3 glaçons,
2 cuillers à café de grenadine,
1 cl de jus de citron,
5 cl de punch suédois,
eau de Seltz pour remplir le verre.

Le Mazzagran est une spécialité de café glacé.

Si l'on boit un Merry husband, un seul suffira . . .

Mélodie

2 à 3 glaçons,
1,5 cl de crème fraîche,
2 cl de crème de banane,
1,5 cl de bourbon.

Le cocktail Mélodie est préparé avec du bourbon, parceque c'est le whisky qui dégage le plus d'arôme.
Mettre la glace, la crème fraîche, la crème de banane et le bourbon dans un shaker. Secouer énergiquement. Passer dans un verre à cocktail et servir avec une paille.

Merry husband

2 à 3 glaçons,
2,5 cl de curaçao bleu,
2,5 cl d'alcool de grain de genièvre,
vin mousseux pour remplir le verre,
éventuellement 2 petits morceaux d'ananas et
1 cerise au marasquin.

Si vous avez envie de faire plaisir à votre mari, préparez-lui un «Merry husband». Mettre la glace, le curaçao bleu et l'alcool de grain de genièvre dans le shaker. Secouer énergiquement quelques secondes et passer dans une coupe ou une flûte à champagne. Compléter avec le vin mousseux. On peut, si l'on veut, mettre 2 morceaux d'ananas et une cerise au marasquin dans le verre.

Merry widow 1

cf photo 118

2 à 3 glaçons,
2,5 cl de dry gin,
2,5 cl de vermouth dry français,
2 traits de Bénédictine,
2 traits de Pernod,
1 trait de peach bitter,
1 petit zeste de citron.

Parmi les recettes de cocktails, on trouve un nombre étonnant de «Merry Widows» ou de «Veuves Joyeuses», tout au moins parmi les recettes internationales. Voici les deux meilleures.
Mettre la glace et tous les ingrédients, excepté le zeste de citron, dans un verre à mélange. Bien remuer avec une longue cuiller. Passer dans un verre à cocktail. Déposer un petit zeste de citron dans le verre.

117

Voici deux cocktails du même nom: Merry widow.

Si vous êtes fatigué, vous retrouverez très vite votre forme avec un milk-shake à la tomate.

Merry widow 2

2 à 3 glaçons,
2,5 cl de cherry-brandy,
2,5 cl de marasquin,
1 cerise au marasquin avec sa queue.

Contrairement à la recette no. 1, ce cocktail n'est pas simplement remué dans un verre à mélange mais secoué dans le shaker.
Mettre la glace, le cherry-brandy et le marasquin dans le shaker. Secouer énergiquement quelques secondes. Passer dans un verre à cocktail. Garnir d'une cerise au marasquin. Servir avec un bâtonnet pour la cerise.

Milk-shake à la tomate

Pour 4 personnes

¼ l de lait,
¼ l de jus de tomate,
½ cuiller à café de moutarde forte,
½ gousse d'ail écrasée,
sel et poivre selon le goût.

Il existe plusieurs boissons au lait. Les enfants et les adultes les apprécient, qu'ils soient préparés avec des fruits ou des légumes.
Passer au mixer le lait, le jus de tomate, la moutarde et la gousse d'ail. Saler et poivrer à volonté.

Milk-shake à la vanille

1 cuiller à bouche de glace à la vanille,
2 cl de sirop de vanille,
1 cuiller à café de sirop de malt,
⅛ l de lait

On appelle ce cocktail aussi Orchidée, en raison de son arôme de vanille très prononcé. En effet, la plante qu'est la vanille est une orchidée, qui, à l'origine, poussait au Mexique. Pour parvenir à cet arome si merveilleux, les Hollandais et les Français ont dérobé les plantes de façon plutôt risquée afin de les emmener avec eux à l'étranger. Passer tous les ingrédients au mixer et verser dans un grand verre. Servir avec une paille. On peut, si l'on veut, remplacer le sirop de vanille par de la liqueur de vanille.

Un milk-shake au moka après le repas remplace, à la fois, le dessert et le café. Mais attention! Il est très riche en calories ...

Milk shake à l'orange

Pour 4 personnes
cf photo 123

¼ l jus d'orange,
l'écorce râpée d'une orange et demie,
2 cl de marasquin,
4 cuillers à bouche bien pleine de glace à la vanille,
2 cuillers à bouche de sucre en poudre,
⅜ l de lait,
8 cuillers à café de chocolat râpé.

Passer tous les ingrédients au mixer, excepté le chocolat. Verser dans des coupes à champagne. Déposer deux cuillers à café de chocolat râpé dans chaque verre.

Milk-shake au moka

Pour 4 personnes
cf photo page 119

10 cuillers à café bien pleines de café soluble,
2 cuillers à café de cacao en poudre,
2 cuillers à bouche de sucre,
½ l de lait,
⅛ l de crème fraîche,
cacao en poudre pour décorer.

Remuer le café soluble, le cacao et le sucre dans un plat avec un petit peu de lait, jusqu'à obtenir une crème bien lisse. Puis ajouter le reste de lait et remuer. Verser dans des coupes à champagne ou de grands verres. Battre la crème fraîche en Chantilly. Déposer une cuiller à bouche de crème dans chaque verre. Saupoudrer de cacao et servir avec paille et cuiller.

Ce Milk-shake délicieux préparé avec du lait et de la crème glacée plaît également à beaucoup d'enfants.

Mint cocktail

2 à 3 glaçons,
2 branches de menthe fraîche,
5 cl de whisky bitter,
1 trait d'orange,
1 trait d'angostura,
1 trait d'anisette,
1 cuiller à café de sucre.

Mettre la glace et tous les ingrédients dans le shaker et bien secouer. Passer dans un verre à cocktail.

Mint julep

4 à 5 glaçons,
10 petites feuilles de menthe, jeunes et tendres,
1 cuiller à café de sirop de sucre,
2 à 3 traits d'angostura,
5 cl de bourbon,
1 branche de menthe.

«Le bourbon et la menthe sont comme un couple d'amoureux», dit le poète Judge S. Smith. Les Américains savent combien ils se marient admirablement. Le Mint julep est un rafraîchissement de tradition ancienne. En principe, on le sert dans des gobelets refroidis en argent. On peut, cependant, le boire aussi dans des verres. Mais il faut qu'ils soient refroidis et qu'une couche de givre se soit formée sur la paroi.

Piler finement la glace et en mettre la moitié dans un grand verre refroidi. Écraser la menthe dans le sirop de sucre et l'angostura. Mélanger avec le bourbon et verser sur la glace. Ajouter le reste de glace par-dessus. Garnir d'une branche de menthe et servir.

Mississipi

2 à 3 glaçons,
2,5 cl de rye,
2,5 cl de rhum,
2 traits de sirop de sucre,
jus d'un citron,
1 ruban de zeste de citron.

Mettre la glace, le rye, le sirop de sucre et le jus de citron dans le shaker. Secouer énergiquement quelques secondes et passer dans un verre à pied. Décorer avec le ruban de zeste de citron.
Une façon originale de décorer avec le ruban de zeste de citron, c'est de le planter sur une pique à brochette que l'on met dans le verre (cf photo). Si l'on veut que le Mississipi ait un goût de citron encore plus prononcé, on peut l'arroser d'une fine pluie d'essence de citron en roulant le zeste entre le pouce et l'index au-dessus du verre.

Miss Whiff

4 glaçons,
2 cl de jus de citron,
1 cl de Pernod,
4 cl de gin,

Le Mint Julep est marqué par l'arôme du Bourbon.

1 cl de crème de menthe verte,
2 cuillers à café de sirop de sucre,
eau de Seltz pour remplir le verre,
1 brin de menthe.

Miss Whiff a un penchant pour les juleps. C'est pourquoi son long drink ne devra manquer ni de liqueur de menthe, ni d'une feuille fraîche de menthe verte.
Mettre la glace dans un grand gobelet et ajouter les ingrédicnts les uns après les autres. Remuer avec une longue cuiller. Compléter avec l'eau de Seltz et décorer avec le brin de menthe. Servir avec une paille.

Miss Yugoslavia

cf photo page 122

2 à 3 glaçons,
1,5 cl de cherry-brandy,

1,5 cl de crème fraîche,
1 cl de crème de cacao,
1 cl de crème de noyau,
chocolat râpé.

Mettre la glace et les autres ingrédients dans le shaker. Secouer énergiquement quelques secondes et passer dans un verre à cocktail. Parsemer d'un peu de chocolat râpé.

Mix aux fruits

½ banane mûre,
4 cl de jus d'orange,
1 cuiller à bouche de miel,
1 goutte d'extrait d'amande amère,
1 cuiller à bouche de glace à la vanille,
⅛ l de lait.

Voici un milk-shake sans alcool qui ne se contente pas de rafraîchir les automobilistes ou de faire le plaisir des enfants lors d'un anniversaire, mais que l'on peut aussi servir tous les jours de grande chaleur.

Le Mississipi est préparé avec du rhum et du Rye.

Passer tous les ingrédients au mixer, bien mélanger et servir dans un gobelet avec une paille.

Mix-banane

⅛ l de lait,
2 jaunes d'œufs,
1 cuiller à café de crème fraîche,
½ banane
le zeste râpé d'un demi citron,
1 cuiller à café de sucre,
2 glaçons.

Une boisson rafraîchissante et nourrissante, à la fois, qui convient à tout le monde (personnes en bonne santé, malades, convalescents). Elle convient aussi en particulier aux enfants ayant peu d'appétit.
Passer tous les ingrédients au mixer; mettre la glace légèrement pilée dans une coupe et verser le mélange au dessus. Servir avec une paille.

121

Le Miss Yugoslavia contient de la crème de noyau.

Le Mix impérial glacé.

Mix impérial glacé

1 cuiller à bouche de glace à
la vanille,
2 cl de kirsch,
2 cl de marasquin,
champagne ou mousseux

Remuer doucement dans un
verre à punch la glace, le
kirsch et le marasquin. Remplir à bord du champagne ou
du mousseux et servir avec
une paille.

Moitié-Moitié

Pour 6 personnes

1 bouteille et demie vin
rouge,
1 bouteille et demie vin
blanc,
1 bâton de cannelle (2 cm
de long),
250 g de sucre.

Mettre les vins et la cannelle
dans une casserole. Faire
bouillir. Mettre le sucre dans
une carafe résistant à la chaleur. Verser le vin par-dessus
et remuer.

Mojito

5 cl de rhum blanc,
1 cuiller à café de sucre,
le jus d'une demi-limette,
4 glaçons,
eau de Seltz,
1 rondelle de limette,
feuilles de menthe.

Verser le rhum, le sucre et le
jus de limette dans un grand

Milk-shake à l'orange avec du chocolat râpé.

Le Mojito est un drink rafraîchissant à base de rhum et de jus de limette.

verre. Piler finement la glace et en remplir le verre aux ¾. Compléter avec l'eau de Seltz et remuer avec une longue cuiller. Décorer avec la rondelle de limette et le brin de menthe. Servir avec paille et cuiller.

Moka

1 l d'eau,
100 g de café finement moulu.

Cette boisson tient son nom de la ville de Moka sur la Mer Rouge; cette ville était le port d'où l'on exportait, au XVe siècle, le célèbre café du Yémen.
Le moka désigne, aujourd'hui, un café particulièrement corsé dont les grains sont moulus très fin. On utilise, pour cela, un moulin à café spécial pour moka. Mais, en général, la plupart des magasins spécialisés peuvent moudre le café très finement, selon le désir du client. On sert le moka dans une petite cafetière et on le boit dans de petites tasses (il

existe, d'ailleurs, des services à moka spéciaux). Il peut se boire sucré, mais surtout pas avec du lait.
Faire bouillir l'eau. Mettre le café dans un filtre. Verser l'eau lentement par-dessus. Servir le moka très chaud.

Moka italien

2 cuillers à café de sucre,
1 pointe de cannelle,
½ tasse de café fort et très chaud,
½ tasse de chocolat chaud.

Mettre le sucre et la cannelle dans la tasse à café et ajouter successivement le café et le chocolat, mélanger. On peut aussi servir cette boisson dans un verre tulipe.

Mona Lisa

le jus d'un demi citron,
2 cuillers à bouche de sucre,
2 à 3 glaçons,
3,5 cl de crème de cacao,
1,5 cl de vermouth dry français
1 cerise à cocktail.

Peut-être bien qu'après avoir bu ce cocktail vous parviendrez à sourire d'un air aussi mystérieux que la célèbre dame du Louvre.
Mettre le jus de citron dans une soucoupe et le sucre dans une autre. Tremper le bord d'un verre à cocktail dans le jus de citron, puis dans le sucre après avoir laissé égoutter quelques secondes, le verre restant retourné; laisser sécher. Mettre la glace, la crème de cacao et le vermouth dans le shaker. Secouer énergiquement quelques secondes et passer dans le verre givré. Garnir d'une cerise et servir avec un bâtonnet.

Mont Blanc

cf photo page 124

2 à 3 glaçons,

1,5 cl de gin,
1,5 cl de Cointreau,
1,5 cl de crème fraîche sucrée,
1 cuiller à café de sucre.

Mettre la glace et tous les ingrédients dans le shaker et secouer énergiquement quelques secondes. Passer dans un verre à cocktail et servir avec une paille.

Monte Carlo

cf photo page 124-125

2 à 3 glaçons,
4 cl de whisky canadien,
1 cl de Bénédictine,
2 traits d'angostura.

Mettre la glace et tous les ingrédients dans le shaker. Secouer énergiquement quelques secondes et passer dans une coupe à champagne.

123

Le cocktail Mont Blanc est très apprécié par les dames.

Moonlight

3 à 4 glaçons,
1,5 cl d'eau-de-vie de poiré,
3,5 cl de vermouth bianco.

Si vous avez déjà préparé un Martini, la préparation du Moonlight Cocktail vous sera facile. Pour ce nouveau drink, on choisira un vermouth un peu plus doux, le «bianco», et on remplacera le gin par une eau-de-vie de poire. Vous serez, alors, agréablement surpris car à la place du goût corsé du genièvre, vous sentirez l'arôme de la poire qui adoucit bien ce long drink.

Mettre la glace et tous les ingrédients dans un verre à mélange et bien remuer avec une longue cuiller. Passer dans un verre à cocktail en retenant les glaçons. Si vous avez le goût des expériences nouvelles, vous pourrez aussi essayer de remplacer l'eau-de-vie de poiré par d'autres eaux-de-vie de fruit.

L'eau-de-vie de poiré dans le Moonlight vous fera plonger dans des rêves merveilleux.

Le Monte Carlo cocktail (au premier plan) est à base de whisky; le Monte Carlo impérial est, lui, à base de gin.

Monte Carlo impérial

2 à 3 glaçons,
2,5 cl de dry gin,
1,5 cl de crème de menthe blanche,
2 cuillers à café de jus de limette,
champagne pour remplir le verre.

Si vous préférez les drinks à base de gin, choisissez plutôt le Monte Carlo impérial que voici.
Mettre la glace, le gin, la crème de menthe et le jus de limette dans le shaker. Secouer énergiquement quelques secondes et passer dans une coupe à champagne. Compléter avec du champagne.

Morning glory

2 à 3 glaçons,
2 cl de whisky,
2 cl d'eau-de-vie de vin,
1 trait de Pernod,
2 trait de curaçao,
2 cuillers à café de sirop de sucre,
eau de Seltz, sucre en poudre,
1 ruban de zeste de citron.

Mettre la glace, le whisky, l'eau-de-vie de vin, le Pernod, le curaçao et le sirop de sucre

*Le Morning glory (à gauche) et le Morning glory fizz (à droite).
Si la soirée tarde à se finir, ces deux boissons se chargeront d'y mettre un terme en vous
donnant l'envie d'aller vous coucher.*

dans un verre à mélange. Bien remuer et passer dans un grand verre à cocktail, un verre ballon ou un gobelet. Compléter avec l'eau de Seltz et remuer avec une longue cuiller humide passée dans le sucre en poudre. Décorer avec le ruban de zeste.

Morning glory fizz

2 à 3 glaçons,
le jus d'un citron,
1 cuiller à café de Pernod,
5 cl de bourbon,
1 blanc d'œuf,
eau de Seltz pour remplir le verre.

Si ce long drink est trop fort à votre goût, remplacez le Pernod par de la liqueur d'anisette.

Piler la glace et la mettre dans le shaker. Ajouter le sucre, le jus de citron, le Pernod, le bourbon et le blanc d'œuf. Envelopper le shaker dans une serviette et agiter fortement 1 à 2 minutes. Passer le contenu dans un grand verre ou dans un verre ballon. Compléter avec l'eau de Seltz. Servir avec une paille.

Moulin rouge

2 à 3 glaçons,
2 cl d'abricot brandy,

2 cl de jus de citron,
1 cuiller à café de grenadine,
2,5 cl de gin,
champagne pour remplir le verre,
1 tranche d'orange.

Mettre la glace, l'apricot brandy, le jus de citron, la grenadine et le gin dans le shaker. Agiter énergiquement quelques secondes et passer dans une coupe à champagne. Compléter avec du champagne et décorer avec la tranche d'orange.

125

Une Mousse de bière comme peu la connaissent: un cocktail chaud et pourtant refraîchissant

Mule hind leg

2 à 3 glaçons,
1 cl de dry gin,
1 cl de calvados,
1 cl de Bénédictine,
2 cuillers à café de sirop
d'érable,
1 cl de liqueur d'abricot.

Aussi délicieux que puisse être ce cocktail, son nom indique déjà qu'il ne faut pas trop en abuser sous peine de se sentir aussi mal qu'après avoir reçu un coup de pied de mulet.
Mettre la glace et tous les ingrédients dans le verre à mélange, bien remuer et passer dans un verre à cocktail.

Mulet

2,5 cl de jus de citron,
2,5 cl de gin,
bière blonde pour remplir le verre.

Verser le jus de citron et le gin dans un verre à bière et compléter avec la bière blonde.
Le Mulet a, en outre, un frère, une sorte de vin aromatisé ou de punch froid: saupoudrer 2 tranches de pain noir grillées de poudre de muscade, émietter et verser 3 litres de bière blonde et 1 bouteille de vin blanc par-dessus. Ajouter 300 grammes de sucre et 2 citrons coupés en rondelles. Laisser macérer une nuit, puis passer et servir froid.

Mousse de bière

Pour 4 à 6 personnes

4 œufs,
1 l de bière,
125 g de sucre,
1 pincée de cannelle,
le zeste râpé d'un demi citron.

Fouetter les œufs et la bière dans une casserole, ajouter le sucre, la cannelle et le zeste de citron; faire chauffer à feu vif tout d'abord, puis à feu doux en fouettant jusqu'à ce que la mousse monte. Puis retirer du feu, continuer à battre 5 minutes et servir aussitôt dans des verres à anse.

Mousseux vert

1 cuiller à café de glace pilée,
2 cuillers à café de Chartreuse verte,
3 cerises à cocktail,
mousseux bien frais.

Mettre la glace pilée dans un verre à champagne, ajouter successivement les autres ingrédients et compléter avec le mousseux. Servir avec un bâtonnet ou une cuiller pour les cerises.

Le goût de l'abricot brandy domine dans le Moulin Rouge.

N

Napoléon

2 à 3 glaçons,
1 cuiller à café de sirop de sucre,
3 traits de jus de citron,
2,5 cl de gin,
2,5 cl de whisky,
1 spirale de zeste de citron.

Mettre la glace et tous les ingrédients dans le verre à mélange. Remuer avec une longue cuiller. Passer la boisson dans un verre à pied et garnir d'une spirale de zeste de citron.

Natacha

1,5 cl d'abricot brandy,
1,5 cl d'eau-de-vie de poiré,
1,5 cl de vermouth rosso,
1 trait d'orange bitter,
2 glaçons,
1 cerise à cocktail avec la queue.

Mettre la glace et tous les ingrédients dans un verre à mélange. Remuer avec une longue cuiller. Passer dans un verre à cocktail et garnir d'une cerise.

Myra

2 à 3 glaçons,
2,5 cl de vin rouge,
1,5 cl de vodka,
1 cl de vermouth dry.

Vous pourrez servir ce drink en apéritif, avant le dîner, ou simplement entre les repas, dans la matinée ou l'après-midi. Mettre la glace, le vin rouge, la vodka et le vermouth dry dans un verre à mélange. Bien remuer et passer dans un verre à cocktail.

Le Mule hind leg est à consommer avec modération.

Le Natacha est un cocktail au goût très agréable.

Navy punch

Pour 6 à 8 personnes

2 ananas entiers,
sucre à volonté,
¼ l de rhum,
¼ l de cognac,
¼ l de liqueur de pêche,
le jus de deux citrons,
1 gros cube de glace (d'¼ l d'eau environ),
1 verre (200 g) de cerises à cocktail,
3 l de champagne.

Il est conseillé de consommer ce punch froid modérément et après avoir mangé. En raison de sa composition qui comporte beaucoup de spiritueux et de liqueur, ce punch fait, en fait, partie des cups. Peler les deux ananas, les couper en quatre et retirer le cœur. Couper les quartiers en dés et sucrer à volonté. Les mettre dans un saladier; verser le rhum, le cognac, la liqueur de pêche et le jus de citron, par-dessus. Couvrir et placer 30 minutes au réfrigérateur. Mettre le tout avec les cerises et le gros cube de glace dans un récipient à punch. Compléter avec du champagne très frais juste avant de servir. Servir avec une cuiller pour déguster les fruits. On peut, bien sûr, remplacer le champagne par un vin sec mousseux.

Negro mix

2 cuillers à café de cacao soluble,
4 cl d'eau-de-vie de vin,
½ cuiller à café de café soluble,
2 cuillers à café de crème fraîche,
¼ l de lait,
2 à 3 glaçons.

Passer tous les ingrédients au mixer. Mettre la glace dans un grand verre. Verser le mélange passé au mixer, par-dessus. Servir aussitôt avec une paille.

Le Navy punch est un drink «solide» pour ceux qui supportent bien l'alcool.

Negroni

3 glaçons,
2 cl de gin,
2 cuillers à café de Campari,
2 cuillers à café de vermouth rouge,
1 tranche d'orange.

Mettre la glace dans un grand verre. Verser le gin, le vermouth et le Campari par-dessus et compléter avec l'eau de Seltz. Ajouter la tranche d'orange et servir avec une paille.

Negus

Pour 3 à 4 personnes

1 bouteille de porto,
½ l d'eau,
60 g de sucre,
1 zeste de citron,
½ bâton de cannelle,
1 pincée de noix muscade râpée.

Faire frémir tous les ingrédients dans une casserole. Retirer du feu, laisser infuser 10 minutes et servir aussitôt dans des verres à anse ou dans une terrine à punch ré-

Ce long drink rafraîchissant, préparé dans le verre, s'appelle un Négroni.

chauffée. Si on n'est pas sûr de la résistance des verres à la chaleur, on mettra une cuiller au fond de chaque verre.

New Orleans fizz

3 à 4 glaçons,
1 blanc d'œuf,
2 cuillers à café de sirop de sucre,
2,5 cl de jus de citron,
5 cl de dry gin,
2 cuillers à café de crème fraîche,
eau de Seltz pour remplir le verre.

Comme pour tous les fizz, il est important de servir ce drink glacé et sans attendre. Vous aurez droit, dans ce cas,

Original et glacé, c'est le New Orleans Fizz.

aux applaudissements unanimes de vos invités.

Concasser la glace en petits morceaux. La mettre dans le shaker avec le blanc d'œuf, le sirop de sucre et le jus de citron. Remuer puis ajouter le gin et la crème fraîche. Envelopper le shaker dans une serviette et agiter énergiquement quelques secondes.

Passer le contenu dans un gobelet moyen. Compléter avec l'eau de Seltz. Servir aussitôt avec une paille.

Newskij Prospect

2 à 3 glaçons,
2 cl de vodka,
1 cl de Cointreau,
1 cuiller à café de jus de citron,
eau de Seltz pour remplir le verre,
1 tranche d'orange.

La grande rue somptueuse de Leningrad a donné son nom à ce cocktail.
Piler la glace et la mettre dans le shaker. Verser la vodka, le Cointreau et le jus de citron par-dessus, secouer et passer dans un grand verre. Compléter avec l'eau de Seltz. Décorer avec une tranche d'orange qu'on placera sur le bord du verre.

Celui qui a inventé le «Nigaud» devait certainement avoir le goût de la plaisanterie. Mais, en tout cas, ce cocktail est bien séduisant, malgré son nom.

Nigaud

2 à 3 glaçons,
1 cl de liqueur de mûre,
1 cl de liqueur de prunelle,
1 cl de kirsch,
2 cl d'aquavit.

Mettre tous les ingrédients dans un verre à mélange, remuer à l'aide d'une longue cuiller, puis passer dans un grand verre à cocktail.

Night cap

½ l de bière (ale),
2 cuillers à café de sucre,
2 cl d'eau-de-vie de vin,
1 pincée de noix muscade.

Les caps sont des boissons qui font dormir. Il faut les servir tout de suite après les avoir préparées, mais, autant que possible, pas pendant les heures de bureau . . . vous risqueriez d'avoir de mauvaises surprises.
Faire frémir la bière (ale) et mélanger avec le sucre, l'eau-de-vie de vin et la noix muscade. Verser dans un grand gobelet ou un verre à grog réchauffés, dans lequel on aura une cuiller pour éviter que le verre n'éclate. On peut aussi remplacer l'eau-de-vie de vin par d'autres spiritueux, comme du whisky ou du cherry.

Noddy

2 glaçons,
2,5 cl de gin,
1,5 cl de bourbon,
1 cl de Pernod.

Voici un after-dinner-cocktail dont la teneur en alcool exige qu'on le consomme avec une certaine modération.
Piler la glace et la mettre dans le shaker. Verser tous les ingrédients par-dessus, secouer et passer dans un verre à cocktail.

Les Nuits orientales conviennent aussi à toute heure du jour.

Nuits orientales

2 à 3 glaçons,
2 cl de vodka,
2 cl de Cointreau,
2 cl de jus de pamplemousse,
1 pamplemousse évidé,
champagne pour remplir le verre.

Mettre la glace, la vodka, le Cointreau et le jus de pamplemousse dans le shaker. Secouer énergiquement quelques secondes et verser dans le pamplemousse évidé. Compléter avec le champagne et servir avec une paille.

Le Night cap se compose d'ale, d'eau de vie de vin, de sucre et de muscade.

Oeil de bœuf

1 jaune d'œuf intact,
5 cl de porto.

Vous pourrez aussi servir ce drink pour remédier aux gueule de bois.
Mettre tout d'abord un jaune d'œuf intact dans une coupe à cocktail. Verser le porto par-dessus. Servir avec paille et cuiller.

L'Oeil de bœuf effacera les effets désagréables de l'alcool avant de rentrer à la maison.

L'Exciting night tient ses promesses.

Ohio

2 à 3 glaçons,
2 cl de vermouth rouge,
1,5 cl d'eau-de-vie de vin,
1,5 cl de cordial médoc,
1 trait d'angostura,
champagne pour remplir le verre,
1 cerise au marasquin,
½ tranche d'orange.

L'état d'Ohio, en Amérique, a donné son nom à de nombreuses boissons. On parle de «direction Ohio» lorsque le cocktail est complété avec du champagne.

Old-fashioned cocktail

cf photo page 134-135

1 cuiller à café de sucre,
2 traits d'angostura,
1 cuiller à café d'eau,
2 à 3 glaçons,
5 cl de bourbon,
1 tranche d'orange,
1 cerise à cocktail avec la queue.

Ce drink compte parmi les before-dinner-drinks, tout comme le Old Pale cocktail et le Old time appetizer. Tous les trois sont à base de whisky. Comme le goût du whisky est assez fort, il est possible, et cela se fait souvent, d'en mettre moins que du gin, par exemple, dans les cocktails à base de gin. Comme pour beaucoup de cocktails, on préfèrera aussi, dans celui-ci, utiliser du bourbon qui se marie très bien avec les autres alcools.
Bien remuer le sucre, l'angostura et l'eau dans un grand verre (verre à Old-fashioned). Ajouter la glace et le

De gauche à droite: Martini orange (recette page 124), Orange cooler, Orange county julep, Orange bloom.
Parmi les jus d'agrumes, le jus d'orange (fraîchement pressé) est, de loin, le plus apprécié pour la préparation des cocktails.

whisky, puis remuer. Décorer avec la tranche d'orange et la cerise. Servir avec une longue cuiller.

Old pale cocktail

cf photo page 134-145

2 à 3 glaçons,
1 cl de Campari,

1 cl de vermouth dry français,
3 cl de bourbon,
1 zeste de citron.

Mettre la glace, le Campari, le vermouth et le whisky dans un verre à mélange. Arroser de quelques gouttes d'essence de citron en pressant le zeste entre le pouce et l'index. Selon le goût, on peut aussi mettre le zeste dans le verre.

Old time appetizer

cf photo 134-135

2 à 3 glaçons,
2 cl de bourbon,
2 cl de Dubonnet,
2 traits de Pernod,
1 trait d'angostura,
2 tranches d'orange,
½ tranche d'ananas,
1 zeste de citron.

Mettre la glace, le whisky, le Dubonnet, le curaçao, le Pernod et l'angostura dans une coupe ou un gobelet moyen. Bien remuer. Ajouter les tranches d'orange, la ½ tranche d'ananas et le zeste de citron et servir avec une cuiller.

133

*De gauche à droite: Old
Pale cocktail, Old time
appetizer, Old-fashioned
cocktail.
Le whisky se retrouve dans
ces trois drinks excellents
pour stimuler l'appétit.*

Olivette

2 à 3 glaçons,
5 cl de dry gin,
2 traits de sirop de sucre,
2 traits d'orange bitter,
1 spirale de zeste de citron,
1 olive verte farcie.

Mettre la glace, le gin, le sirop
de sucre et l'orange bitter
dans un verre à mélange.
Bien remuer et passer dans
un verre à cocktail. Servir
avec un bâtonnet pour
l'olive. Il existe une autre version intéressante: Prenez 2 cl
de pernod et 3 cl de gin pour
le cocktail. La préparation
reste la même.

One exciting
night

cf photo page 132

Le jus d'un demie citron,
2 cuillers à bouche de sucre
en poudre,
2 à 3 glaçons,

ment quelques secondes, puis passer dans le verre givré. Décorer avec la spirale de zeste de citron.

Opéra

cf photo page 136

2 à 3 glaçons,
1 cl de Dubonnet,
1 cl de liqueur de mandarine,
3 cl de gin,
1 petite écorce d'orange,
1 kumquat éventuellement.

Mettre la glace et tous les ingrédients dans le shaker. Secouer énergiquement. Passer le contenu dans un verre à cocktail. Selon le goût, on peut encore ajouter un kumquat, éventuellement. Il faudra, alors, servir avec une cuiller.

Orange bloom

cf photo page 133

2 à 3 glaçons,
3 cl de gin,
1 cl de vermouth bianco,
1 cl de Cointreau,
1 cerise à cocktail.

Ce cocktail à base de gin avec son doux arôme d'orange, plaira certainement aux femmes.
Mettre la glace, le gin, le vermouth et le Cointreau dans un verre à mélange. Bien remuer avec une cuiller à mélange, puis passer dans un verre à cocktail. Garnir d'une cerise. Servir avec un bâtonnet pour la cerise.

Orange cooler

cf photo page 133

3 à 4 glaçons,
2 cuillers à café de sucre,
10 cl de jus d'orange sans pulpe,
ginger ale pour remplir le verre.

Mettre la glace, le sucre et le jus d'orange dans un grand verre. Remuer et compléter avec le ginger ale.

Orange county julep

2 à 3 glaçons,
5 cl de Cointreau,
1 trait de jus de citron ou de pamplemousse,
1 trait de grenadine,
2 demi-tranches d'orange,
1 brin de menthe fraîche.

C'est surtout en été qu'il faudra préparer les juleps. Ces drinks sont particulièrement appréciés en Angleterre et en Amérique.
Piler la glace et la mettre dans un gobelet moyen, verser le cointreau, le jus de citron ou de pamplemousse et la grenadine. Bien remuer. Décorer avec la demi-tranche d'orange et la menthe. Servir avec une longue cuiller et une paille.

1,5 cl de dry gin,
1,5 cl de vermouth dry français,
1,5 cl de vermouth bianco,
1 cuiller à café de jus d'orange,
1 spirale de zeste de citron.

Pour le givrage du verre, mettre le sucre en poudre dans un soucoupe et le jus de citron dans une autre. Retourner un verre à cocktail et tramper le bord dans le jus de citron, puis dans le sucre après avoir laisser égoutté quelques secondes. Remettre le verre à l'endroit et laisser sécher.
Mettre la glace, le gin, le vermouth et le jus d'orange dans le shaker. Secouer énergique-

On peut, si l'on veut, ajouter un kumquat à l'Opéra.

Orange smile

2 à 3 glaçons,
2 cuillers à café de
grenadine,
10 cl de grenadine.

Ce drink est rafraîchissant et
plaît aussi aux enfants. Celui
qui ne peut se passer d'ajouter une goutte d'alcool,
pourra mettre un peu de gin
dans cette boisson.
Mettre la glace et tous les ingrédients dans le shaker et
secouer énergiquement quelques secondes. Passer dans
un petit gobelet et servir avec
une paille.

Ouverture

1 à 2 glaçons,
3 cl de whisky,
1 cl de grenadine,
1 cl de vermouth rosso,
1 cerise à cocktail.

Mettre d'abord la glace dans
le shaker. Verser, par-dessus,
les autres ingrédients, excepté la cerise, secouer brièvement mais énergiquement,
passer dans un verre à cocktail et décorer avec la cerise.
Servir avec une pique pour la
cerise.

P

Paddy

2 à 3 glaçons,
1 trait d'angostura,
2,5 cl de vermouth rosso,
2,5 cl de whisky irlandais.

Ce cocktail se sert en appéri-
tif avant le dîner. Mettre la
glace dans un verre à mé-
lange. Ajouter l'angostura, le
vermouth et le whisky. Remuer avec une longue cuiller
et passer dans une coupe.

Page court

2 à 3 glaçons,
1 trait de peach bitter,
5 cl de jus d'orange,
1,5 cl de rhum blanc,
1,5 cl de gin,
1,5 cl de whisky canadien.

Ce drink constitue un rafraîchissement tonifiant, pris entre les repas. Mettre la glace,
le peach bitter, le jus
d'orange, le rhum, le gin et le
whisky dans le shaker. Bien
secouer et passer dans un
grand verre à cocktail.

De gauche à droite: Paddy et Page court. Ces long drinks à base de whisky sont toujours à consommer avec modération.

La panier à salade à base d'épinards est très peu connu.

Il y a toujours des amateurs pour un long drink délicieux et désaltérant. Le Peach and honey ne fait pas exception à la règle.

Panier à salade

125 g d'épinards,
1 cuiller à café de miel,
le jus d'un demi citron,
1/8 l de lait.

Le nom de cette boisson insolite induit en erreur car il n'a aucun rapport avec le prison. Il s'agit, en fait, d'un cocktail de légumes assez inhabituel. Passer les épinards dans la centrifugeuse afin d'en extraire le jus. Mélanger le jus d'épinards, le miel et le jus de citron et ajouter le lait. Bien remuer et servir dans un verre ballon ou un gobelet.

Panther's sweat

2 à 3 glaçons,
1 trait d'angostura,
2 traits de jus de citron,

La crème fraîche dissimule la sournoiserie du Pasha's pleasure.

Pausepro-gramme

2 à 3 glaçons,
2 cl de vermouth dry français,
2 cl de fernet branca,
1 cl de dry gin,
1 cerise à cocktail.

Ce cocktail est aussi très conseillé en apéritif, avant le dîner.
Mettre la glace, le vermouth dry, le fernet branca et le gin dans le shaker. Secouer énergiquement quelques secondes, puis passer dans un verre à cocktail. Garnir d'une cerise et servir avec un bâtonnet.

Peach and honey

cf photo 137

4 à 5 glaçons,
5 cl de liqueur de pêche,
1 cuiller à bouche de miel,
eau de Seltz pour remplir le verre.

Le titre anglais de ce drink fait très chic.
Mettre la glace, la liqueur de pêche et le miel dans le shaker. Bien secouer et passer dans un gobelet. Compléter avec l'eau de Seltz et servir avec une paille.

2 traits de curaçao triple sec,
2,5 cl de vermouth dry,
2,5 cl de gin.

Mettre la glace et tous les ingrédients dans le shaker. Secouer énergiquement et passer dans un grand verre à cocktail.

Paprika cocktail

2 à 3 glaçons,
1 cl de cognac,
1 cl de Grand Marnier,
3 cl de curaçao triple sec,
paprika.

Ce cocktail réjouira tous ceux qui aiment les boissons fortes.

Mettre la glace dans un shaker. Ajouter le cognac, le Grand Marnier et le curaçao triple sec. Secouer énergiquement. Passer dans un verre à cocktail. Saupoudrer de paprika et servir.

Pasha's pleasure

2 à 3 glaçons,
2,5 cl de crème fraîche,
2,5 cl de liqueur de café,
2,5 cl d'eau-de-vie de vin,
2,5 cl de vodka.

Mettre la glace et tous les ingrédients dans le shaker. Secouer énergiquement et passer dans un grand verre à cocktail. Servir avec une paille.

Un apéritif qui fait sensation le Pêle-mêle.

Ce sont les petites bulles qui produisent ce phénomène de la pêche roulant sur elle-même.

Pêche qui roule

1 pêche,
champagne ou mousseux pour remplir le verre.

Faire environ 20 à 30 trous dans la pêche avec un bâtonnet ou une fourchette et la déposer dans un verre (des verres spéciaux existent pour ce drink). Remplir le verre de champagne et attendre jusqu'à ce que la pêche roule autour d'elle-même. Vous pouvez être sûr qu'elle le fera.

Après vous être repu du spectacle offert par cette pêche roulant sur elle-même, vous pouvez couper la pêche en petits morceaux et la déguster avec un couteau et une fourchette.

Pêle-mêle

2 glaçons,
2 cl de Pernod,
2 cl de vermouth dry,
3 traits de marasquin,
3 traits de Bénédictine,
3 traits de curaçao,
3 traits de crème de cacao.

Mettre d'abord les deux glaçons dans le shaker. Verser, par-dessus, les autres ingrédients et secouer énergiquement. Passer dans un verre à cocktail.

Pendennis eggnog

Pour 4 à 6 personnes

³/₈ l de bourbon,
250 g de sucre,
6 œufs,
1 l de crème fraîche.

Cet eggnog est très nourrissant et il remplacera facilement un goûter.
Remuer le bourbon et le sucre dans un plat. Séparer les jaunes et les blancs. Battre les jaunes jusqu'à obtenir une pâte mousseuse. Ajouter cette mousse au whisky sucré à l'aide d'une cuiller à soupe. Battre les blancs et la crème fraîche séparément. Prendre 6 cuillers à bouche de crème fouettée et 4 d'œufs battus en neige, les mélanger et les mettre de côté. Mélanger d'abord la crème, puis les œufs en neige, à la mousse. Mettre 10 minutes au réfrigérateur. Verser dans des verres à anse. Pour finir, mettre dans chaque verre un peu du mélange crème fouettée-œufs en neige, puis servir avec une paille.

Pendennis toddy

cf photo page 140

2 cuillers à café de miel,
2 cuillers à café d'eau,
2 cuillers à café de kirsch,
5 cl de bourbon,
¹/₈ l de thé noir léger pour remplir le verre,
1 cerise à cocktail,
1 tranche d'orange,
1 rondelle de citron.

Faire fondre le miel dans l'eau. Concasser la glace et la mettre dans le verre. Verser le kirsch et le whisky par-dessus. Remuer avec une longue cuiller. Remplir le verre de thé. Décorer avec la cerise, la tranche d'orange et la rondelle de citron. Servir avec une paille.

Le Pendennis toddy est un drink séduisant, très vite préparé.

Peppermint frappé

3 glaçons,
5 cl de crème de menthe verte.

Piler finement la glace et la mettre dans une coupe. Remplir de crème de menthe verte. Remuer et servir avec une paille.

Perle rouge

2 cl de liqueur de mûre,
½ tranche d'ananas,
champagne pour remplir le verre.

La liqueur de mûre colore le champagne en rouge. Mettre la liqueur de mûre dans une coupe à champagne. Ajouter la demi-tranche d'ananas et compléter avec le champagne.

Pernod fizz

2 à 3 glaçons,
3 cl de Pernod,
1,5 cl de jus de citron,
2 cuillers à café d'anisette blanche,
1 cuiller à café de grenadine,
1 blanc d'œuf,
eau de Seltz pour remplir le verre.

Le Pernod en apéritif est suffisamment connu. En général, on met une mesure de Pernod pour cinq mesures d'eau froide.
Mettre la glace et tous les in-

La Perle rouge (à gauche) et la Fleur rouge (à droite; recette pag nom qui convient.

grédients, dans l'ordre de la recette, dans le shaker. Enve-lopper le shaker dans une serviette et secouer énergique-

À la prochaine soirée dansante, n'oubliez pas le Pernod fizz.

Peruano flip

cf photo page 142

2 à 3 glaçons,
2,5 cl de crème de moka,
2,5 cl de crème fraîche
sucrée,
5 cl d'eau-de-vie de vin,
1 jaune d'œuf,
1 pincée de cannelle.

Ce drink tient son nom d'une
eau-de-vie de vin d'Amérique du Sud, le pisco peruano,
qui, au Pérou, est souvent uti-
lisée dans les cocktails.
Mettre la glace et les autres
ingrédients dans le shaker.
Secouer énergiquement quelques secondes, puis passer le
contenu dans une coupe.
Saupoudrer d'un peu de cannelle et servir avec une paille.

*Le Peter Pan est un apéritif
rapidement préparé.*

Peter pan

2 à 3 glaçons,
1,5 cl de dry gin,
1,5 cl de vermouth dry
français,

70) pour des cocktails plein de phantaisie, il existe toujours un

ment. Passer le contenu dans
un grand gobelet. Compléter
avec l'eau de Seltz jusqu'à la
moitié. Servir avec une paille.

141

Le Peruano flip constitue un excellent dessert.

1 cl de jus d'orange,
1 cl de peach bitter.

_____

Mettre la glace et tous les ingrédients dans le shaker. Secouer énergiquement quelques secondes et passer dans un verre à cocktail.

Peter's kiss

cf photo page 41

_____

3 cl de Campari,
2 cuillers à café de sirop de framboise,
1 cuiller à café de crème fraîche liquide,
1 doigt de kirsch.

Le Petit Mimosa est un long drink fortement alcoolisé.

Verser successivement les ingrédients dans un verre à cocktail et servir avec une paille.

Peter Tower

_____

2 à 3 glaçons,
3,5 cl d'eau-de-vie de vin,
1,5 cl de rhum blanc,
2 cuillers à café de grenadine,
2 cuillers à café de curaçao,
2 cuillers à café de jus de citron.

_____

Mettre tous les ingrédients dans un verre à mélange. Bien remuer avec une longue cuiller à mélange et passer dans un verre à cocktail.

Petit déjeuner d'homme

_____

2 à 3 glaçons,
1 œuf entier,
2,5 cl d'eau-de-vie de vin,
2,5 cl de curaçao,
1 cuiller à café de sirop de sucre,
20 cl de lait froid.

_____

En prenant cette boisson au petit déjeuner, vous serez sûr d'avoir envie de faire une foule de choses dans votre journée. Et cette boisson est également conseillée aux femmes, malgré son nom.
Mettre la glace dans le shaker. Ajouter l'œuf, l'eau-de-vie de vin, le curaçao et le sirop de sucre. Secouer énergiquement quelques secondes et passer dans un

Le Petit vin aromatisé fait agréablement passer le temps aux couples et célibataires.

Petit vin aromatisé flambé

environ 8 cl d'eau chaude,
4 cl de vin rouge chaud,
2 clous de girofle,
1 petit zeste de citron,
1 tranche de pamplemousse,
3 morceaux de sucre,
1 cl de rhum.

Mettre l'eau et le vin rouge, ainsi que les clous de girofle et le zeste de citron, dans un verre à punch résistant à la chaleur. Poser la tranche de pamplemousse sur le verre et les morceaux de sucre au-dessus. Arroser le sucre de rhum, flamber et laisser s'éteindre la flamme toute seule.
Il est conseillé de placer le verre sur une plaque d'amiante.

Pharisien

cf photo page 144

5 cl de rhum brun,
3 à 4 cuillers à café de sucre,
café fort et très chaud pour remplir le verre,
1 à 2 cuillers à bouche de crème Chantilly.

Verser le rhum réchauffé dans une tasse bien chaude ou un verre à café résistant à la chaleur.
Ajouter le sucre et remuer. Verser du café très chaud jus-qu'aux ¾ et surmonter d'un dôme de crème Chantilly. Servir aussitôt pour ne pas faire refroidir le café.

Pied de lit

Pour 2 personnes

1 jaune d'œuf,
1 cuiller à bouche de sucre,
¼ l de bière brune,
¼ l de lait chaud.

grand gobelet. Verser le lait par-dessus et servir avec une paille.

Petit mimosa

3 à 4 glaçons,
2,5 cl de liqueur de mûre,
2,5 cl d'esprit de framboise,
2,5 cl de Chartreuse jaune,
1 cl de jus de citron,
1,5 cl de jus d'orange.

Mettre la glace et tous les in-grédients dans le shaker et secouer énergiquement quel-ques secondes. Passer dans une coupe ou flûte à champa-gne.

Le Pharisien, c'est du café très chaud avec du rhum et de la crème Chantilly.

Battre le jaune et le sucre dans un récipient et mélanger délicatement d'abord avec la bière puis avec le lait.

Pieuse Hélène

1 glaçon,
2 cl de liqueur aux œufs,
3 cl de marasquin.

Un cocktail qui sera particulièrement apprécié par les femmes qui aiment les petites douceurs.
Râper finement la glace et la mettre dans un verre à cocktail. Verser les autres ingrédients par-dessus, remuer un peu et servir avec une paille.

Pillkaller

2 cl d'alcool de grain décanté et glacé,
1 rondelle de saucisse au foie,
moutarde.

On dit ironiquement: «l'homme boit, le cheval s'abreuve – à Pillkallen, c'est le contraire». Mais, jadis, il en était autrement. On appréciait ce que l'on mangeait et ce que l'on buvait.
Essayez cette façon de boire l'alcool de grain: Verser l'alcool de grain dans une petite coupe. Déposer dans le verre la rondelle de saucisse au foie sans la peau. Mettre un peu de moutarde au-dessus. On peut mettre la rondelle sur la langue, boire l'alcool, puis mâcher la saucisse. On peut aussi faire l'inverse.

Pillkaller aux cerises

2 cl d'eau-de-vie de vin,
2 cerises à cocktail,
1 à 2 cuillers à café de noix de coco râpée.

Verser l'eau-de-vie de vin dans une petite coupe. Rouler les cerises dans la noix de coco râpée et les piquer sur un bâtonnet que l'on posera sur le verre.

Pillkaller aux plantes

2 cl de liqueur de plantes,
1 fine rondelle de saucisson au poivre,
1 olive verte farcie.

Verser la liqueur dans une petite coupe. Piquer la rondelle de saucisson et l'olive sur un bâtonnet que l'on posera sur le verre.

Pillkaller façon Flensburg

2 cl d'aquavit glacé,
½ œuf dur,
1 tranche de saumon fumé,
1 petit brin de fenouil sauvage.

Mettre l'aquavit dans une coupe givrée. Y déposer un demi-œuf sur lequel on mettra une tranche roulée de saumon fumé. Garnir la roulade de saumon avec le fenouil sauvage. On peut boire l'aquavit en gardant le saumon et l'œuf sur la langue, puis mâcher ensuite, ou faire l'inverse.

Pillkaller Nikolaschka

3 cl d'eau-de-vie de vin,
1 rondelle de citron,
½ cuiller à café de sucre,
1 pincée de café moulu.

Verser l'eau-de-vie de vin dans un verre à cognac. Poser une rondelle de citron sur le verre. Mélanger le sucre et le café et déposer ce mélange en un petit tas sur la rondelle. On prend d'abord la rondelle de citron dans la bouche, on la suce avec le mélange café-sucre, puis on se rince finalement la bouche avec l'eau-de-vie de vin.

Pillkaller Piroschka

2 cl de barack palinka,
1 rondelle de saucisson,
1 petit oignon blanc.

Verser le barack palinka dans une petite coupe. Poser la rondelle de saucisson, dont on aura ôté la peau, sur le verre. Mettre le petit oignon dessus.
Piquer un bâtonnet dans la rondelle de saucisson. On met d'abord le saucisson et l'oignon dans la bouche, on les mâche et on boit, ensuite, le barack palinka.

Les Pillkallers sont des drinks «à chapeaux». Une façon très originale de servir les eaux-de-vie et les liqueurs. De gauche à droite: Pillkaller aux plantes, Pillkaller façon Flensburg, Pillkaller aux cerises, Pillkaller Piroschka, Pillkaller Nikolaschka et Pillkaller.

Pieuse Hélène: un cocktail pour les petites douceurs.

Pimlet

3 à 4 glaçons,
2,5 cl de pimm's no. 1 Cup,
ginger ale pour remplir le verre,
1 rondelle de citron et une tranche d'orange.

Le Pimlet est un long drink rafraîchissant, particulièrement apprécié dans les réceptions, en Grande-Bretagne. Piler finement la glace et la mettre dans un petit gobelet. Verser le Pimm's. Compléter par du ginger ale. Ajouter la rondelle de citron et la tranche d'orange dans le verre et servir avec paille et cuiller.

Pimms no. 1 cup

2 à 3 glaçons,
3 cl de Pimm's no 1 Cup,
1 tranche d'orange,
1 rondelle de citron,
1 spirale de peau de concombre,
12 cl environ de limonade au citron ou à l'orange pour remplir le verre.

Mettre la glace dans un grand gobelet. Ajouter le Pimm's No. 1, la tranche d'orange, la rondelle de citron et la spirale de peau de concombre. Compléter par la limonade et servir avec paille et cuiller.

145

Pink gin

3 à 4 glaçons,
3 traits d'angostura,
5 cl de gin.

Mettre la glace et les autres ingrédients dans un verre à mélange. Remuer avec une longue cuiller et passer dans un verre à cocktail.

Pink lady fizz

2 à 3 petits glaçons,
1 blanc d'œuf,
2 cuillers à café de grenadine,
2,5 à 5 cl de jus de citron,
5 cl de dry gin,
eau de Seltz pour remplir le verre.

Mettre, dans l'ordre indiqué, tous les ingrédients dans le shaker, sauf l'eau de Seltz. Envelopper le shaker dans une serviette et secouer énergiquement au moins 1 à 2 minutes. Passer le contenu dans un gobelet moyen et compléter avec l'eau de Seltz. Servir avec une paille.

Pink pearl

Pour 6 personnes

3 à 4 glaçons,
¼ l de jus de pamplemousse,
2 cuillers à café de jus de citron,
1 à 2 cuillers à café de grenadine,
1 à 2 blancs d'œuf.

L'alcool n'est pas partout obligatoire. Ce short drink sans alcool et très rafraîchissant peut tout à fait rivaliser avec d'autres cocktails.
Piler la glace et la mettre dans le shaker. Ajouter tous les autres ingrédients et secouer énergiquement. Verser dans des verres à cocktail et servir immédiatement.
Si vous désirez faire de ce drink un véritable cocktail, n'ajoutez que du gin ou de la vodka.

La gamme des Pink drinks, à base de rhum, s'étend du cocktail au long drink. Leur jolie couleur provient de l'angostura ou de la grenadine.
De gauche à droite: Pink pearl, Pinky, Pink lady fizz et Pink gin.

Pinky cocktail

2 à 3 glaçons,
4 cl de dry gin,
1 cl de grenadine,
½ blanc d'œuf.

Piler grossièrement la glace et la mettre dans le shaker. Ajouter tous les autres ingrédients. Bien secouer et passer dans un grand verre à cocktail. Servir aussitôt.

Planter's punch

2 à 3 glaçons,
2 cuillers à café de sirop de sucre,
le jus d'un demi citron,
5 cl de rhum blanc,
2 à 3 glaçons,
1 cuiller à bouche de fruits de saison.

Prairie oyster

Le Planter's punch comprend du rhum et des fruits.

Piler grossièrement la glace et la mettre dans le shaker avec le sirop de sucre, le jus de citron et le rhum. Secouer énergiquement. Concasser les glaçons et les mettre dans un grand gobelet. Verser le contenu du shaker par-dessus. Remuer avec une longue cuiller jusqu'à ce que le verre se couvre de buée. Décorer avec les fruits, puis servir avec paille et cuiller.

Porto eggnog

1 jaune d'œuf,
2 cuillers à café de sucre en poudre,
5 cl de porto,
⅛ l de lait,
noix muscade.

Cet eggnog à base de porto est nourrissant et remplace facilement un goûter.
Mettre tous les ingrédients dans l'ordre dans le shaker. Bien secouer et verser dans un grand gobelet. Servir avec une paille.

2 cuillers à café de sauce worcestershire,
1 jaune d'œuf,
2 cuillers à café de ketchup,
sel, poivre gris,
paprika doux,
2 traits de jus de citron,
2 traits d'huile d'olive,
1 verre d'eau fraîche.

Mettre la sauce worcestershire dans un verre à cocktail. Faire glisser le jaune délicatement dans le verre. Ajouter le ketchup. Épicer de sel, poivre et paprika. Verser le jus de citron et l'huile d'olive par-dessus et servir.

Présidente

3 à 4 glaçons,
2,5 cl de vermouth dry français,
7,5 cl de rhum blanc,
1 spirale d'écorce d'orange.

Mettre la glace dans un verre à mélange. Verser le vermouth et le rhum par-dessus. Remuer soigneusement avec une longue cuiller. Verser dans un gobelet ou un verre à pied. Accrocher la spirale d'orange sur le bord du verre.

Avec une Présidente en apéritif, c'est le luxe!

Président Taft's opossum

cf photo page 157

1 cuiller à café d'angostura,
1 cuiller à café de vinaigre,
1 jaune d'œuf,
1 trait d'huile d'olive,
1 trait de sauce worcestershire,
1 à 2 cuillers à café d'eau-de-vie de vin,
1 pincée de paprika doux,
1 pincée de sel,
1 pincée de poivre de cayenne.

Ce drink fait disparaître la gueule de bois avec grand succès.

Verser l'angostura dans un verre à vin rouge. Ajouter le vinaigre. Faire délicatement glisser le jaune d'œuf dans le verre. Verser quelques gouttes de sauce worcestershire et d'huile d'olive par-dessus. Verser, ensuite, l'eau-de-vie de vin. Épicer de paprika, sel et poivre de cayenne. Ne pas mélanger et boire d'un trait.

Punch

Le mot «punch» vient du sanscrit «pantscha» qui signifie «cinq»; en effet, la recette classique du punch comporte 5 ingrédients: vin ou thé, jus de citron, sucre, eau et un spiritueux tel que du rhum, de l'arack, du brandy, etc.

Les punches, généralement des long drinks, font partie des drinks américains et se boivent chauds ou froids.

Punch à la framboise 1

Pour 6 à 8 personnes

le jus de deux citrons,
300 g de sucre,
2 l d'eau,
¾ l de rhum,
¾ l de sirop de framboise,
250 g de framboises,
6 à 8 rondelles de citron.

Dans cette recette, il est important, comme pour tous les punches «solides», de ne pas faire trop chauffer les liquides afin que subsistent l'alcool et l'arôme. En outre, il est possible de remplacer l'eau ou une partie de celle-ci par du thé noir.
Faire chauffer tous les ingrédients, excepté les framboises et les rondelles de citron. Passer dans une terrine à punch réchauffée. Ajouter les framboises et goûter. Puis verser dans des verres à punch ou autres résistants à la chaleur. Décorer chaque verre avec une rondelle de citron.

Punch à la framboise 2

cf photo page 49

1 cuiller à bouche de

Le Punch à la framboise est délicieux également si on remplace l'eau par du thé.

framboises fraîches,
2 cuillers à café de sirop de framboise,
5 cl de crème de framboise,
⅛ l d'eau bouillante,
1 rondelle de citron.

Laver les framboises, les égoutter et les mettre dans un verre à punch. Verser le sirop et la crème de framboise par-dessus. Compléter avec l'eau bouillante et décorer d'une rondelle de citron.

Punch à l'ananas

Pour 6 à 8 personnes

250 g d'ananas au sirop en tranche,
10 cl de jus d'ananas,
10 cl de madère,
½ l de thé fort,
250 g de sucre,
3 bouteilles de vin rouge,
jus passé de trois citrons,
¼ l d'arack.

Mettre les tranches d'ananas dans un récipient à punch et verser par dessus le jus d'ananas et le madère. Mettre deux heures au réfrigérateur avec un couvercle. Dans une casserole, mélanger le thé et le sucre, puis ajouter le jus des citrons et l'arack. Faire chauffer la mixture sans la laisser bouillir. Verser le punch chaud sur les tranches d'ananas, remuer. Servir immédiatement. Ce punch s'accompagne très bien de macarons ou de petits sablés.

Le Prince of Wales est un agréable cocktail au champagne.

Prince of Wales

2 à 3 glaçons,
1 trait d'angostura,
1 cl de curaçao orange,
1 cl d'eau-de-vie de vin,
champagne pour remplir le verre,
1 demi-rondelle de citron.

Mettre la glace, l'angostura, le curaçao orange et l'eau-de-vie de vin dans le shaker. Secouer énergiquement et passer dans une coupe à champagne. Compléter par du champagne. Décorer avec la demi-rondelle de citron fichée sur le rebord du verre.

Le Punch à la prunelle rappelle le temps passé.

Le Punch à l'orange est un bon réchauffant.

Punch à la pomme

Pour 4 à 6 personnes

1 l de jus de pomme,
½ l de thé bien fort,
2 cuillers à café de sucre,
1 citron et 1 orange,
1 petit bâton de cannelle,
2 clous de girofle,
5 cl de calvados.

Ce punch réchauffera toute la famille après le ski ou une partie de luge.
Mettre le thé et le jus de pomme dans une casserole. Éplucher le citron et l'orange et en extraire le jus que l'on mettra avec les zestes, le sucre et les épices dans la casserole. Faire chauffer le punch à feu doux sans laisser bouillir. Ajouter le calvados à la fin. Goûter et sucrer à volonté. Passer le punch et le verser dans une terrine préchauffée; servir aussitôt dans des verres à anse résistants à la chaleur. Le punch sera encore meil-leur si on lui ajoute 1 ou 2 jaunes d'œuf battus dans l'eau tiède.

Punch à la prunelle

Pour 6 à 8 personnes

1 l de thé noir fort,
½ l de jus de prunelle,
4 à 6 cl de jus de citron passé,
100 g de sucre,
4 à 6 cuillers à café de sirop d'arbouse,
6 à 8 rondelles de citron.

Mélanger le thé et le jus de prunelle dans une casserole et faire frémir. Aromatiser de jus de citron et de sucre, puis de sirop d'arbouse. Passer dans des verres résistant à la chaleur, dans lesquels on mettra une rondelle de citron.

Punch à la romaine

3 à 4 glaçons,
2,5 cl de cognac,
1,5 cl de jus de citron,
1 cl de curaçao orange,
2 cuillers à café de sucre,
1 cuiller à café de sirop de framboise,
1 trait de rhum,
1 cuiller à bouche de fruits variés de saison.

Piler finement la glace. Mélanger tous les ingrédients, mis à part les fruits, et les mettre dans un verre à punch que l'on remplira de glace pilée. Décorer avec les fruits et servir avec une longue cuiller et une paille.

Punch à l'orange

Pour 4 à 6 personnes

½ l de thé fort,
½ l de rhum,
¼ l de sirop d'orange,
⅛ l de curaçao orange,
4 à 6 tranches d'orange.

N'oublie pas le Punch à l'orange pour une agréable soirée un peu fraîche.
Faire frémir, dans une casserole, le thé, le rhum, le sirop d'orange et le curaçao. Verser dans des verres réchauffés. Garnir chaque verre d'une tranche d'orange.

Punch amazone

Pour 4 à 6 personnes

3 jaunes d'œuf,
½ sachet de sucre vanillé,
250 g de sucre,
le zeste râpé d'un demi citron,
⅛ l de crème fraîche,
½ l de lait,
¼ l d'eau-de-vie de vin,
½ bouteille de vin du Rhin.

Fouetter les jaunes, le sucre vanillé, le sucre, le zeste de citron et la crème dans une casserole et, sans cesser de battre, faire chauffer à feu doux sans laisser bouillir. Puis, ajouter successivement, toujours en remuant, le lait, l'eau-de-vie et le vin du Rhin. Verser le punch brûlant dans des verres à anse.

Punch anglais

Pour 6 à 8 personnes

½ l d'eau-de-vie de vin,
¼ l de rhum,
¼ l de curaçao,
¼ l d'arack,
1 l de thé fort,
1 orange coupée en tranches,
1 citron coupé en rondelles,
le jus de deux citrons,
l'écorce râpée d'un demi orange,
250 g de sucre.

Sa composition nous révèle qu'il s'agit là d'un punch corsé, pouvant être servi froid ou chaud. Ne pas se risquer à prendre la route après avoir passé une soirée à boire de ce punch!
Mettre tous les ingrédients dans une casserole et faire frémir. Prenez garde de ne pas faire bouillir pour ne pas faire disparaître l'alcool et l'arôme. Sitôt le sucre dissout, passer le punch dans une terrine ou un saladier. Servir dans des verres à anse.

Punch au citron

Pour 4 à 6 personnes
cf photo page 00 (216)

1 l d'eau,
300 g de sucre,
le zeste râpé de cinq citrons,
¾ l de vin rouge,
le jus passé de six citrons,
¼ l de rhum.

Mettre l'eau, le sucre et le zeste râpé dans une casserole. Amener à ébullition sans cesser de remuer. Filtrer dans une autre casserole, une fois le sucre dissous. Verser le vin rouge et le jus de citron, puis faire frémir. Ajouter le rhum. Servir dans des verres résistant à la chaleur.

Punch au kirsch.

Punch au kirsch

Pour 4 à 5 personnes

2 cuillers à bouche de sucre,
¼ l de kirsch,
¼ l de jus de cerise,
1 cuiller à café de marasquin,
20 cerises à cocktail.

Mettre tous les ingrédients dans une casserole, excepté les cerises. Faire frémir. Verser dans des verres à punch réchauffés. Piquer les cerises sur les bâtonnets que l'on mettra dans les verres. Servir avec une cuiller. On peut aussi compléter ce punch avec du thé noir très chaud.

Punch au lait

2 à 3 glaçons,
2 cl de rhum,
2 cl d'eau-de-vie de vin,
2 à 3 cuiller à café de sirop de sucre ou de grenadine,
20 cl de lait froid,
noix muscade.

Si vous n'aimez pas le lait pur, voici la recette parfaite pour vous transformer en véritable buveur de lait.
Piler la glace et la mettre dans le shaker. Ajouter les ingrédients liquides dans l'ordre prescrit. Secouer le shaker énergiquement quelques secondes et passer le mélange dans un grand gobelet. Râper un peu de noix muscade par-dessus. Servir avec une paille.
Normalement, le punch au lait se boit froid. Mais il peut aussi se boire chaud. Dans ce cas, on mélangera les ingrédients dans le verre, sans les glaçons, et on versera du lait chaud par-dessus.

Punch au miel

Pour 6 à 8 personnes

750 g de miel,
le zeste d'un demi citron,
le zeste d'une demie orange,
1 petit bâton de cannelle,
4 clous de girofle,
1 l et demi d'eau,
½ bouteille d'arack,
le jus d'un demi citron,
le jus d'une demie orange,
6 à 8 rondelles de citron,

La règle est la même pour tous les punchs: ne pas faire chauffer trop fort pour ne pas faire disparaître l'arôme et l'alcool.
Faire frémir dans une casserole de miel, les écorces de citron et d'orange, la cannelle, les clous de girofle et l'eau. Passer dans une terrine réchauffée, mélanger avec l'arack légèrement réchauffé et le jus d'orange et de citron, puis servir dans des verres à punch. Mettre une rondelle de citron dans chaque verre.

Punch au porto

Pour 4 à 6 personnes

1 l d'eau,
l'écorce rapée d'une orange,
le zeste rapé d'un citron,
1 pincée de noix muscade rapée,
1 pincée de gingembre,
4 clous de girofle,
1 petit bâton de cannelle,
le jus d'une orange,
le jus d'un citron,
1 l et demi de porto,
4 cl de curaçao,
3 cuillers à café de sirop de sucre.

Faire frémir, dans une casserole, eau, écorce d'orange et zeste de citron rapé, noix muscade, poudre de gingembre, clous de girofle et cannelle. Passer dans une autre casserole. Ajouter les jus de citron et d'orange, le porto et le curaçao. Faire frémir de nouveau. Aromatiser avec le sirop de sucre. Passer et servir très chaud dans des verres résistant à la chaleur.

Punch au sureau

Pour 4 à 6 personnes

1 l de jus de sureau,
½ l de thé fort,
le jus et le zeste d'un citron,
le jus et l'écorce d'une orange,
1 bâton de cannelle,
2 clous de girofle,
sucre à volonté,
1 cuiller à café de sirop d'arbouse.

Faire frémir tous les ingrédients, excepté le sucre et le sirop d'arbouse; sucrer et aromatiser avec le sirop d'arbouse selon le goût; passer et verser dans des verres à punch.

Punch au thé

Pour 6 à 8 personnes

2 l de thé noir fort,
½ l de rhum brun,
½ l d'eau-de-vie de vin,
sucre à volonté,
6 à 8 rondelles de citron.

Ce punch au thé comprend 5 ingrédients, comme tous les punchs, en général. Il existe, cependant, une différence, unique certes, avec le punch classique qui comprend du rhum ou de l'arack, du thé, de l'eau, du citron et de l'eau: l'eau est, ici, remplacée par de l'eau-de-vie de vin.
Sucrer cette boisson à volonté et la verser dans des verres résistant à la chaleur.

Punch au thé à la mauve

Pour 4 à 6 personnes

4 à 5 sachets de thé à la mauve,
⅓ l d'eau bouillante,
le jus d'un citron,
le jus de deux oranges,
5 cl d'eau-de-vie de vin,
10 cl de liqueur de banane,
1 orange coupée en tranches fines,
2 rondelles de citron,
1 petite pomme coupée en tranches,
5 gros glaçons,
ginger ale à volonté.

Verser l'eau bouillante sur le thé à la mauve et laisser infuser 15 minutes. Retirer les sachets de thé et laisser refroidir. Verser le jus d'orange et le jus de citron dans le thé en utilisant la passoire. Ajouter l'eau-de-vie de vin, la liqueur de banane, les rondelles de citron, ainsi que les tranches de pomme et d'orange. Ajouter ensuite les glaçons et servir. Selon le goût, on peut aussi compléter ce punch avec du ginger ale.

Punch au thé et au vin rouge

Pour 4 personnes

½ l de vin rouge,
70 g de sucre,
1 l de thé noir très chaud,
¼ l de rhum blanc,
1 spirale de zeste de citron.

Faire frémir le vin rouge et le sucre. Lorsque le sucre s'est dissout, ajouter le thé chaud, le rhum et la spirale de zeste de citron. Remuer doucement et faire frémir deux fois. Passer dans une cruche résistant à la chaleur, puis servir le plus chaud possible dans des gobelets résistant à la chaleur. On peut, selon le goût, décorer les verres comme sur la photo avec une spirale de zeste de citron.

Avec ou sans alcool, le punch au thé à la mauve a gagné la bonn

réputation d'apaiser la soif.

Punch au thé et au vin rouge.

Punch aux épices

Pour 4 à 6 personnes

1 bouteille de jus de raisin rouge,
1 bouteille de jus de pomme,
le jus de deux citrons,
le jus d'une orange,
6 clous de girofle,
1 petit bâton de cannelle,
1 pincée de noix muscade,
le zeste d'un demi citron,
¼ l d'eau,
1 à 2 cuillers à café de miel

Ce punch délicieux ne contient pas d'alcool.
Faire bouillir dans une casserole le jus de raisin, de pomme, de citron et d'orange, l'eau et toutes les épices et laisser infuser 10 minutes. Passer dans une terrine à punch, et sucrer au miel à volonté. Servir très chaud dans des verres à punch. Ceux qui préfèrent un goût plus corsé ne mettront pas d'eau dans le mélange.

Punch au thé flambé

Pour 4 à 6 personnes

500 g de sucre,
1 bouteille de rhum,
le jus de quatre oranges et quatre citrons,
½ l de thé noir bien fort.

Le Punch café est à déguster avec modération.

Verser ce mélange dans le récipient à punch, remuer et servir aussitôt dans des verres à punch.

Punch café

Pour 2 personnes

½ l de café fort venant d'être passé,
½ l de porto blanc,
½ l de rhum,
environ 100 g de sucre candi brun.

Après le repas du soir, en bavardant, le punch café vous revigorera.

Mettre le café dans une casserole, ajouter le porto et le rhum, faire frémir le mélange en prenant garde de ne pas faire bouillir. Ajouter, peu à peu, le sucre candi et goûter de temps en temps. Certains l'aiment sucré tandis que d'autres le préfèrent avec très peu de sucre.

Lorsque le sucre a complètement fondu, servir dans des verres rustiques avec un petit pied. On peut également servir ce punch dans des verres à punch ou des tasses à café.

Mettre le sucre dans un récipient à punch ou une casserole. Verser le rhum par-dessus. Allumer et flamber jusqu'à ce que le sucre roussisse. Faire chauffer le jus d'orange, le jus de citron et le thé dans une autre casserole.

Le Punch créole paraît inoffensif . . .

Le Punch éclair n'est pas seulement préparé en un temps éclair

Punch caramel

Pour 3 à 4 personnes

300 g de sucre,
½ l de thé fort,
¾ l de jus de raisin,
jus d'un citron.

Faire caraméliser le sucre dans la poêle et mélanger avec le thé. Faire chauffer jusqu'à ce que le sucre ait fondu. Ajouter le jus de raisin. Passer le jus de citron et l'ajouter. Laisser macérer le punch 10 à 15 minutes environ. Faire chauffer encore

Le Punch français est un punch au thé, préparé d'après la recette classique.

une fois juste avant de servir, mais ne pas laisser bouillir. Servir dans des verres à punch.

Punch créole

2 à 3 glaçons,
2 à 3 cuillers à café de sirop de sucre,
le jus d'un demi citron,
5 cl de porto,
1 trait d'eau-de-vie de vin,
2 à 3 glaçons,
1 cuiller à bouche de fruits de saison.

Piler la glace. La mettre dans un tumbler contenant le sirop de sucre, le jus de citron, le porto et l'eau-de-vie de vin et bien remuer. Emplir un grand verre de glace pilée.

Verser par-dessus le contenu du tumbler. Remuer avec une cuiller à mélange jusqu'à ce que la glace embue le verre. Décorer ensuite avec les fruits et servir avec une paille.

il a aussi beaucoup de succès.

Punch de Nuremberg

Pour 4 à 6 personnes

4 morceaux de sucre,
2 oranges,
300 g de sucre en poudre,
1 bouteille de vin rouge corsé,
¼ l d'arack.

Le vrai punch comporte, en principe, cinq ingrédients, comme l'indique le nom indien «pantscha» qui signifie «cinq». L'acide, qui constitue le cinquième ingrédient chez les Indiens, sera remplacé, ici, par l'arôme d'une écorce râpée d'orange.
Frotter les morceaux de sucre sur l'écorce d'une orange. Mettre, dans une casserole, le jus de deux oranges avec le sucre en poudre. La remplir de vin rouge et d'arack, faire frémir et servir sans attendre.

Conseil

Dans le punch de Nuremberg, essayez d'ajouter des tranches d'orange, de la liqueur d'orange (5 à 10 cl) des clous de girofle, de la cannelle et du muscat. Vous verrez, c'est délicieux!

Punch du chasseur

Pour 6 à 8 personnes

1 orange,
1 citron,
10 à 15 morceaux de sucre,
400 g de sucre en poudre,
½ bouteille d'arack,
1 bouteille de vin blanc,
½ bouteille de xérès,
½ bouteille de mousseux.

Voici un punch à servir sans doute après la chasse et il est préférable de n'en boire qu'un seul verre si l'on est à jeun.

Frotter les morceaux de sucre sur le zeste de citron et l'écorce d'orange, puis mettre le tout dans un saladier à punch. Verser l'arack par-dessus, faire flamber jusqu'à ce que le sucre fonde tout à fait. Faire chauffer le vin blanc, le xérès et le mousseux, en prenant garde de ne pas faire bouillir. Le verser dans le mélange arack-sucre et remuer. Présenter dans des verres à punch.

Punch éclair

Pour 2 personnes

le jus passé d'un demi citron,
2 cuillers à café de sucre en poudre,
⅛ l de whisky,
eau bouillante,
1 cl d'eau-de-vie de prunes.

Ce punch est préparé en un temps éclair et il revigore d'une façon extraordinaire. Mélanger le jus de citron et le sucre en poudre dans une coupe, ajouter le whisky et verser le mélange dans un verre à grog ou à punch qu'on aura auparavant fait chauffé; compléter avec l'eau bouillante, bien remuer et ajouter l'eau-de-vie de prunes.

Punch français

Pour 6 à 8 personnes
cf photo page 155

---

750 g de sucre,
1 l de rhum,
¾ l de thé noir très chaud,
le jus de cinq citrons sans la pulpe,
le jus de cinq oranges sans la pulpe.

Mettre le sucre dans une marmite en cuivre et verser le rhum par-dessus. Flamber jusqu'à ce que le sucre devienne roux et soit au ⅓ fondu. Ajouter, alors, le thé noir très chaud, et le jus d'orange et de citron. Remuer et servir dans des verres à punch.
Afin que le punch reste chaud longtemps, le placer sur un réchaud.

Le Punch Puerto Rico est la boisson idéale pour recevoir les bons amis.

Punch impérial 1

Pour 5 à 6 personnes

---

350 g de sucre candi,
½ l d'eau,
½ cl d'arack,
1 l et demi de vin blanc,
l'écorce rapée et le jus de deux oranges,
le zeste râpé et le jus d'un citron.

Concasser le sucre candi et le mettre dans une casserole. Ajouter l'eau et y faire fondre le sucre à feu doux. Ajouter tous les autres ingrédients et faire frémir. Passer dans des verres à punch réchauffés.

Punch impérial 2

Pour 6 à 8 personnes

Le jus de cinq oranges,
le jus de trois citrons,
fines tranches d'orange,
zeste d'un citron,
5 cl d'arack,
sucre à volonté,

3 bouteilles de champagne frais.

Mettre, dans un saladier, le jus d'orange et de citron, les tranches d'orange et le zeste de citron, ainsi que l'arack. Mélanger avec du sucre, selon le goût. Couvrir et placer 10 minutes au réfrigérateur. Passer dans un récipient pour punch froid. Compléter avec

Le champagne fait du Punch impérial 2 une boisson de grande classe.

Le Punch roux paraît inoffensif et pourtant . . .

Cette boisson est tout aussi délicieuse froide. On la servira alors dans des grands verres.

le champagne juste avant de servir.

Punch Puerto Rico

Pour 6 à 8 personnes

200 g de sucre brun,
1 bouteille de rhum de Puerto Rico,
½ bouteille d'eau-de-vie de vin,
5 cl d'aquavit, 5 cl de Bénédictine,
1 spirale de zeste de citron,
1 l et demi d'eau,
tranches de pamplemousse.

Ce punch, vite préparé, est conseillé pour un soir d'été un peu frais.
Mettre le sucre, le rhum, l'eau-de-vie de vin, l'aquavit et la Bénédictine dans une casserole. Ajouter la spirale de zeste de citron, l'eau, puis faire frémir. Passer dans des verres à punch réchauffés. Mettre une tranche de pamplemousse dans chaque verre et servir avec une cuiller.

Punch roux

Pour 4 personnes

350 g de sucre,
le zeste râpé de deux citrons,
1 bouteille de vin blanc,
½ l d'eau chaude,
le jus de deux citrons.

Mettre le sucre et le zeste de citron dans une casserole. Faire roussir en remuant. Ajouter le vin blanc et le rhum. Sitôt le sucre dissout, verser l'eau chaude et le jus de citron. Servir dans des verres à punch ou à thé.

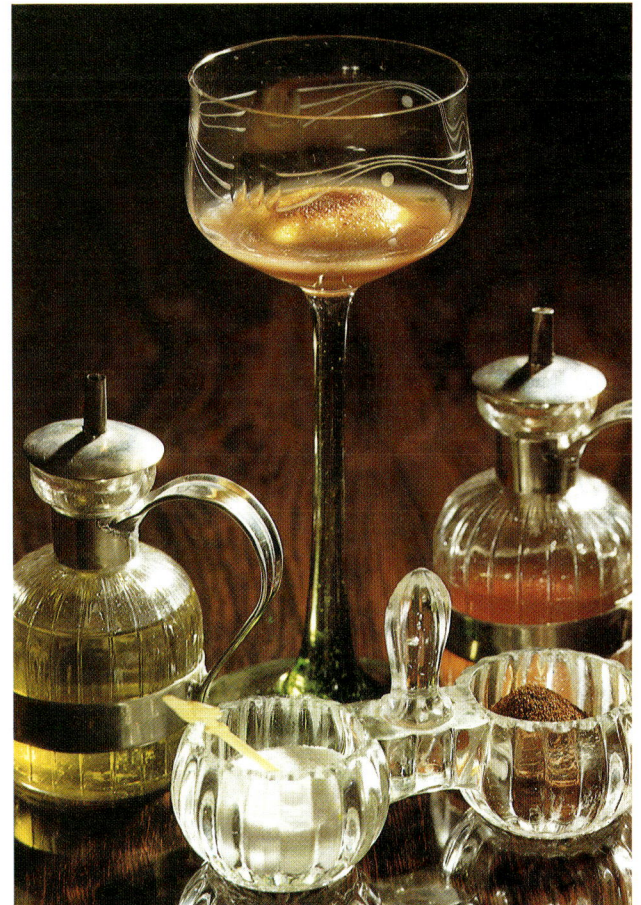

Un bon truc contre la gueule de bois: le President Taft's opossum.

Q

Quarter deck 1

2 à 3 glaçons,
3 cl de rhum brun,
2 cl de xérès,
2 cuillers à café de jus de limette.

Mettre tous les ingrédients dans le shaker. Bien secouer et passer dans un verre à cocktail.

Cocktails à base de rhum: Quarter deck 1 et Quarter deck 2.

Quarter deck 2

2 à 3 glaçons,
2,5 cl de rhum de la Jamaïque,
1 cl de whisky,
1,5 cl de dry xérès,
1 à 2 cuillers à café de sirop de sucre,
1 trait d'orange bitter.

Mettre tous les ingrédients, dans l'ordre indiqué, dans le shaker. Bien secouer et passer dans un verre à cocktail.

Queen bee

2 à 3 glaçons,
3 cl de liqueur de prunelle (sloe gin),
2 cl de curaçao orange,
1 trait d'anisette.

Vous pourrez servir ce cocktail à base de liqueur en digestif, après un bon dîner. Il ne fait aucun doute qu'il déclenchera l'enthousiasme, et pas seulement auprès de la reine des abeilles – Queen Bee.
Mettre la glace, le gin, le curaçao et l'anisette dans le shaker. Bien secouer et passer dans un verre à cocktail.

Queen Elisabeth

2 à 3 glaçons,
2,5 cl de gin,
1,5 cl de jus de citron,
1 cl de Cointreau,
1 trait de Pernod,
1 cerise à cocktail avec la queue.

Ce drink rafraîchissant est une autre version du White Lady.
Mettre la glace, le gin, le jus de citron, le Cointreau et le Pernod dans le shaker. Bien

De gauche à droite: Queen bee, Queen Elisabeth, Queen Mary.

secouer et passer dans un verre à cocktail. Décorer avec la cerise. Servir avec un petit bâtonnet pour la cerise.

Queen Mary

2 à 3 glaçons,
2,5 cl d'eau-de-vie de vin,
2,5 cl de Cointreau,
1 trait de sirop de fraise,
1 trait d'anisette,
1 fraise.

Vous pourrez servir ce cocktail en digestif, après le dîner. Mettre la glace, l'eau-de-vie de vin, le Cointreau, le sirop de fraise et l'anisette, dans l'ordre indiqué, dans le shaker. Bien secouer et passer dans un verre à cocktail. Décorer avec la fraise. Servir avec bâtonnet et cuiller.

Queen's cocktail

2 cuillers à bouche de morceaux d'ananas,
2 à 3 glaçons,
2,5 cl de dry gin,
1,5 cl de vermouth bianco,
1 cl de vermouth dry français.

Le Quo Vadis est un bon stimulant préparé avec du gin, de la liqueur et une olive.

Mettre les morceaux d'ananas dans un verre à mélange et les écraser un peu à l'aide d'une longue cuiller. Ajouter la glace, le gin, le vermouth bianco et le vermouth dry. Bien remuer le tout. Passer le contenu dans un verre à cocktail.

Queen's peg

1 gros cube de glace,
2,5 cl de dry gin,
champagne frappé pour remplir le verre.

Même une reine ne resterait pas indifférente face à ce cocktail au champagne. Le nom de ce breuvage, en tous cas, le veut ainsi. Et il est aussi bon qu'il en a l'air.
Mettre la glace dans un grand verre à vin. Verser le gin par-dessus et compléter avec le champagne frappé.

Quo Vadis cocktail

2 à 3 glaçons,
2,5 cl de dry gin,
2,5 cl de Chartreuse verte,
1 trait de Bénédictine,
1 trait de liqueur d'orange,
1 olive.

Mettre la glace, le gin, la Chartreuse verte, la Bénédictine et la liqueur d'orange dans le shaker. Secouer énergiquement quelques secondes. Passer dans un verre à cocktail et garnir d'une olive.

R

Rabbit's revenge

2 à 3 glaçons,
3 cl de bourbon,
2 cl de jus d'ananas,
2 à 3 traits de grenadine,
tonic water pour remplir le verre,
1 tranche d'orange pour décorer.

Mettre la glace, le bourbon, le jus d'ananas et la grenadine dans le shaker. Bien secouer et verser dans un gobelet ou un petit verre à anse. Compléter avec le tonic water. Ficher une tranche d'orange sur le bord du verre pour décorer et servir avec une paille.

Ramona cocktail

cf photo page 166

2 à 3 glaçons,
2,5 cl de dry gin,
2,5 cl de jus de citron,
2 traits de grenadine,
quelques feuilles de menthe hachées grossièrement.

Qui donc ne se souvient pas du tube «Ramona»? Peut-être ce drink deviendra-t-il votre «tube préféré»?
Mettre tous les ingrédients, dans l'ordre indiqué, dans le shaker. Bien secouer et passer dans un verre à cocktail.

Ramona fizz

cf photo page 161

2 à 3 glaçons,
5 cl de jus de citron,
5 cl de rhum,
2,5 cl de curaçao orange,
2 cuillers à café de sucre,
eau de Seltz pour remplir le verre,
1 rondelle de citron.

Piler grossièrement la glace. La mettre dans le shaker avec le jus de citron, le rhum, le curaçao orange et le sucre. Envelopper le shaker dans une serviette et le secouer énergiquement quelques secondes. Passer le contenu dans un grand gobelet et compléter avec l'eau de Seltz.

Ray Long

3 glaçons,
2 cl d'eau-de-vie de vin,
3 cl de vermouth bianco,
4 traits de Pernod,
1 trait d'angostura.

Mettre la glace, l'eau-de-vie de vin, le vermouth, le Per-

Pour gâter vos amis: le Ray Long.

Le Rabbit's revenge est un long drink intéressant préparé avec du whisky, du jus d'ananas , de la grenadine et du tonic.

nod et l'angostura dans un verre à mélange. Bien remuer tous les ingrédients avec une longue cuiller. Passer dans un gobelet moyen et servir aussitôt.

Raymond Hitchcocktail

3 glaçons,
8 cl de vermouth bianco,
le jus d'un demi orange,
1 trait d'orange bitter,
1 tranche d'ananas.

Ce drink sera si vite préparé que vous pourrez même le faire tout en regardant un film d'Hitchcock, vous ne perdrez rien de l'action. Mettre la glace, le vermouth, le jus d'orange et l'orange bitter dans un verre à mélange. Remuer, puis passer dans un grand gobelet. Garnir d'une tranche d'ananas et servir avec une cuiller.

Le Raymond Hitchcocktail.

Red kiss

2 à 3 glaçons,
3 cl de vermouth dry français,
1 cl de gin,
1 cl de cherry-brandy,
1 spirale de zeste de citron.

Le Baiser Rouge – en français – sera certainement un apéritif apprécié.
Mettre la glace, le vermouth, le gin et le cherry brandy dans un verre à mélange et bien remuer le tout avec une longue cuiller. Passer dans un verre à cocktail, garnir de la spirale de zeste de citron et servir.

Red rose

1 pot de yaourt (175 g),
1/8 l de jus de tomate,
2 cuiller à café d'herbes passées à la moulinette (ciboulette, persil et fenouil sauvage),
1 pincée de sel et 1 pincée de sucre.

Le Red rose prouve, une fois de plus, que les spécialités lactées des Balkans peuvent toujours renouveler le régimes amaigrissants, afin de les rendre moins rébarbatifs.
Passer tous les ingrédients au mixer et servir dans un grand gobelet.

1 rondelle de citron.

Comme pour la plupart des cocktails à base de rhum, il est conseillé d'utiliser un rhum léger pour la préparation de ce drink, le rhum de la Jamaïque étant généralement trop fort. Rhums de Cuba et rhums blancs sont donc recommandés.
Mettre la glace, le rhum, la grenadine et les épices dans le shaker. Bien secouer le tout quelques secondes. Passer dans un verre à cocktail et décorer avec la rondelle de citron.

Red tonic

3 cl de grenadine,
3 cl de vodka,
1 cl de jus de citron,
1 glaçon,
1 rondelle de citron,
tonic water.

Ce long drink rafraîchissant se prépare très rapidement et, en outre, il a un goût exquis. Mettre la grenadine, la vodka et le jus de citron dans un

Le Ramona fizz (derrière) et le Ramona cocktail (devant). On peut voir ce cocktail et le fizz dans n'importe quelle réception.

Red shadow

2 à 3 glaçons,
3 traits de jus de citron,
1 cl d'abricot brandy,
1 cl de cherry brandy,
3 cl de whisky

Mettre la glace, le jus de citron, l'abricot brandy, le cherry brandy et le whisky dans le shaker. Secouer énergiquement et passer dans un verre à cocktail.

Red skin

2 à 3 glaçons,
5 cl de rhum,
2 cuillers à café de grenadine,
1 pincée de poivre, de cannelle et de muscade,

Le Red Tonic quand il fait très chaud.

161

Un Red shadow est toujours bienvenu après le repas.

Le Red skin est un drink à base de rhum, fort mais plein d'arôme.

verre à mélange et bien remuer avec une longue cuiller. Passer dans une coupe. Ajouter le glaçon et la rondelle de citron et compléter par le tonic water. Servir avec une paille.

Rêve ananas

Pour 4 personnes

---

4 tranches d'ananas en boîte,
2 cuillers à bouche de miel,
moelle extraite d'un demi bâton de vanille,
½ l de lait,
⅛ l de crème fraîche,
1 cuiller à bouche de sucre,
2 cuillers à café de marasquin,
2 cuillers à café de croquant concassé pour saupoudrer.

Passer les tranches d'ananas au mixer; puis ajouter le miel, la vanille et le lait et remuer

Une boisson exquise qui peut tout à fait remplacer un dessert. Le Rêve ananas sucré au miel et surmonté d'un gros chapeau de crème.

rapidement. Répartir dans 4 verres. Battre la crème avec le sucre et mélanger délicatement la crème Chantilly obtenue avec le marasquin. Décorer avec la crème et la saupoudrer avec le croquant.

Rêve de marasque

20 cl de babeurre,
4 cuillers à café de cacao en poudre instantané,
4 cl de marasquin.

Les boissons à base de babeurre ont beaucoup d'amateurs, qui se font, par ailleurs, de plus en plus nombreux dès l'arrivée de l'été.
Passer tous les ingrédients au mixer et servir dans une grande coupe ou un grand gobelet.

Review

1 à 2 demi-prunes surgelées,
2,5 cl d'abricot brandy,
2,5 cl de jus de citron,
1 cl de cognac,
champagne frappé pour remplir le verre.

Mettre les prunes, l'abricot brandy, le jus de citron et le cognac dans le shaker. Bien secouer et passer le contenu dans une coupe. Compléter par le champagne.

Reviver

2 à 3 glaçons,
5 cl de sirop de framboise,
2,5 cl d'eau-de-vie de vin,
lait froid pour remplir le verre.

Mettre la glace, le sirop de framboise et l'eau-de-vie de vin dans un grand gobelet. Compléter avec le lait, bien remuer et servir avec une paille.

Le Rhett Buttler.

Rhett buttler

2 à 3 glaçons,
4 cl de liqueur de whisky à la pêche,
1 cuiller à café de jus de limette,
1 cuiller à café de jus de citron,
2 cuillers à café de curaçao,
1 cuiller à café de sucre en poudre.

Souvenez-vous du roman «Autant en emporte le vent».

Le héros de Margaret Mitchell, Rhett Buttler, a donné son nom à ce drink.
Mettre la glace et tous les ingrédients dans l'ordre indiqué, dans le shaker. Secouer énergiquement quelques secondes, puis passer dans un grand verre à cocktail.

Rhum Alexander

2 à 3 glaçons,
2 cl de crème de cacao blanche,
1,5 cl de rhum blanc,
1,5 cl de crème fraîche.

Mettre dans le shaker tous les ingrédients dans l'ordre indiqué. Bien secouer et passer dans un verre à cocktail. Servir aussitôt.

En haut: Rhum cobbler. En bas à gauche: Rhum sour. En bas à droite: Rhum Alexander. Le rhum stimule toujours l'imagination de celui qui prépare les boissons.

Rhum cobbler

3 à 4 glaçons,
1 cuiller à café de marasquin,
1 cuiller à café de grenadine
1 tranche d'orange,
1 rondelle de limette,
2 cerises à cocktail,
1 cuiller à bouche de morceaux d'ananas,
1 à 2 fraises,
rhum.

Piler finement la glace et en remplir une grande coupe à moitié. Verser le marasquin et la grenadine par-dessus. Décorer avec les fruits et compléter avec le rhum. Servir avec paille et cuiller.

Rhum flip

3 à 4 glaçons,
2,5 cl de rhum,
2,5 cl de thé fort et froid,
2 cuillers à café de curaçao orange,
2 à 3 cuillers à café de sirop de sucre,
1 jaune d'œuf.

Mettre la glace et tous les ingrédients dans le shaker. Secouer énergiquement quelques secondes, puis passer dans une coupe à champagne ou dans un grand gobelet. Servir avec une paille.

Buvez un Rickey quand le whisky est trop fort.

Rhum sour

2 à 3 glaçons,
1 cuiller à café de sirop de sucre,
le jus d'un citron,
4 cl de rhum,
2 cerises à cocktail pour décorer.

Mettre la glace, le sirop de sucre, le jus de citron et le rhum dans le shaker. Bien secouer et passer le contenu dans un petit gobelet. Décorer avec les cerises. Servir avec un bâtonnet.

Rickey

1 petit citron,
5 cl de whisky,
eau de Seltz pour remplir le verre.

Le Ritz Cocktail.

Le Rocky Mountains.

Ritz Macka

3 à 4 glaçons,
2 cl de vermouth dry français,
1,5 cl de vermouth rosso,
1,5 cl de vodka,
1 trait de liqueur de cassis,
1 trait de liqueur de cerise.

Piler finement la glace et en remplir à moitié un petit gobelet. Verser le vermouth dry, le vermouth rosso et la vodka par-dessus. Puis ajouter un trait de liqueur de cassis et un trait de liqueur de cerise. Bien remuer à l'aide d'une longue cuiller et servir avec une paille.

Couper le citron en deux parties égales qu'on mettra dans un grand gobelet. Extraire le jus en pressant avec une longue cuiller. Verser le whisky, puis compléter avec l'eau de Seltz. Servir avec une longue cuiller.

Ritz cocktail

2 à 3 glaçons,
1,5 cl de jus d'orange,
1 cl de Cointreau,
2,5 cl de cognac,
champagne frappé pour remplir le verre.

Ce cocktail porte le nom du célèbre hôtelier suisse César Ritz (1850-1918) qui construisit son premier hôtel de luxe, le Ritz, Place Vendôme à Paris.
Mettre la glace, le jus d'orange, le Cointreau et le cognac dans le shaker. Secouer énergiquement. Passer le contenu dans une coupe et compléter par le champagne.

Un cocktail au nom célèbre: Le Rolls Royce.

Rose cocktail

le jus d'un demi citron,
2 cuillers à bouche de sucre,
3 glaçons,
1 trait de grenadine,
1 cl de jus de citron sans la pulpe,
1 cl d'abricot brandy,
1 cl de vermouth dry français,
3 cl de gin,
1 cerise à cocktail.

Mettre la glace dans un verre à mélange. Ajouter la grenadine, le jus de citron, l'abricot brandy, le vermouth et le gin. Remuer avec une longue cuiller. Passer dans un verre à cocktail. Garnir d'une cerise. Servir avec un bâtonnet.

Royal Bermuda

cf photo page 168

2 à 3 glaçons,
3 cl de rhum blanc,
2 cl de jus de citron,
1 trait de Cointreau,
1 trait de sirop de sucre.

Vous pourrez aussi servir ce drink en rafraîchissement entre les repas.
Mettre la glace et tous les ingrédients dans le shaker. Secouer énergiquement quelques secondes. Passer dans un verre à cocktail.

Le Rose cocktail vous permettra de surprendre agréablement vos amis les plus exigeants.

Rocky Mountains punch

2 à 3 glaçons,
2,5 cl de rhum,
1,5 cl de jus de citron,
1 cl de marasquin,
2 à 3 cubes d'ananas,
2 à 3 fraises,
1 à 2 cerises,
champagne pour remplir le verre.

Mettre la glace, le rhum, le jus de citron et le marasquin dans le shaker. Secouer énergiquement quelques secondes, puis passer dans un verre à punch. Décorer avec les cubes d'ananas, les fraises et les cerises. Servir avec paille et cuiller.

Rolls Royce

2 à 3 glaçons,
2,5 cl de gin,
1,5 cl de vermouth dry français,
1 cl de vermouth bianco,
1 à 2 traits de Bénédictine,
1 cerise à cocktail.

Ce drink convient tout à fait en apéritif.
Mettre tous les ingrédients dans l'ordre indiqué, dans un verre à mélange. Bien remuer et passer dans un verre à cocktail. Décorer avec la cerise et servir avec un bâtonnet.

Royal drink

cf photo page 168

1 cuiller à bouche de petits morceaux d'ananas en conserve,
1 à 2 cuillers à bouche de glace pilée,
1 cuiller à café de curaçao orange,
1 cuiller à café de vin blanc,

Frais et fruité, c'est le Ruby fizz.

1 cuiller à bouche de fraises, champagne pour remplir le verre.

_____

Mettre les morceaux d'ananas dans un verre. Ajouter la glace, le curaçao orange et le vin blanc par-dessus. Remuer avec une longue cuiller. Ajouter délicatement les fraises. Compléter par le champagne et servir avec paille et cuiller.

Royal fizz

_____

2 à 3 glaçons,
4 cl de gin,
4 cl de framboise,
jus d'une orange,
jus de deux citrons verts,
eau de Seltz pour remplir le verre.

_____

Mettre la glace et tous les ingrédients, excepté l'eau de

Royal fizz (à gauche), Royal drink (au fond), Royal Bermuda (à droite). Ces drinks royaux font honneur à leur nom.

l'eau de Seltz. Envelopper le shaker dans une serviette et le secouer énergiquement 1 à 2 minutes. Passer le contenu dans un grand gobelet ou une grande coupe et compléter à volonté avec l'eau de Seltz.

Rye cocktail

2 à 3 glaçons,
5 cl de rye,
2 traits d'angostura,
2 à 3 traits de grenadine,
1 cerise à cocktail.

Mettre la glace et tous les ingrédients, excepté la cerise, dans un verre à mélange. Bien remuer à l'aide d'une longue cuiller et passer dans un verre à cocktail. Ajouter la cerise dans le verre et servir avec un bâtonnet.

Rye daisy

3 à 4 glaçons,
1 cuiller à café de sirop de sucre,
1 cl de jus de citron,
2 cl de Chartreuse jaune,
4 cl de rye,
eau de Seltz pour remplir le verre,
1 cuiller à bouche de morceaux de pêche ou d'un autre fruit.

Mettre la glace dans le shaker. Ajouter le sirop de sucre, le jus de citron, la Chartreuse jaune et le rye. Bien secouer le shaker, passer le contenu dans un verre à cocktail et compléter avec l'eau de Seltz. Décorer avec les fruits et servir avec paille et cuiller.

Rye punch

4 à 5 glaçons,
2 cuillers à café de jus de citron,
4 cuillers à café de sucre,
8 cl de rye,
1 tranche d'orange.

Piler finement la glace et la mettre dans le shaker. Ajouter tous les ingrédients, excepté la tranche d'orange. Bien secouer et verser dans un grand gobelet. Décorer avec la tranche d'orange. Servir avec une paille.

Seltz, dans le shaker. Secouer énergiquement quelques secondes. Passer dans un grand gobelet. Compléter avec l'eau de Seltz.

Ruby fizz

cf photo page 167

2 à 3 glaçons,
8 cl de liqueur de prunelle (sloe gin),
2 cuillers à café de sirop de framboise,
1 blanc d'œuf,
le jus d'un demi citron,
eau de Seltz pour remplir le verre.

Concasser la glace et la mettre dans le shaker. Ajouter tous les ingrédients, excepté

Rye punch (au fond), Rye cocktail (à droite), Rye daisy (à gauche). Le rye donne aux cocktails, contrairement au bourbon, un goût un peu âpre.

168

S

Saké spécial

2 à 3 glaçons,
2 traits d'angostura,
2,5 cl de saké,
7,5 cl de gin.

Refroidir d'abord un grand verre à cocktail en le mettant 5 minutes dans le comparti-ment à glace du réfrigérateur. Mettre les glaçons dans un grand gobelet, ajouter les autres ingrédients, puis bien remuer à l'aide d'une longue cuiller. Passer ensuite ce mélange dans le verre à cocktail.

Samba eggnog

2 à 3 glaçons,
2 cuillers à café de sirop de sucre,
2 jaunes d'œuf,
5 cl de porto,
1,5 cl de rhum,
1,5 cl de cherry brandy,
5 cl de lait.

Mettre tous les ingrédients, dans l'ordre indiqué, dans le shaker. Secouer énergiquement quelques secondes, puis passer dans un grand gobelet ou une grande coupe. Servir aussitôt avec une paille.

La Sangria éveille de beaux souvenirs comme, par exemple, des

Un peu de noix muscade adoucira le goût du Samba eggnog.

Le Saké spécial est un apéritif exotique et très fin.

vacances passées en Espagne.

Sangaree au brandy

5 cl d'eau-de-vie de vin,
2 cl de sirop de sucre,
thé froid ou eau de Seltz
pour remplir le verre,
noix muscade.

Mettre l'eau-de-vie de vin et le sirop de sucre dans le shaker et secouer fortement. Verser le contenu du shaker dans un gobelet moyen. Compléter avec le thé ou l'eau de Seltz. Râper un peu de noix muscade par-dessus.

Sang de Cosaque

⅛ l de café sucré,
⅛ l de vin rouge,
2 cl de vodka.

Ce mélange réchauffe les pieds et donne de l'ardeur aux danseurs.
Mettre le café et le vin rouge dans une casserole et faire frémir. Verser dans des verres à anse résistants à la chaleur, puis ajouter la vodka.

Sangria

Pour 4 à 6 personnes

3 pêches,

Un gray au café qui réchauffe les tempéraments: le Sang de Cosaque.

50 g de sucre,
5 cl d'eau-de-vie de vin,
1 l et demi de vin rouge,
1 bâton de cannelle,
30 g de fleurs de muscade,
1 spirale de zeste de citron.

La Sangria compte parmi les vins aromatisés les plus connus. Beaucoup de touristes passant leurs vacances en Espagne reviennent chez eux avec, dans leurs valises, la recette spéciale de la Sangria.

Éplucher les pêches, les couper en deux, et enlever le noyau. Les couper en fines lamelles et les mettre dans un bol à punch avec le sucre et l'eau-de-vie de vin. Mettre, dans un autre récipient, le vin rouge, le bâton de cannelle, les fleurs de muscade et la spirale de zeste de citron. Couvrir et faire macérer deux heures. Passer, puis verser sur les pêches. Servir bien frais et avec une cuiller.

Le Satan's whiskers-straight est un apéritif à base de gin.

Un drink séduisant au nom célèbre: le Scarlett O'Hara.

Sangria sling

2 à 3 glaçons,
2,5 cl de tequila,
1 cl de sangria.

Ce drink se prépare directement dans le verre. C'est un stimulant, très vite préparé. Mettre tous les ingrédients dans un petit gobelet. Bien remuer à l'aide d'une longue cuiller et servir aussitôt.

Santé

2 carottes,
¼ l de babeurre,
1 pincée de sel,
1 pincée de sucre.

Voici une boisson pour l'été conseillé particulièrement aux petits gosiers déséchés des enfants.
Laver les carottes et les passer au mixer avec les autres ingrédients. Servir dans un grand gobelet bien frais.
À défaut de carottes fraîches, on peut aussi utiliser ⅛ l de jus de carottes frais. La boisson aura ainsi un arôme plus prononcé.

Saratoga

2 à 3 glaçons,
1 trait de marasquin,

1 trait d'orange bitter,
1 cuiller à café de jus d'ananas,
5 cl de cognac,
champagne pour remplir le verre,
2 à 3 fraises.

En goûtant le Saratoga, vous comprendrez pourquoi les cocktails au champagne sont de plus en plus appréciés. Laissez ce cocktail stimuler votre imagination pour la préparation d'autres cocktails au champagne.
Mettre la glace dans le shaker avec tous les ingrédients, excepté le champagne et les fraises. Bien secouer, passer dans une coupe à champagne, puis compléter avec le champagne. Ajouter les fraises et servir avec un bâtonnet.

Saratoga fizz

2 à 3 glaçons,
1,5 à 2 cl de jus de citron passé,

2 cuillers à café de jus de limette,
2 cuillers à café de sucre,
5 cl de bourbon,
1 blanc d'œuf,
1 cerise à cocktail,
eau de Seltz pour remplir le verre.

Concasser la glace et la mettre dans le shaker. Ajouter tous les autres ingrédients, excepté la cerise. Envelopper le shaker dans une serviette et secouer énergiquement 1 à 2 minutes. Passer le contenu dans un grand gobelet et ajouter la cerise. Compléter avec l'eau de Seltz.

Satan's whiskers-straight

2 à 3 glaçons,
1 cuiller à café de liqueur d'orange,

Le Saratoga: voici un cocktail au champagne délicieux.

1 cuiller à café d'orange bitter,
1 cl de jus d'orange,
1 cl de vermouth dry français,
1 cl de vermouth bianco,
1 cl de dry gin.

Ce cocktail à base de gin vous plaira certainement. Mettre tous les ingrédients dans un verre à mélange, bien remuer avec une longue cuiller et passer dans un verre à cocktail.

Scarlett O'Hara

4 cl de southern comfort (liqueur de whisky à l'arôme de pêche),
4 cl de jus d'airelles,
2 à 3 cuillers à café de jus de limette.

Mettre tous les ingrédients dans un verre à mélange. Bien remuer à l'aide d'une longue cuiller. Passer le contenu du shaker dans un verre à cocktail.

Scotch cooler

3 à 4 glaçons,
2,5 cl de jus de citron,
5 cl de scotch,
1 cuiller à café de sirop de sucre ou de sucre en poudre,
ginger ale glacé.

Tout comme les fizz, les coolers doivent être servis glacés. Piler grossièrement la glace et la mettre dans le shaker. Ajouter tous les autres ingrédients, sauf le ginger ale. Envelopper le shaker dans une serviette et bien le secouer. Passer son contenu dans un gobelet moyen. Compléter par le ginger ale et servir avec une paille.

Screw Driver

cf photo page 174

2 à 3 glaçons,
2,5 cl de vodka,
7,5 cl de jus d'orange.

Vous avez certainement déjà bu ce long drink.
Mettre tous les ingrédients dans un verre à mélange. Bien remuer à l'aide d'une longue cuiller car la boisson doit être très froide. Passer le drink dans un gobelet moyen.

Soyez généreux avec le sucre dans la préparation du Saratoga fizz.

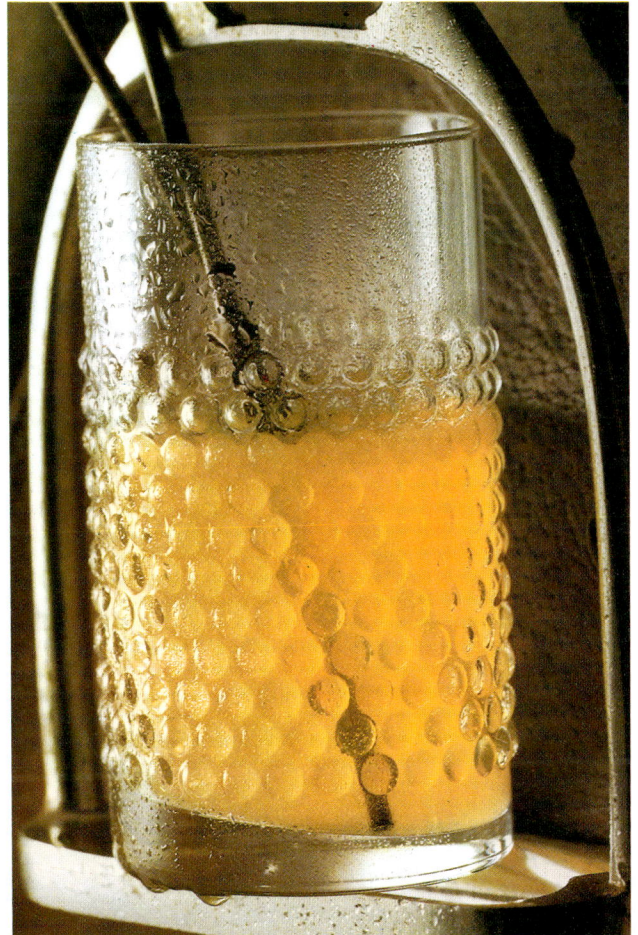

Le Scotch cooler est presque un long drink doux au whisky.

173

Attention au Screw Driver! La vodka est très forte.

Le Shake à la fraise pour une fête enfantine.

Shake à la fraise

2 cuillers à bouche bien pleines de fraises fraîches,
⅛ l de lait,
3 cuillers à café de sucre en poudre,
1 cuiller à bouche bien pleine de glace à la fraise,
1 cuiller à bouche de crème Chantilly.

Laver les fraises et les équeuter. Passer au mixer tous les ingrédients, excepté la crème Chantilly et 2 fraises. Verser le contenu du mixer dans une coupe et garnir d'une dôme de crème Chantilly. Décorer avec les fraises et servir avec paille et cuiller. Si on remplace le lait frais par la même quantité de babeurre et que l'on utilise du sucre vanillé, cette boisson est alors exquise.

Shake au gingembre

2 cl de sirop de gingembre,
1 cuiller à bouche bien pleine de glace à la vanille,
⅛ l de lait froid.

Passer tous les ingrédients au mixer et servir bien frais dans un gobelet.

Shake aux noix et au malt

1 cuiller à bouche bien pleine de glace à la vanille,
1 cuiller à café de pâte de noix sucrée,
1 cuiller à café de poudre de malt,
½ cuiller à café de sirop de caramel,
⅛ l de lait.

Passer tous les ingrédients au mixer et servir dans un grand verre avec une paille.

Shake caramel

2 cl de sirop de caramel,
1 cuiller à bouche bien pleine de glace à la vanille,
⅛ l de lait,

174

Voici deux drinks qui peuvent aussi servir de dessert: Shake aux noix et au malt (à gauche) et ICS aux noix (à droite; recette page 94).

Mettre les trois glaçons dans un verre à cocktail. Ajouter la Bénédictine, le vermouth et le whisky. Remuer à l'aide d'une cuiller à mélange, passer le contenu du shaker dans un gobelet. Aromatiser le cocktail de quelques gouttes d'essence de citron en pressant le zeste entre le pouce et l'index. Garnir d'une cerise et servir avec un bâtonnet et une paille.

Sheraton daïquiri

le jus d'un demi citron,
2 cuillers à café de sucre,
2 à 3 glaçons,
5 cl de jus de citron vert,
3,5 cl de rhum blanc,
1,5 cl de liqueur d'abricot.

Givrer d'abord le verre en trempant le bord d'un grand verre à cocktail dans le jus de citron, puis dans le sucre après avoir laissé un peu égoutter. Remettre le verre à l'endroit et laisser sécher le bord givré.
Mettre la glace et tous les ingrédients dans le shaker, le secouer énergiquement quelques secondes, puis passer son contenu dans le verre givré et servir très frais.

Sidecar

cf photo page 176

2 à 3 glaçons,
1,5 cl de jus de citron,
1 cl de Cointreau,
2,5 cl d'eau-de-vie de vin,
1 cerise à cocktail.

Mettre la glace, le jus de citron, le Cointreau et l'eau-de-vie de vin dans le shaker. Bien secouer le tout énergiquement quelques secondes, puis passer dans un verre à cocktail. Garnir d'une cerise et servir avec un bâtonnet.

2 cuillers à bouche de crème Chantilly.

Mélanger le sirop de caramel, la glace à la vanille et le lait dans le verre à mélange. Verser dans un gobelet. Décorer d'un dôme de crème Chantilly et servir avec paille et cuiller.

Shake cassis

2 cuillers à bouche bien pleines de cassis,
2 cuillers à café de sucre en poudre,
1 cuiller à bouche de glace à la vanille,
⅛ l de lait froid.

À défaut de baies de cassis fraîches, on pourra utiliser du sirop de cassis, de la confiture ou de la gelée.
Passer tous les ingrédients au mixer et servir avec une paille dans un gobelet moyen.

Shake Citron-Yaourt

cf photo page 176

175 g de yaourt maigre bien frais,
zeste râpé et jus d'un demi à un citron,
1 à 2 cuillers à café de miel,
1 jaune d'œuf,
1 rondelle de citron.

Passer soigneusement au mixer tous les ingrédients, excepté la rondelle de citron. Verser dans un grand gobelet et décorer selon le goût avec une rondelle de citron. Servir avec une paille.

Sheepshead cocktail

cf photo page 176

3 glaçons,
1 cuiller à café de Bénédictine,
1,5 cl de vermouth rosso,
3,5 cl de bourbon,
1 zeste de citron,
1 cerise à cocktail.

Avec le Shake Citron-Yaourt, la cure d'amaigrissement devient un véritable plaisir.

Le Sheepshead est un Manhattan amélioré avec de la Bénédictine.

Cointreau et eau-de-vie de vin donnent un Sidecar.

Sillabub

Pour 4 à 6 personnes

¾ l de vin blanc sec,
¼ l de crème fraîche sucrée,
100 g de sucre,
1 cuiller à bouche de jus de citron.

Le Sillabub est tout aussi délicieux comme dessert. Mélanger tous les ingrédients et placer une heure au réfrigérateur. Passer, ensuite, au mixer. Verser dans des coupes et servir très frais.

Sink or swim

2 à 3 glaçons,
4 cl d'eau-de-vie de vin,
1 cl de vermouth blanc,
1 trait d'angostura.

Mettre la glace, l'eau-de-vie de vin, le vermouth et l'angostura dans un verre à mélange. Bien remuer à l'aide d'une longue cuiller à mélange et passer dans un verre à cocktail.

que, Esther, vient d'Israel: il s'agit du sabra qui est une liqueur à l'arôme d'orange et de chocolat. Son degré d'alcool est de 30%.

Mettre la glace, le jus d'orange, le sabra et l'eau-de-vie de vin dans le shaker. Secouer énergiquement quelques secondes. Puis, passer le contenu du shaker dans un petit gobelet et ajouter 1 ou 2 cubes de glace. Servir avec une paille.

Le Snowball est très bien considéré car il désaltère les assoiffés sur le champ.

Snowball

4 cuillers à bouche de glace pilée,

Sir Ridgeway knight

2 à 3 glaçons,
3 cl d'eau-de-vie de vin,
3 cl de curaçao triple sec,
3 cl de Chartreuse jaune,
2 traits d'angostura.

Mettre tous les ingrédients dans le shaker. Bien secouer, puis passer dans un grand verre à cocktail ou un verre ballon.

Sleepy head

4 cl d'eau-de-vie de vin,
1 spirale d'écorce d'orange ou 1 cuiller à café d'écorce râpée,
1 à 2 glaçons,
1 brin de menthe fraîche,
ginger ale bien frais pour remplir le verre.

Mettre l'eau-de-vie de vin dans une grande coupe ou un grand gobelet. Ajouter la spirale d'écorce d'orange ou l'écorce râpée, ainsi que les glaçons. Broyer légèrement quatre feuilles de menthe et décorer avec le brin de men-

the en le mettant dans le verre. Compléter avec le ginger ale, puis servir avec paille et cuiller.

Sliwowitz cocktail

2 à 3 glaçons,
2 cl de sliwowitz,
1,5 cl de café froid et fort,
1,5 cl de crème fraîche liquide,
1 pincée de café soluble.

Mettre la glace, le sliwowitz, le café et la crème dans le shaker. Secouer énergiquement quelques secondes, passer dans un verre à cocktail et saupoudrer de café soluble.

Smiling Esther

2 à 3 glaçons,
2,5 cl de jus d'orange,
5 cl de sabra,
2,5 cl d'eau-de-vie de vin,
1 à 2 gros cubes de glace.

L'ingrédient essentiel de ce cocktail au joli nom hébraï-

Buvez un Smiling Esther lorsque vous perdez le sourire.

Une boisson pour tous les jours: le Sol y sombra.

5 cl de jus de citron,
2 cuillers à café de sucre,
5 cl de whisky,
ginger ale pour remplir le verre.

Mettre la glace, le jus de citron, le sucre et le whisky dans le shaker. Secouer énergiquement et passer dans un grand gobelet. Compléter avec le ginger ale. Servir avec une paille.

Le Sorbet ananas rafraîchit et stimule.

Sol y sombra

3 à 4 glaçons,
1,5 cl de jus de citron passé,
3,5 cl d'anisette blanche,
5 à 10 cl environ d'eau de Seltz.

Remplir un grand gobelet de glace finement pilée. Verser le jus de citron et l'anisette par-dessus. Bien remuer à l'aide d'une longue cuiller. Compléter avec l'eau de Seltz et servir avec une paille.

Sorbet ananas

2 cuillers à bouche bien pleines de glace à la vanille,
1 cuiller et demie à bouche d'ananas coupé en dés,
2 cl de curaçao ou de marasquin,
champagne ou mousseux.

Mettre la glace à la vanille dans une coupe à sorbet ou dans un verre ballon. Décorer avec les dés d'ananas. Ajouter le curaçao ou le ma-rasquin et remplir de mousseux. Servir avec paille et cuiller.

Sorbet ananas fraise

cf photo page 73

1 cl de sirop de fraise,
1 cuiller à bouche de purée de fraises fraîches sucrées,
2 cuillers à bouche de lait concentré,
1 cuiller à bouche de glace à la fraise,
1 cl de sirop d'ananas,
1 cuiller à bouche d'ananas râpé en conserve,
2 cuillers à bouche de lait concentré,
1 cuiller à bouche de glace à la vanille,
eau de Seltz,
2 cuillers à bouche de crème Chantilly,
1 cuiller à bouche d'ananas râpé,
1 grosse fraise.

Voici un magnifique sorbet pour petits et grands. Mettre tous les ingrédients, successivement et dans l'ordre de la recette, dans un grand verre. L'eau de Seltz doit juste recouvrir la dernière couche de glace. Surmonter d'un dôme de crème Chantilly. Disposer l'ananas râpé tout autour et mettre la fraise au milieu. Servir aussitôt.
Les sorbets peuvent se préparer à partir de toutes sortes de fruits. Ne pas décorer avec des pommes, des poires, des citrons, des oranges et des raisins.

Sorbet fruits

2 cuillers à café de glace à la vanille,
4 cl de vermouth dry français,
eau de Seltz,
2 à 4 cuillers à café de fruits sucrés: fraises fraîches, framboises, morceaux d'ananas en conserve, éventuellement petites rondelles d'orange.

Les sorbets sont, parmi les boissons glacées, celles qui sont de tradition la plus ancienne.
Remplir un grand verre, au tiers environ, de glace; verser le vermouth par-dessus et compléter avec l'eau de Seltz. Ajouter les fruits et servir avec paille et cuiller. On peut remplacer l'eau de Seltz par du champagne.

Sorbet orange

2 cuillers à bouche bien pleines de glace à l'orange,
2 cuillers à café d'orange bitter,
champagne pour remplir le verre,
1 cerise à cocktail.

Les sorbets sont les boissons glacées les plus anciennes. En outre, ils font partie des boissons préférées des Orientaux et, si on leur ajoute de la liqueur, ils peuvent aussi être très alcoolisés.
Mettre la glace à l'orange dans une coupe à champagne. Ajouter l'orange bitter et compléter avec le champagne. Ajouter la cerise dans la coupe. Servir avec paille et cuiller comme pour la plupart des sorbets.

Sorbet yaourt

175 g de yaourt,
1/8 l de jus de pomme,
2 cuillers à café de miel,
1 doigt à café de citron passé.

Le Sorbet orange, c'est un drink délicieux avec de la glace aux fruits et du champagne.

Frais comme le petit matin, c'est le Spécial fizz.

Special fizz

3 glaçons,
3 cl de whisky,
le jus d'un demi citron,
1 trait d'angostura,
1 cuiller à café de sucre,
eau de Seltz.

Piler grossièrement la glace et la mettre dans le shaker. Verser le whisky, le jus de citron, l'angostura et le sucre par-dessus. Envelopper le shaker dans une serviette et bien secouer. Passer le contenu du shaker dans un grand gobelet et compléter avec l'eau de Seltz, à volonté. On peut, selon le goût, diminuer ou augmenter la quantité de jus de citron.

Sprint

2 à 3 glaçons,
1,5 cl d'eau-de-vie de vin,
1,5 cl de rhum,
1 cl de liqueur de moka,
1 cl de liqueur aux œufs,
1 pincée de noix muscade râpée.

Le Sprint qui est un digestif à base d'eau-de-vie de vin terminera avec succès un repas de fête.
Mettre tous les ingrédients, excepté la noix muscade râpée, dans le shaker. Secouer énergiquement quelques secondes, puis passer dans un verre à cocktail. Saupoudrer d'un peu de noix de muscade.

Ce sorbet yaourt, idéal pour garder la ligne, sera très vite préparé.
Mixer tous les ingrédients et servir avec une paille dans un gobelet moyen.

Soul kiss cocktail

2 à 3 glaçons,
1 cl de jus d'orange,
1 cl de Dubonnet,
1 cl de vermouth dry français,
2 cl de bourbon,
1 tranche d'orange,
1 écorce d'orange.

Mettre la glace, le jus d'orange, le Dubonnet, le vermouth dry, le whisky et la tranche d'orange dans le shaker. Secouer énergiquement quelques secondes, puis passer dans un verre à cocktail ou un gobelet. Aromatiser de quelques gouttes d'essence d'orange en pressant l'écorce entre le pouce et l'index, puis servir.

De la même manière qu'un sprint final dans une course, on sert le «Sprint» également à la fin d'un repas.

Sputnik

2 à 3 glaçons,
1,5 cl de bourbon,
1,5 cl d'eau-de-vie de vin,
2 cl de vodka,
Sangria pour remplir le verre,
1 pincée de poivre de Cayenne.

Le Sputnik apaisera aussi les effets des «lendemains difficiles».
Mettre la glace, le whisky, l'eau-de-vie de vin et la vodka dans le shaker. Bien secouer et passer dans un gobelet moyen. Compléter avec la sangria, saupoudrer de poivre de Cayenne et bien remuer le tout avec une longue cuiller à mélange.

Sputnik cocktail

2 à 3 glaçons,
7,5 cl de vodka,
2,5 cl de fernet branca,
½ cuiller à café de sucre,
1 cuiller à café de jus de citron,
1 à 2 glaçons éventuellement.

Le Sputnik cocktail (à gauche) et le Sputnik (à droite). Ces drinks au nom russe sont naturellement préparés à base de vodka.

S.P.S. Cocktail

(Super Prune de Susanne)

1 prune surgelée dénoyautée,
2 cl de rhum blanc,
2 cl de Chartreuse jaune,
1 cl de jus d'orange,

Couper la prune en petits morceaux et la mettre dans le shaker avec les autres ingrédients. Remuer soigneusement un bon moment. Passer dans un verre à cocktail.

Le Star Cocktail.

181

Le Stone fence est un long drink à base de whisky.

Mettre tous les ingrédients dans le shaker et bien secouer. Passer dans un grand verre à cocktail et ajouter, selon le goût, des glaçons.

Star cocktail

cf photo page 181

2 à 3 glaçons,
3 cl de calvados,
2 cl de vermouth dry français,
1 trait d'angostura,
1 zeste de citron,
1 olive.

Il est conseillé de servir ce cocktail en apéritif, avant le dîner. Mettre la glace, le calvados, le vermouth et l'angostura dans un verre à mélange. Bien remuer tous les ingrédients à l'aide d'une longue cuiller, puis passer dans un verre à cocktail. Aromatiser de quelques gouttes d'essence de citron en pressant le zeste entre le pouce et l'index. Mettre l'olive dans le verre et servir avec un bâtonnet.

Les fruits et le whisky se complètent parfaitement dans le Stromboli.

Stone fence

2 à 3 glaçons,
5 cl de whisky,
cidre pour remplir le verre,
1 spirale de peau de pomme.

Mettre la glace dans un gobelet moyen. Verser le whisky par-dessus. Compléter avec le cidre. Accrocher la spirale de peau de pomme sur le rebord du verre.

Stonehammer cocktail

2 à 3 glaçons,
1 cl d'eau-de-vie de vin,
1 cl de jus de citron,
1,5 cl de vermouth rosso,
1,5 cl de gin.

Il est conseillé d'être prudent avec le jus de citron dans la préparation de ce cocktail, car il risque facilement d'être trop acide. Augmenter plutôt la dose de vermouth rosso. Mettre la glace, l'eau-de-vie de vin, le jus de citron, le vermouth et le gin dans le sha-

ker. Secouer fortement et passer dans un verre à cocktail.

Stromboli

3 à 4 glaçons,
5 cl de bourbon,
1 cuiller à café de sirop de sucre,
3 traits d'angostura,
3 cerises à cocktail,
1 fine tranche d'orange,
1 fine rondelle de citron.

Le whisky et les fruits se marient bien et le Stromboli le prouve.
Mettre la glace, le whisky, le sirop de sucre et l'angostura dans un petit gobelet. Bien remuer tous les ingrédients à l'aide d'une longue cuiller à mélange. Garnir avec les cerises, la tranche d'orange et la rondelle de citron. Servir avec paille et cuiller.

Sumele

le jus d'un demi citron,
2 cuillers à bouche de sucre,
2 à 3 glaçons,
1 cl de bénédictine,
1,5 cl de rhum blanc,
1 cl de crème de cacao blanche,
1,5 cl de jus de citron.

Mettre le sucre dans une soucoupe et le jus de citron dans une autre. Tremper le bord d'un verre à cocktail dans le jus de citron, puis dans le sucre après avoir laissé un peu égoutter. Remettre le verre à l'endroit et laisser sécher «le givre». Mettre la glace et tous les ingrédients dans le shaker, secouer fort et passer le contenu dans un verre à cocktail.

Le Summer delight est un véritable plaisir quand il fait très chaud.

Le Summer fizz, la boisson idéale pour une fête d'enfants.

Summer delight

2 à 3 glaçons,
le jus passé d'un citron vert,
2,5 cl de sirop de framboise,
eau de Seltz,
1 rondelle de citron vert,
4 à 6 framboises.

Mettre les glaçons dans un grand verre et ajouter le jus de citron vert et le sirop de framboise. Remplir d'eau de Seltz et décorer avec les fruits. Remuer délicatement et servir avec une paille.

Summer fizz

Pour 8 à 10 personnes

12 brins de menthe fraîche,
1/8 l de jus de citron,
1/4 l d'eau chaude,
225 g de gelée de cassis,
1/8 l d'eau froide,
3/4 l de jus d'orange,
1 bloc de glace,
1 bouteille de ginger ale,
3 brins de menthe fraîche.

Enfants et adultes aimeront ce vin aromatisé. Broyer la menthe à l'aide d'une cuiller dans le shaker. Ajouter le jus de citron, l'eau chaude et la gelée de cassis. Lorsque la gelée est fondue, ajouter l'eau froide. Laisser refroidir puis verser dans un récipient. Ajouter le jus d'orange, remuer et mettre la glace de dans. Remplir de ginger ale et décorer avec la menthe juste avant de le servir.

Summer splitter

2 à 3 glaçons,
le jus passé d'un demi citron,
3 cl de sirop de sucre,
ginger ale.

Piler grossièrement la glace et la mettre dans un grand verre. Ajouter le jus de citron et le sirop de sucre. Selon le goût, compléter avec la ginger ale.

Sunrise

cf photo page 184-185

3 à 4 glaçons,
2,5 cl de jus de limette,
2,5 cl de grenadine,
5 cl de tequila,
eau de Seltz glacée pour remplir le verre,
1 rondelle de limette.

Concasser la glace. La passer au mixer pendant 20 minutes avec le jus de limette, la grenadine et le tequila. Passer dans un grand gobelet et compléter avec l'eau de Seltz. Ajouter les trois glaçons qui restent et décorer avec la rondelle de limette en la fichant sur le rebord du verre. Servir avec une paille.

Svenska Fan

cf photo page 41

3 cubes de glace,
1,5 cl de gin,
1,5 cl d'eau-de-vie de vin,
1,5 cl de cherry-brandy,
1 doigt d'orange bitter,
1 écorce d'orange.

Bien mélanger la glace avec le gin, l'eau de vie, le cherry brandy et l'orange bitter dans un grand verre. Verser le mélange dans un verre à cocktail et asperger avec l'écorce d'orange.

Sweet Lady cocktail

2 à 3 glaçons,
1,5 cl de brandy de pêche,

183

Le Swiss flip (au fond), Le Swiss Miss (droite): deux drinks bien épais à la liqueur cheri suisse et à la crème fraîche sucrée.

2 cl de crème de cacao,
1,5 cl de whisky.

Le Sweet Lady cocktail pourra se servir en digestif après un bon dîner.

Mettre la glace, le brandy de pêche, la crème de cacao et le whisky dans un shaker. Secouer énergiquement, puis passer dans un verre à cocktail.

Swiss flip

2 à 3 glaçons,
2,5 cl d'eau-de-vie de prune,

Le Sunrise est un drink préparé tequila.

2,5 cl de cheri suisse,
2 cuillers à bouche de sucre en poudre,
½ à 1 cuiller à café de café soluble instantané,
5 cl de crème fraîche,
1 pincée de café moulu.

Mettre tous les ingrédients dans l'ordre, excepté le café moulu, dans le shaker. Secouer énergiquement quelques secondes, puis passer dans une grande coupe ou un grand gobelet. Saupoudrer d'une pincée de café moulu et servir aussitôt avec une paille.

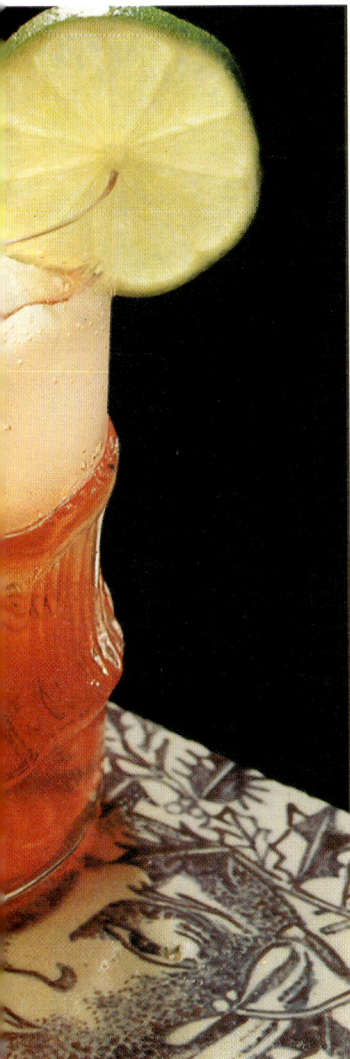

avec de la grenadine et de la

Ce Swizzles cocktail est originaire des Caraïbes.

Swiss miss

2 à 3 glaçons,
5 cl de crème fraîche,
2,5 cl de cheri suisse,
2,5 cl de liqueur de cerise aux œufs.

Si on sert ce drink en digestif, on pourra alors se passer de dessert, ce drink étant déjà assez riche en calories. Comme pour tous les lactés alcoolisés et toutes les boissons à base de produits laitiers, il faudra servir ce drink sans attendre.
Mettre tous les ingrédients dans le shaker. Secouer énergiquement quelques se-

condes, puis passer le contenu du shaker dans une coupe ou un grand verre à cocktail.

Swizzles cocktail

le jus d'une limette,
2 cuillers à café de sucre,
1 trait d'angostura,
8 cl de gin,
3 cuillers à bouche de glace pilée.

Ce long drink nous vient des Caraïbes.
Mettre le jus de limette, le sucre, l'angostura et le gin dans un gobelet moyen. Remplir de glace pilée, puis remuer avec une longue cuiller jusqu'à ce que le verre se couvre de buée et qu'un peu de mousse se soit formée à la surface du drink. Servir avec une paille.

Take two

2 à 3 glaçons,
2,5 cl de dry gin,
1,5 cl de liqueur d'orange,
1 cl de Campari.

Mettre la glace, le gin, la liqueur d'orange et le Campari

dans un verre à mélange. Bien remuer tous les ingrédients à l'aide d'une longue cuiller à mélange. Passer dans un verre à cocktail et servir.

Tango cocktail

cf photo page 186

2 à 3 glaçons,
1 cl de jus d'orange,
1 cl de curaçao orange,
1,5 cl de vermouth rouge,
1,5 cl de gin,
1 écorce d'orange.

Mettre la glace et tous les ingrédients dans le shaker. Secouer énergiquement quel-

Ce drink s'appelle «Take two», c'est-à-dire «prends en deux» et ça suffit largement!

185

Le Tango cocktail préparé avec du gin et du vermouth donne une sacrée impulsion.

Le Tantalus cocktail.

ques secondes, puis passer dans un verre à cocktail. Aromatiser de quelques gouttes d'essence d'orange en pressant l'écorce entre le pouce et l'index.

Tantalus cocktail

2 à 3 glaçons,
1,5 cl de jus de citron,
2 cl de Forbidden-Fruit liqueur,
1,5 cl de cognac.

Mettre la glace, le jus de citron, la liqueur et le cognac dans le shaker. Secouer énergiquement quelques secondes, puis passer dans un verre à cocktail. Servir avec une paille.

Après deux Taxi Cocktails, il est préférable de prendre le taxi pour rentrer . . .

Taxi cocktail

2 à 3 glaçons,
2 cuillers à café de jus de limette,
2 cuillers à café de Pernod,
2,5 cl de vermouth dry français,
2,5 cl de gin.

Mettre tous les ingrédients dans un verre à mélange, remuer avec une longue cuiller, puis passer dans un verre à cocktail ou un gobelet.

Le Thé à l'anis sera encore meilleur si vous utilisez du thé noir.

T.E.E.

4 à 6 glaçons,
1 cl de Campari,
1,5 cl de cognac,
1,5 cl de liqueur de pêche,
1 cl de whisky.

Mettre la moitié de la glace dans un verre à cocktail, et le reste dans le shaker avec tous les autres ingrédients. Secouer énergiquement. Remuer la glace qui se trouve dans le verre à cocktail jusqu'à ce que le verre se couvre de buée. Jeter la glace qui reste avec l'eau fondue, puis passer le contenu du shaker dans le verre givré.

Le cocktail T.E.E. éveille la nostalgie des voyages.

Tentative d'extinction

cf photo page 192

10 cl de pale ale,
10 cl d'eau de Seltz,
3 à 4 glaçons.

Si la tête vous brûle et que vous avez la gorge sèche, cette «Tentative d'extinction» est un remède garanti. Mettre la bière (pale ale) et l'eau de Seltz dans un grand gobelet. Puis ajouter les glaçons à la fin.

Tequila caliente

cf photo page 188

2 à 3 glaçons,
4 cl de tequila,
1 cl de liqueur de cassis,
1 cl de jus de limette,
2 traits de grenadine,
1 spirale de zeste de limette,
5 à 10 cl d'eau de Seltz glacée.

Mettre tous les ingrédients, excepté l'eau de Seltz, dans un grand gobelet. Bien remuer avec une longue cuiller à mélange et ajouter l'eau de Seltz. Servir avec une paille.

Tequila cocktail

2 à 3 glaçons,
3 cl de tequila,
2 cl de porto,
2 traits d'angostura,
1 cuiller à café de jus de limette.

Le Tequila cocktail fait partie des drinks que l'on boit entre les repas, pour se rafraîchir.
Mettre tous les ingrédients dans le shaker. Secouer énergiquement quelques secondes, puis passer dans un verre à cocktail.

Tequila fix

cf photo page 188

2 cuillers à café de miel,
1 à 2 cl de jus de limette,
5 cl de tequila,
2 traits de curaçao orange,
4 à 5 glaçons,
1 rondelle de citron.

Mettre le miel et le jus de limette dans un grand gobelet et remuer avec une cuiller à mélange jusqu'à ce que le miel soit dissout. Ajouter le tequila et le curaçao. Piler la glace et la mettre également dans le verre. Remuer encore une fois tous les ingrédients. Garnir d'une rondelle de citron et servir avec une paille.

Thé à la mûre

4 g de thé à la mûre,
1/8 l d'eau bouillante,
1 cuiller à café de miel,
1/8 de citron.

Mettre le thé dans une théière réchauffée. Verser l'eau bouillante. Laisser infuser 10 minutes. Verser le thé dans un verre à thé et servir avec miel et citron.

187

De gauche à droite: Tequila caliente et Tequile fix. Une bonne idée pour toutes sortes de réceptions: des drinks généreux préparés avec la tequila mexicaine.

Le goût prononcé du gingembre drinks qui en contiennent. De gingembre (recette page 157), page 114) et Thé au gingembre.

Thé à l'anis

Pour 4 personnes
cf photo page 186-187

¼ l d'eau,
1 cuiller à café de graines d'anis,
¼ de thé,
1 cuiller à café de noix hachées grossièrement.

Cette boisson à base de thé est encore bien trop peu connue, mais sa saveur est exquise.
Porter l'eau et les graines d'anis à ébullition. Laisser infuser 5 minutes et mélanger au thé chaud. Servir dans de grandes tasses de porcelaine et saupoudrer avec les noix hachées.

Thé à la russe

⅛ l de thé noir très chaud,
1 cuiller à café de confiture de cerise ou de framboise.

Vous pouvez aussi préparer ce thé à la russe sans samovar. Verser le thé dans un verre à thé et, selon le goût, sucrer avec la confiture de cerise ou de framboise. Aromatiser, éventuellement, avec une rondelle de citron passée dans la cannelle.

Thé au gingembre

1 cuiller à café de thé,
1 petit morceau de gingembre vert,
¼ l d'eau bouillante,
2 cl de jus de citron,
sucre à volonté,
2 à 3 glaçons,
½ rondelle de citron.

Mettre le thé et le gingembre dans une casserole et verser l'eau bouillante par-dessus. Laisser infuser 5 minutes et verser. Aromatiser avec le jus de citron et sucrer. Mettre les glaçons dans un grand gobe-

rer et est donc utilisé comme remède contre les rhumes et la fièvre. Voici la façon de le préparer:

Mettre le thé au sureau dans un gobelet et verser l'eau bouillante par-dessus. Laisser infuser 10 minutes. Verser dans une théière ébouillantée en le filtrant dans une passoire. Sucrer au miel.

Thé aux épices

Pour 3 à 4 personnes

1 l de thé noir très chaud,
1 à 1 cuiller et demie à bouche de miel,
8 cl de jus de citron passé,
2 traits de tabasco,
4 rondelles de citron,
4 petits bâtons de cannelle.

Les épices jouent un rôle considérable dans la préparation de nombreuses boissons au thé. Elles vont du citron, en passant par les épices connues, au tabasco, dont on connaît moins l'utilisation dans le thé.

Remuer le thé chaud avec le miel, le jus de citron et le tabasco. Puis servir très chaud dans un verre avec une rondelle de citron et un petit bâton de cannelle.

prédomine dans tous les gauche à droite: Highball au Drink au gingembre (recette

let et y verser le thé. Déposer la demi-rondelle de citron dans le verre et servir avec une paille.

Thé au sureau

3 cuillers à café de thé au sureau,
¼ l d'eau bouillante,
1 cuiller à café de miel.

Cela fait des années que l'on boit les fleurs de sureau noir (celui que l'on cultive) pour garder la santé. Grâce aux huiles éthérées et au tanin contenus dans le thé au sureau, ce dernier fait transpi-

Ce n'est que s'il est présenté avec le samovar que le Thé à la russe sera de style authentique.

Thé écossais

Pour 4 personnes

20 cl de scotch,
½ l de thé fort et très chaud,
4 à 8 cuillers à café de sucre,
6 cuillers à bouche de crème Chantilly,
1 pincée de noix muscade.

Verser, à chaque fois, 5 cl de whisky dans quatre grandes tasses. Les remplir de thé chaud, mettre 1 à 2 cuillers à café de sucre dans chaque tasse et remuer. Aromatiser la crème avec une pincée de

noix muscade râpée. Surmonter chaque tasse d'un dôme de cette crème Chantilly aromatisée.

Thé glacé au Curaçao

2 à 3 glaçons,
4 cl de thé noir fort et froid,
4 cl de sirop de sucre,
4 cl de curaçao,
2 cl de lait concentré.

Mettre tous les ingrédients dans le shaker et bien secouer. Verser dans une timbale en retenant les glaçons. Servir avec une paille.

Thé glacé aux épices

Pour 4 personnes
cf photo 190

2 cuillers à café de thé à la menthe,
2 cuillers à café de thé noir,
2 cuillers à café de poudre de gingembre,
1 bâton de cannelle,
4 clous de girofle,
1 l d'eau bouillante,
le jus passé de trois citrons,
8 à 12 glaçons,
4 à 8 brins de menthe fraîche.

Mettre le thé à la menthe, le thé noir, la poudre de gin-

Un thé glacé avec de la menthe, du gingembre, de la cannelle et des clous de girofle.

Thé nord-africain.

gembre, le bâton de cannelle et les clous de girofle dans une théière ou un plat. Puis verser dans un grand gobelet et compléter avec du thé noir glacé. Rajouter des glaçons, selon le goût, et servir avec une paille.

Thé glacé de Cuba

1 à 2 cuillers à café de morceaux d'ananas,
4 cl de rhum,
thé noir glacé pour remplir le verre,
éventuellement 1 à 2 glaçons.

Mettre les morceaux d'ananas dans un plat. Verser le rhum par-dessus, couvrir et laisser macérer 30 minutes. Mettre ensuite cette préparation dans un grand gobelet que l'on remplira de thé noir glacé. Rajouter des glaçons selon le goût et servir avec une paille.

Thé nord-africain

Pour 4 personnes

¾ l d'eau,
150 g de sucre,
16 cuillers à café de thé vert,
4 brins de menthe fraîche.

Porter l'eau à ébullition et y faire fondre le sucre. Retirer la casserole du feu et ajouter le thé, puis laisser infuser 3 à 4 minutes. Passer dans 4 verres à thé dans lesquels on mettra un brin de menthe. Servir l'Atai B-Nana sans attendre.
Si le thé est trop sucré au goût, on peut bien sûr diminuer la quantité de sucre.

Tia Alexandra

2 à 3 glaçons,
1,5 cl de crème fraîche,
2 cl de Tia Maria,
1,5 cl de gin.

Le Tia Maria est une liqueur fabriquée à la Jamaïque à partir de sirop de canne à sucre, de café et d'herbes tropicales. Le Tia Maria convient très bien à l'heure du café. Essayez, vous verrez!
Mettre la glace et tous les ingrédients dans le shaker. Secouer énergiquement. Passer dans un verre à cocktail et servir.

Tiger's milk

4 cuillers à bouche de glace pilée,
2 cuillers à café de grenadine,
5 cl de crème fraîche,
5 cl de lait,
5 cl d'eau-de-vie,
1 pincée de cannelle en poudre.

Passer tous les ingrédients au mixer, servir dans un grand gobelet avec une paille.

L'eau-de-vie de Dantzig fait apparaître, comme par magie, de légers scintillements dorés sur la Toison d'Or.

Tisane de tilleul

10 g de feuilles de tilleul fraîches ou séchées,
2 à 3 tasses d'eau bouillante,
2 à 3 cuillers à thé de miel.

Les feuilles de tilleul ont des qualités thérapeutiques telles qu'on devrait en avoir en permanence dans la pharmacie familiale. Vous avez des remèdes aux plantes qui apaisent la toux ou soulagent les crampes. La tisane de tilleul est un remède efficace contre les refroidissements, ainsi que les rhumes des organes respiratoires; nos ancêtres l'avaient déjà essayée et appréciée.
Échauder le tilleul avec l'eau bouillante et laisser infuser 5 minutes. Puis verser dans des tasses en utilisant une passoire et sucrer au miel selon le goût. Cette recette est calculée pour deux tasses.

Conseil:

Une autre façon de servir la tisane de tilleul: glacée avec du citron à la place du sucre, elle devient alors un rafraîchissement délicieux pour l'été.

Toison d'or

2 glaçons,
2,5 cl de Chartreuse jaune,
2,5 cl d'eau-de-vie de Dantzig.

Notre cobbler donne l'effet d'être parsemé de pépites d'or grâce à l'eau-de-vie de Dantzig.
Piler finement la glace et en remplir à moitié un verre à cocktail. Verser la Chartreuse et l'eau-de-vie de Dantzig par-dessus. Bien remuer avec une longue cuiller et servir avec une paille.

Tomato cocktail 1

2 à 3 glaçons,
½ cuiller à café de sauce worcestershire,
1 cuiller à café de jus de citron,
10 cl de jus de tomate,
1 pincée de sel,
1 pincée de paprika,
1 pincée de poivre noir.

Ce cocktail contribuera à effacer les effets des «lendemains difficiles»; vous pourrez également le servir en apéritif. Si vous le préférez particulièrement corsé, vous pourrez utiliser du piment ou du tabasco à la place du poivre noir.
Mettre la glace, la sauce worcestershire, le jus de citron, le jus de tomate, le sel, le paprika et le poivre dans un verre à mélange. Remuer et servir dans un grand gobelet ou un grand verre à cocktail.

Tomato cocktail 2

cf photo page 192

2 à 3 glaçons,
1 doigt de ketchup,
1 doigt de worcestershire sauce,
1 pincée de sel de céleri,
2 gouttes de jus de citron,
5 cl de jus de tomate.

Mettre tous les ingrédients dans un shaker. Secouer fortement. Passer dans un verre à vin ou une coupe à champagne et servir avec une paille. Si l'on veut, on peut renforcer le goût de cette boisson avec un peu de poivre ou, même, du tabasco.

Tom and Jerry

Pour 4 personnes

4 œufs,
4 cuillers à bouche de sucre,
20 cl de rhum ou d'eau-de-vie de vin,
lait glacé pour remplir le verre.

Séparer le blanc du jaune. Battre les jaunes et le sucre dans un plat jusqu'à obtenir une crème mousseuse. Battre les blancs en neige dans un autre plat. Mélanger les deux délicatement. Répartir ce mélange mousseux dans quatre grands gobelets en verre ou en grès. Verser 5 cl de rhum ou d'eau-de-vie de vin

Voici 3 drinks qui chassent immédiatement votre gueule-de-bois: De gauche à droite: Tomato cocktail 2, Tentative d'extinction (recette page 187) et Vampire killer (recette page 195)

d'orange et le cognac. Compléter avec le champagne, puis servir avec paille et cuiller.

Toscanini

3 à 4 glaçons,
2 cl de cordial médoc,
1,5 cl de Cointreau,
1,5 cl de cognac,
champagne frappé pour remplir le verre.

Ce drink a reçu son nom du chef d'orchestre Arturo Toscanini (1867-1957).
Mettre la glace et tous les ingrédients, excepté le champagne, dans le shaker. Secouer énergiquement et passer dans une coupe. Compléter avec le champagne frappé.

Tous les garçons

2 à 3 glaçons,
1,5 cl de vermouth dry français,
1,5 cl d'eau-de-vie de vin,
1,5 cl de crème de cacao,
1 trait d'orange bitter.

Il est conseillé de servir ce drink après le repas.
Mettre la glace et tous les ingrédients dans le shaker, bien secouer, puis passer dans un verre à cocktail.

Tovaritch

3 à 4 glaçons,
2 cl de jus de limette,
3 cl de kummel,
5 cl de vodka,
3 cuillers à bouche de glace pilée.

dans chaque verre. Compléter avec le lait glacé, remuer doucement, puis servir avec paille et cuiller.

Tom Collins

le jus d'un citron,
2 cuillers à café de sucre,
7,5 cl de dry gin,
4 gros cubes de glace,
eau de Seltz glacée pour remplir le verre.

Ce long drink est bien connu, et à juste titre, car il désaltère au moins aussi bien qu'un sour.
Bien mélanger le jus de citron, le sucre et le gin dans un grand gobelet. Compléter avec l'eau de Seltz. Remuer encore une fois, puis servir avec une paille.

Tonic Jascha

3 glaçons,
3 cl de vodka,
tonic water.

Si on connaît le Tonic Jascha, on sait combien il est stimulant, en particulier après une journée épuisante. En remplaçant la vodka par du gin, on aura du Gin tonic, drink encore plus connu que le Tonic Jascha. Pour préparer celui-ci, on met la glace et la vodka dans un grand gobelet que l'on remplit, ensuite, de tonic water. On peut se passer, ici de la rondelle de citron pour décorer; en revanche, elle est indispensable pour le Gin tonic.

Torres spécial sorbet

2 à 3 cuillers à bouche bien pleines de glace à la mangue ou à l'orange,
1 cuiller à bouche de petits morceaux de mangue,
3 cerises à cocktail,
2,5 cl de liqueur d'orange ou de vanille,
2,5 cl de cognac,
champagne pour remplir le verre.

Ce sorbet pourra se servir en dessert.
Mettre la glace à la mangue ou à l'orange dans un grand gobelet ou dans une coupe. Ajouter les morceaux de mangue et les cerises à cocktail. Verser la liqueur

Le drink au champagne Toscanini est tout simplement extraordinaire.

Ce mélange à base de genièvre et de bière s'appelle un «Tulipe».

Mettre les glaçons, le jus de limette, le kummel et la vodka dans un shaker. Secouer énergiquement. Mettre la glace pilée dans une coupe à champagne, puis verser le contenu du shaker par-dessus. Servir avec une paille.

Trace de barbares

2 cl de scotch,
1 cl de gin,
1 cl de rhum,
1 cl de crème de cacao noir,
1 cl de crème fraîche,
zeste de citron.

Un cocktail qui n'est certes pas barbare mais convient mieux au goût des hommes. Bien mélanger tous les ingrédients dans le shaker; verser dans un verre à cocktail et arroser de citron.

Tremplin

2 à 3 glaçons,
5 cl de jus de maracuja,
5 cl de champagne frappé.

Mettre la glace dans une coupe à champagne. Verser le jus de maracuja par-dessus et compléter avec le champagne.

Tropical itch

5 cl de rhum blanc,
5 cl de vodka,
5 cl de jus de mangue,
2,5 cl de sirop de sucre,
3 à 4 cuillers à bouche de glace concassée,
2 brins de menthe fraîche,
1 tranche d'orange,
3 cerises à cocktail.

Le Tropical itch compte parmi les boissons fruitées à base de rhum qui ont été inventées aux Antilles, et qui sont généralement appelées «Planter's punch», pour lequel il n'y a pas de recette bien déterminée. À défaut de jus de mangue, on pourra utiliser d'autres jus de fruit.
Mettre le rhum, la vodka, le jus de mangue, le sirop de sucre et la glace dans un grand gobelet. Bien remuer à l'aide d'une longue cuiller à mélange. Décorer avec la menthe, la tranche d'orange et les cerises. Servir avec paille et cuiller.

Tulipe

2,5 cl de genièvre,
bière blonde pour remplir le verre.

Il existe de nombreux cocktails à base de bière, bien sûr, mais peut-être celui-ci sera-t-il pour vous une nouveauté qui vous stimulera.
Verser le genièvre dans un verre à bière. Compléter avec de la bière blonde.

U

Uncle Henning

2 glaçons,
1 cl de dry gin,
2 cl de vermouth extra dry français,
2 cl de vermouth bianco,
1 trait de sambuca,
1 cuiller à café de jus de citron,

5 cl de ginger ale,
2 cerises à cocktail.

Mettre tous les ingrédients, excepté le ginger ale et les cerises à cocktail dans le shaker. Secouer énergiquement quelques secondes et passer le contenu dans un gobelet. Compléter avec le ginger ale. Piquer les cerises sur un bâtonnet qu'on mettra dans le verre.

Union Jack

2 cl de grenadine,
2 cl de marasquin,
2 cl de Chartreuse verte.

Verser la grenadine dans un grand verre étroit. Verser délicatement le marasquin en le faisant couler sur le dos d'une longue cuiller à mélange. Procéder de même avec la Chartreuse et servir avec une paille.

Universal cocktail

3 glaçons,
1 cl de cynar,
1 cl de vermouth dry français,
3 cl de vodka,
1 olive.

Mettre la glace dans un verre à mélange. Ajouter le cynar, le vermouth et la vodka. Remuer avec une cuiller à mélange et passer dans un verre à cocktail. Mettre une olive dans le verre. Servir avec un bâtonnet.

Up-to-date

2 à 3 glaçons,
2,5 cl de xérès,
2,5 cl de rye,
2 traits de Grand Marnier,
2 traits d'angostura,
1 zeste de citron éventuellement.

L'Up-to-date, à base de whisky, est à servir avant le repas.
Mettre tous les ingrédients, dans l'ordre indiqué, dans un verre à mélange. Bien remuer à l'aide d'une longue cuiller à mélange, puis passer dans un verre à cocktail. Selon le goût, arroser de quelques gouttes d'essence de citron en pressant le zeste entre le pouce et l'index, ou décorer tout simplement avec le zeste.

V

Vague

3 morceaux de sucre,
5 cl d'eau bouillante,
5 cl de rhum,
5 cl de vin rouge chaud,
½ rondelle de citron.

Un grog solide mais bien apprécié, surtout par les femmes.
Réchauffer un verre à punch, y mettre une cuiller, déposer les morceaux de sucre au fond, et verser successivement l'eau, le rhum et le vin rouge à volonté. Mélanger; décorer avec la rondelle de citron.

Vaisseau fantôme

2 à 3 glaçons,
5 cl de genièvre,
2,5 cl de jus de citron passé,
2,5 cl de grenadine,
eau.

Voici un cocktail toujours délicieux, qu'il soit pris avant ou après le repas, lors d'un brin de causette ou en regardant la télévision.
Mettre la glace, le genièvre, le jus de citron et la grenadine dans un petit gobelet et remplir d'eau. Ce drink est encore meilleur si l'on utilise une eau pétillante minérale ou de source, bien fraîche et passée au mixer.

L'Universal cocktail est un drink à base de vodka et de cynar.

Valencia cocktail

2 à 3 glaçons,
1,5 cl d'abricot brandy,
1,5 cl d'orange bitter,
2 cl de jus d'orange
1 écorce d'orange.

Mettre la glace, l'abricot brandy, l'orange bitter et le jus d'orange dans le shaker. Secouer énergiquement quelques secondes. Passer dans un verre à cocktail, puis arroser de quelques gouttes d'essence d'orange en pressant l'écorce entre le pouce et l'index.

Vampire killer

cf photo page 192

3 à 4 glaçons,
1 cl de fernet branca,
1 cl de vermouth rosso,
3 cl de gin.

Mettre les glaçons, le fernet branca, le vermouth et le gin dans le shaker. Secouer fortement. Passer dans un verre à cocktail ou un gobelet moyen.

Vanilla dream

2 cuillers à bouche bien pleine de glace à la vanille,
2,5 cl de crème de vanille,
2,5 cl de crème de cacao,
lait bien frais pour remplir le verre.

Mettre la glace à la vanille dans une coupe. Ajouter la crème de vanille et la crème de cacao. Remuer avec une cuiller à mélange et compléter avec le lait froid. Servir avec paille et cuiller.

Le Vermouth Addington est à la fois un long drink et un apéritif.

Vermouth Addington

2 à 3 glaçons,
2,5 cl de vermouth bianco,
2,5 cl de vermouth dry français,
eau de Seltz bien fraîche pour remplir le verre,
1 spirale de zeste de citron.

Vous connaissez certainement déjà ce drink sous le nom de «Vermouth Half and Half».
Mettre la glace, le vermouth bianco et le vermouth dry dans le shaker. Secouer énergiquement quelques secondes. Passer le contenu du shaker dans un verre à vin ou à cocktail. Compléter avec l'eau de Seltz et décorer avec la spirale de zeste de citron.

Vermouth cassis

8 cl de vermouth dry français,
3,5 cl de crème de cassis,
2 à 3 glaçons,
1 zeste de citron,
eau de Seltz bien fraîche pour remplir le verre.

Ce long drink peut se servir en apéritif. Mettre le vermouth, la crème de cassis, les glaçons et le zeste de citron dans un gobelet moyen. Compléter avec l'eau de Seltz. Servir avec une paille.

Vermouth flip

2 à 3 glaçons,
1 jaune d'œuf,

Le Vermouth Cassis a la couleur et l'arôme de la liqueur de cassis.

Cette Veuve joyeuse glacée est toujours la bienvenue.

Le Vin aromatisé à la banane est apprécié et demande peu de préparation.

1 cuiller à café de sirop de sucre,
5 cl de vermouth rosso,
1 pincée de noix muscade râpée.

Mettre la glace, le jaune, le sirop de sucre et le vermouth dans un shaker. Secouer énergiquement quelques secondes. Passer dans un verre à flip. Saupoudrer d'un peu de noix muscade. Servir avec une paille.
Contrairement aux autres boissons à base de vermouth, il est conseillé de ne pas servir le flip avant le repas car il est trop épais et risquerait, donc, de couper l'appétit.

Veuve joyeuse

2 cl de whisky,
2 cl de cherry-brandy,
4 cl de lait en conserve,
1 cuiller à bouche de glace à la fraise.

Passer tous les ingrédients au mixer et servir dans un verre ballon avec une paille.

Victoria highball

2 à 3 glaçons,

2 cl de Pernod,
2 cl de grenadine,
2 à 3 gros cubes de glace,
eau de Seltz bien fraîche pour remplir le verre.

Mettre la glace, le Pernod et la grenadine dans le shaker. Secouer énergiquement quelques secondes. Passer le contenu du shaker dans un grand gobelet, puis compléter avec l'eau de Seltz. Servir avec paille et cuiller.

Vie en rose

2 à 3 glaçons,
1 cuiller à café d'eau-de-vie de prune,
1 cuiller à café de sirop de framboise,
1 cuiller à café de cherry-brandy,
champagne frappé pour remplir le verre.

Ce cocktail est idéal pour accueillir les invités lors d'une réception. Il est conseillé de prendre un champagne très sec pour remplir le verre.

Mettre la glace, l'eau-de-vie de prune, le sirop de framboise et le cherry-brandy dans le shaker. Bien secouer et passer dans une coupe à champagne. Compléter à volonté avec le champagne.

Vierge

cf photo page 74

3,5 cl de marasquin,
3,5 cl de cordial médoc.

Voici un pousse-café dont le succès ne dépend plus que de l'habileté à le verser dans le verre, puisque, de lui-même déjà, il a un goût délicieux. Verser le marasquin dans un verre à pied, long et étroit. Puis laisser couler délicatement, d'un trait, le cordial médoc sur le dos d'une longue cuiller. Vous apprécierez l'aspect de ce pousse-café dans le verre et vous le boirez avec une paille en aspirant une liqueur après l'autre.

Vin aromatisé à la banane

Pour 6 à 8 personnes

3 à 4 bananes,
1 cuiller à bouche de jus de citron vert,
2 cuillers à café d'arack,
½ bouteille d'eau-de-vie de vin,
1 bouteille de jus de raisin,
2 bouteilles de mousseux ou champagne.

Retenez bien cette recette pour vos prochaines réceptions cet été car, vous verrez que, dès les beaux jours, il n'y aura guère un invité qui n'appréciera pas ce cocktail. Couper les bananes en rondelles très fines. Les laisser macérer 2 à 3 heures dans un plat couvert, avec le jus de citron vert, l'arack, l'eau-de-vie de vin et le jus de raisin. Avant de servir, compléter avec le mousseux; à offrir bien frais.

Vin aromatisé à l'abricot

Pour 4 à 6 personnes

250 g d'abricot frais,
4 cuillers à café de sucre,
2 bouteilles de vin blanc,
4 cl de curaçao,
1 bouteille de mousseux.

Peler les abricots, les casser en deux et enlever les noyaux. Les saupoudrer de sucre et laisser macérer 30 minutes. Verser ½ bouteille de vin blanc et le curaçao sur les fruits et laisser encore macérer 1 heure. Juste avant de servir, compléter avec le mousseux et le reste de vin. À défaut d'abricots frais, on utilisera des abricots en boîte.

On peut affiner le goût du Vin aromatisé à la framboise avec un peu de rhum ou de cognac, mais c'est exceptionnel.

Vin aromatisé à la fraise

Pour 6 personnes

750 g de fraises,
200 g de sucre,
3 bouteilles de vin,
1 bouteille de champagne ou de mousseux.

Laver les fraises, les équeuter, couper les grosses en deux et les mettre dans le saladier. Mélanger avec le sucre. Verser, par-dessus, une bouteille de vin, couvrir et laisser macérer 20 minutes. Puis ajouter le reste de vin. Verser le champagne juste avant de servir.

Vin aromatisé à la framboise

Pour 6 personnes

500 g de framboises,
2 cuillers à bouche de sucre,
½ bouteille de vin blanc,
4 cl de rhum ou d'eau-de-vie de vin,
1 bouteille et demie de vin blanc,
1 bouteille de champagne bien frais.

Ce punch froid peut se préparer avec du rhum ou de l'eau-de-vie de vin afin que les fruits conservent leur forme et leur couleur. Préparer les framboises et le sucre avec la demie bouteille de vin. Couvrir et laisser macérer 1 à 2 heures au frais. Ensuite, ajouter à volonté du rhum ou de l'eau-de-vie de vin et compléter avec le reste de vin blanc. Ajouter le vin mousseux juste avant de servir.

Le Vin aromatisé à la rose est une vieille recette de grand-mère.

Les vins aromatisés ne sont pas forcément préparés avec des

Vin aromatisé à la pêche

Pour 4 à 6 personnes

8 à 10 pêches fraîches,
200 g de sucre en poudre,
5 cl de porto rouge,
5 cl de liqueur de pêche,
3 l de vin blanc léger,
1/2 l de rosé,
3/4 l de champagne.

Selon le goût, peler ou non les pêches. Leur enlever le noyau, les couper en quatre et les mettre dans un récipient à punch. Ajouter le sucre. Verser le porto et la liqueur de pêche par-dessus, couvrir et laisser macérer 30 minutes au réfrigérateur. Puis verser le rosé et le vin blanc. Remuer avec délicatesse et goûter. Ajouter le champagne avant de servir. Servir dans des verres à punch avec des cuillers.

Vin aromatisé à la rose

Pour 6 à 8 personnes

pétales de 5 roses,
2 cuillers à bouche de sucre,
3 l de vin du Rhin ou de Moselle,
1 l de champagne.

Ce vin aromatisé a un parfum particulièrement grisant. Cette recette a été extraite d'un vieux livre ayant appartenu aux générations précécentes.
Mettre les pétales de rose et le sucre dans un litre de vin du Rhin ou de Moselle. Couvrir et placer une heure au réfrigérateur. Passer dans un récipient à punch. Ajouter le reste de vin et compléter avec le champagne avant de servir. Vous pouvez décorer en faisant flotter une rose dans le récipient.

Vin aromatisé au céleri

Pour 8 à 10 personnes

2 à 3 cubes de céleri,
100 g de sucre,
le jus de deux citrons,
1/4 l d'arack,
2 à 2 l et demi de vin blanc,
3/4 l de champagne.

Il faut, au moins une fois dans sa vie, avoir goûté ce vin aromatisé au céleri.
Éplucher les bulbes de céleri, les couper en petites tranches très fines et les mettre dans un plat. Verser le sucre, le jus de citron et l'arack par-dessus. Couvrir et faire macérer 4 à 6 heures. Passer dans un récipient à punch. Compléter avec le vin blanc et le champagne et servir très frais. On peut remplacer le champagne par une eau minérale ou un rosé.

Conseil

Il existe une autre verison du Vin aromatisé au céleri pour les automobilistes, et celle-ci est vraiment inoffensive: on supprime l'arack et on remplace le vin par du jus de pomme et le champagne par de l'eau gazeuse.

Vin aromatisé au citron

Pour 4 personnes
cf photo page 200

2 spirales de zeste de citron,
1/2 l de vin blanc bien frais,
le jus passé de deux à trois citrons,
4 à 5 cuillers à café de sucre,
1 l de vin blanc bien frais,
3/4 l de champagne frappé,
1 citron coupé en fines rondelles.

Mettre les spirales de zeste de citron et le 1/2 l de vin blanc dans un récipient à punch. Couvrir et laisser macérer 30 minutes. Ajouter, ensuite, le jus de citron passé, le sucre et le reste de vin blanc. Bien

Vin aromatisé au melon.

fruits et celui au céleri en est la meilleure preuve.

remuer le tout jusqu'à ce que le sucre se soit dissous. Compléter avec le champagne et ajouter les rondelles de citron. Servir dans des verres à punch.

Vin aromatisé au melon

Pour 6 à 8 personnes

1 kg de pastèque,
1 kg de melon sucrin ou cantaloup,
1 cuiller à bouche de sucre,
2 bouteilles de vin blanc,
1 bouteille de mousseux ou champagne.

Enlever les pépins de melon et de la pastèque. Former des

petites boules à l'aide d'un appareil spécial utilisé pour les pommes de terre. Les mettre dans un saladier à punch. Faire macérer deux heures avec le sucre et une demie bouteille de vin blanc. Verser le reste de vin blanc et le champagne ou mousseux juste avant de servir.

Vin aromatisé aux concombres

Pour 6 à 8 personnes

1 concombre frais,
½ bouteille de vin blanc,
4 cl d'arack,
125 g de sucre,

Une bonne recette pour les soirs d'été: le Vin aromatisé aux concombres.

2 bouteilles de vin blanc,
⅛ l de porto,
1 bouteille de mousseux bien frais.

Voici un vin aromatisé pour connaisseurs. C'est le soir, en été, qu'il est le plus apprécié. Couper le concombre en fines rondelles, le mettre dans une terrine, ajouter le demi-litre de vin blanc, l'arack et le sucre, couvrir et laisser macé-

rer une heure dans un endroit frais. Puis verser les deux autres bouteilles de vin blanc, couvrir et placer une demie heure au réfrigérateur. Filtrer les rondelles de concombre et verser dans une terrine en grès ou une carafe; ajouter le porto, remuer et, juste avant de servir, compléter avec le mousseux bien frais. On peut éventuellement décorer avec quelques rondelles de concombre.

Vin aromatisé aux kumquats

Pour 8 personnes

200 à 250 g de kumquats en conserve,
1 cuiller à café de sirop de sucre,
5 cl de madèra,
1 cl d'eau-de-vie de vin,
1 bouteille de vin du Rhin,
2 bouteilles de mousseux ou champagne.

Les kumquats, fruits du citronnier du Japon, proviennent de Chine, où ce mot signifie «orange d'or». On connaît bien l'utilisation des kumquats dans les cocktails à base de gin, de vodka et de whisky. Mais ces fruits sont également délicieux dans les vins aromatisés.
Égoutter les kumquats et les découper en rondelles. Les mettre dans un saladier et ajouter le sirop de sucre, le madère, l'eau-de-vie de vin et une bouteille de vin du Rhin. Couvrir et placer 2 heures au réfrigérateur. Verser les deux bouteilles de mousseux ou champagne avant de servir. Servir dans des verres spéciaux pour punch froid avec des cuillers pour déguster les fruits.

Le jus de citron rend tous les drinks rafraîchissants et fruités. Le Punch au citron, le Vin aromatisé au citron (recette page 198) et le Cooler au citron (recette page 58).

Vin aromatisé aux griottes

Pour 6 personnes

200 g de griottes dénoyautées,
3 cuillers à bouche de sucre,
1 l de champagne,
5 cl de marasquin,
5 cl d'eau-de-vie de vin,
2 l de vin rouge de Bourgogne.

Pour ce vin aromatisé, il est indispensable d'utiliser des griottes, c'est-à-dire des cerises aigres. Elles donnent plus d'arôme dans le vin aromatisé que les guignes.
Mettre les griottes dans un plat avec le sucre, le marasquin et l'eau-de-vie de vin. Couvrir et laisser macérer 1 à 2 heures au réfrigérateur. Mettre ensuite, dans un récipient à punch et verser le vin rouge par-dessus. Compléter avec le champagne juste avant de servir.

Vin aromatisé aux olives

Pour 6 à 8 personnes

250 g d'olives vertes farcies au paprika,
1/8 l de xérès sec,
3 l de rosé.

Ce vin aromatisé vous prouvera que les olives ne sont pas exclusivement destinées au martini. Elles donnent à cette boisson cet arôme insolite qui semble venir d'ailleurs, car, souvent, on pense que le blanche également) et couper en tranches fines. Énlever les pépins. Écraser les morceaux de sucre. Les mettre dans un bol. Ajouter les tranches d'orange, le sucre en poudre et la liqueur d'orange. Couvrir et laisser macérer 1 heure. Puis verser la seconde bouteille de vin. Ajouter le mousseux bien frais juste au moment de servir.

À défaut de kumquats frais, on peut utiliser des fruits en conserve pour préparer ce vin aromatisé.

Les olives sont délicieuses aussi dans le vin aromatisé et pas seulement dans le martini.

vin aromatisé ne se prépare qu'avec des fruits comme des fraises ou des pêches. Couper les olives en rondelles, les mettre dans un plat et verser le xérès par-dessus. Couvrir et placer 30 minutes au réfrigérateur. Verser dans un récipient à punch et compléter avec le rosé.

Vin aromatisé aux oranges

Pour 4 à 6 personnes

5 oranges,
10 morceaux de sucre,
100 g de sucre en poudre,
6 cl de liqueur d'orange,
2 bouteilles de vin blanc,
1 bouteille de mousseux.

Vin aromatisé Balaclava

Pour 6 à 8 personnes

10 cl de bordeaux,
l'écorce fin d'un demi citron,
1 petite branche de melisse,
le jus de deux citrons,

Le Vin aromatisé Balaclava est une boisson d'été.

Frotter les morceaux de sucre sur les écorces d'oranges lavées auparavant. Éplucher les oranges (enlever la peau

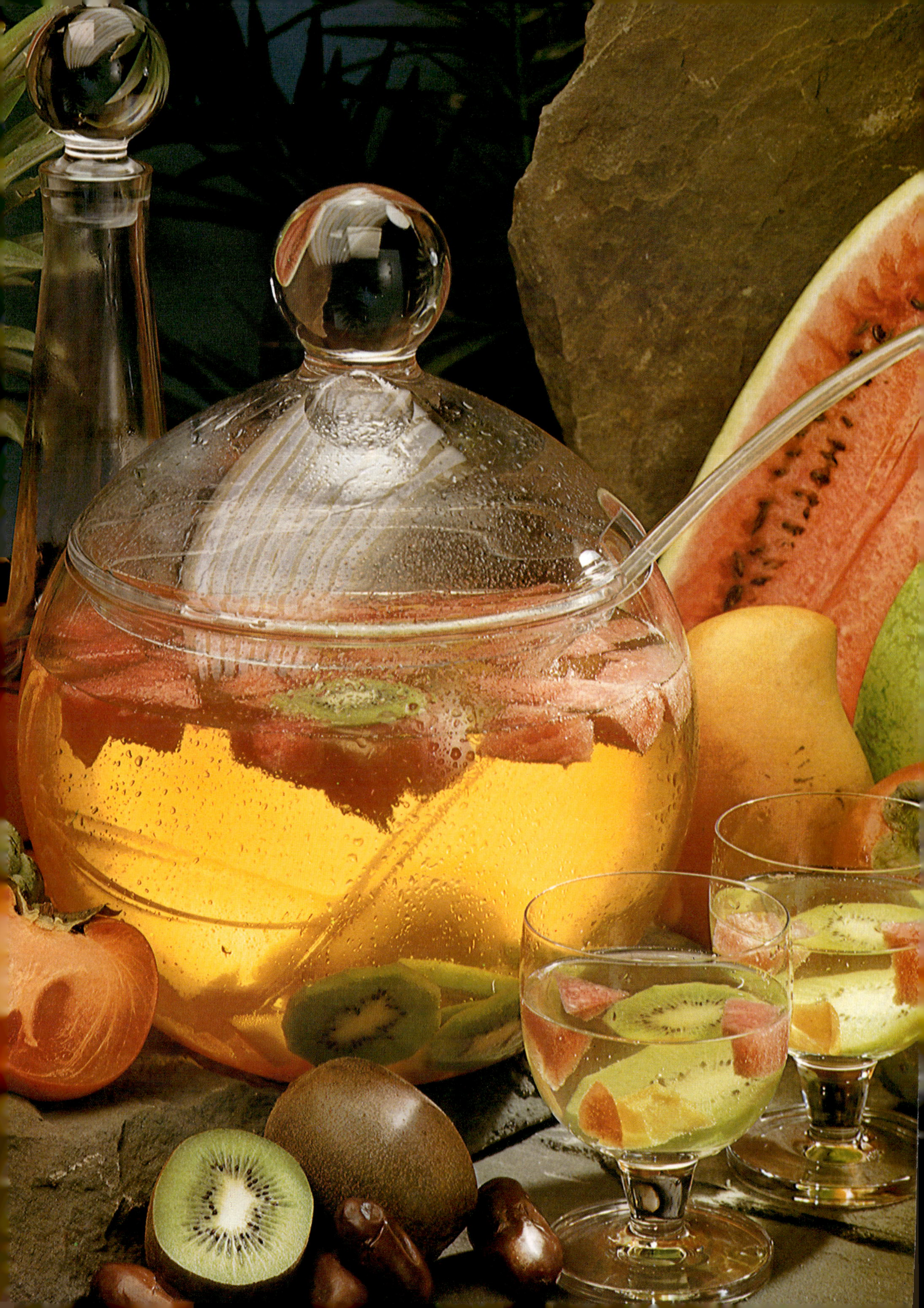

2 cuillers à bouche de sirop de sucre,
½ concombre non épluché coupé en tranches fines,
2 bouteilles de bordeaux,
10 à 15 glaçons ou 1 bloc de glace,
2 bouteilles d'eau de Seltz,
1 bouteille de mousseux ou de champagne

Mettre les 10 cl de bordeaux, l'écorce de citron, la melisse, le jus de citron, le sirop de sucre et les tranches de concombre dans un saladier bien froid. Couvrir et laisser macérer environ 30 minutes pendant lesquelles on remuera de temps en temps. Enlever l'écorce de citron et la melisse. Verser ensuite le bordeaux dans le saladier puis mettre 10 minutes au réfrigérateur. Ajouter les glaçons, compléter avec le mousseux et l'eau de Seltz et servir immédiatement dans des coupes.
Si on ne met pas le saladier au réfrigérateur, on peut refroidir le contenu en y plongeant un très gros cube de glace.

Vin aromatisé de mai

2 bouquets de petit muguet,
1 l de vin blanc léger,
1 orange coupée en tranches,
1 l et demi de rosé,
½ l de mousseux ou de champagne,
1 gros cube de glace.

On se procurera le petit muguet la veille. Il ne faut pas qu'il soit déjà en fleurs. On le

Le Vin aromatisé exotique ne compte pas parmi les vins aromatisés classiques. Cependant il a un arôme merveilleux et il est un véritable enrichissement pour tous ceux qui aiment la nouveauté.

Le Vin aromatisé de mai sort du livre de recette des grand-mères.

lavera bien et on le fera sécher toute la nuit. Verser un litre de vin blanc dans un bol à punch. Y mettre une tranche d'orange. Attacher le petit muguet à un fil et le laisser tremper dans le vin. Les tiges ne doivent pas être en contact avec le vin; d'ailleurs, c'est dans les feuilles, uniquement, que se trouve tout l'arôme. Couvrir et mettre 30 minutes au réfrigérateur. Retirer le petit muguet. Verser le reste de rosé et de vin blanc. Ajouter, à volonté, d'autres tranches d'orange. Avant de servir, compléter avec du mousseux ou du champagne. Mettre le gros cube de glace dans le récipient.

Vin aromatisé exotique

Pour 8 à 10 personnes

½ pastèque,
6 à 8 dattes fraîches,
5 cl de cognac,
½ ou 1 mangue,
1 à 2 kiwis,

1 kaki,
3 bouteilles de vin blanc,
1 bouteille de champagne ou mousseux.

C'est surtout l'été que l'on apprécie les vins aromatisés. Éplucher la pastèque et nettoyer les dattes, couper les fruits en petits morceaux et les mettre dans un récipient. Les arroser de cognac, dénoyauter la mangue, l'éplucher et la couper aussi en petits morceaux. Peler les kiwis et les couper en fines rondelles. Peler aussi le kaki, le couper en deux et le couper également en fines rondelles. Mettre les morceaux de fruits dans le récipient et verser une bouteille de vin blanc par-dessus. Couvrir et laisser macérer la préparation environ une heure. Juste avant de servir, ajouter le reste de vin et le champagne ou le mousseux. Remuer délicatement et servir dans des verres spéciaux avec une cuiller ou une pique pour les fruits. Du reste, on peut aussi servir ce vin aromatisé dans une pastèque évidée qu'on aura auparavant mise au frais.

Vin aromatisé flambé

Pour 4 à 6 personnes
cf photo page 204

3 bouteilles de vin de Bordeaux,
1 écorce d'orange,
1 zeste de citron,
5 clous de girofle,
1 petit pain de sucre,
1 bouteille de rhum à forte teneur en alcool.

Cette boisson a toujours eu ses amateurs. Et ça continue encore aujourd'hui.
Mettre le vin dans une marmite en cuivre. Mettre, dans un petit sachet de gaze, l'écorce d'orange, le zeste de citron et les clous de girofle, le nouer avec une ficelle à la marmite et le plonger dans le vin. Poser les pincettes à cheminée sur la marmite et placer dessus le pain de sucre. Arroser de rhum et flamber. Continuer à verser le rhum jusqu'à ce qu'il soit consommé et que le pain de sucre soit complètement fondu et ait coulé dans le vin. Puis retirer les pincettes et le sachet d'aromates. Servir dans des verres résistant à la chaleur.

Vin aromatisé paradis

Pour 6 à 8 personnes
cf photo page 204

3 pêches,
250 g d'ananas,
125 g de melon épluché,
125 g de cassis,
125 g de framboises
½ bouteille de vin blanc,
150 à 200 g de sucre,
250 g de fraises
jus d'un citron,
2 bouteilles de vin blanc,
1 bouteille de champagne.

Le Vin aromatisé flambé doit être consommé avec modération.

Couper les pêches, le melon et l'ananas en dés et les mettre dans un saladier avec les baies de cassis et les framboises. Faire frémir la demi-bouteille de vin blanc avec le sucre, puis verser sur les fruits. Laisser refroidir. Passer les fraises et le jus de citron au mixer et les ajouter au mélange. Avant de servir, compléter avec le vin blanc bien frais et le champagne.

Vin chaud français

2 bouteilles de bordeaux rouge,
200 g de sucre,
½ bâton de cannelle,
1 pointe de noix muscade râpée,
1 feuille de laurier.

Le Vin chaud français est préparé avec des épices donnant l'impression qu'il vient d'ailleurs.

Mettre le vin rouge, le sucre, la cannelle, la muscade et le laurier dans une casserole.

Le Vin aromatisé paradis est une boisson pour l'été qui sera appréciée par les amateurs de fruits.

Faire frémir. Filtrer dans une autre casserole. Servir aussitôt dans des verres résistant à la chaleur.

Vin chaud spécial

60 g de sucre,
¼ bâton de cannelle,
3 clous de girofle,
zeste d'un demi citron,
⅛ l d'eau ou de thé,
1 bouteille de vin rouge,
jus d'un demi citron ou d'un citron.

Il existe des recettes extrêmement variées de vins chauds. Les nombreuses possibilités d'utiliser les différents ingrédients modifient toujours le goût. Il faut en essayer beaucoup jusqu'à ce qu'on trouve sa propre recette.

Le Virgin cocktail plaira aux amateurs de drinks sucrés.

Le Violett fizz est un drink à base de gin, amélioré avec de la crème fraîche.

Faire bouillir dans une casserole le sucre, la cannelle, les clous de girofle et le zeste de citron avec l'eau ou le thé, puis laisser infuser 20 minutes. Faire frémir le vin rouge, filtrer le mélange d'épices, mélanger les deux et parfumer avec le jus de citron. Ne jamais laisser bouillir le vin rouge. Selon le goût, on peut diminuer ou augmenter la dose de jus de citron et de sucre.

Violett fizz

2 à 3 glaçons,
4 cl de dry gin,
2 cuillers à café de sirop de framboise,
2 cuillers à café de crème fraîche,
le jus d'un demi citron,
eau de Seltz bien fraîche pour remplir le verre.

Concasser la glace et la mettre dans le shaker. Y ajouter tous les ingrédients, excepté l'eau de Seltz. Envelopper le shaker dans une serviette, puis secouer fortement 1 à 2 minutes. Passer dans un gobelet moyen. Compléter avec l'eau de Seltz.

Virgin cocktail

2 à 3 glaçons,
2 cl de gin,
2 cl de Forbidden-Fruit liqueur,
1 cl de crème de menthe blanche.

C'est la Forbidden-Fruit liqueur, fabriquée à partir de pamplemousses et d'oranges et rappelant le goût du curaçao qui donne cet arôme particulier à ce cocktail. Mettre tous les ingrédients dans le shaker. Secouer énergiquement quelques secondes puis passer dans un verre à vin ou à cocktail.

Vulcano

2 cl de Chartreuse verte,
2 cl de kirsch,
1 trait de curaçao bleu,
1 trait de curaçao blanc,
champagne frappé pour remplir le verre.

Ne craignez pas de voir votre coupe à champagne éclater lorsque vous flamberez ce cocktail au champagne. Posez cependant la coupe sur un support résistant à la chaleur. Mettre la Chartreuse, le kirsch et le curaçao dans une coupe à champagne, puis remuer. Flamber et éteindre, ensuite, la flamme avec le champagne frappé.

Washington cocktail

2 à 3 glaçons,
1,5 cl de vermouth dry français,
3,5 cl d'eau-de-vie de vin,
½ cuiller à café de sirop de sucre ou de grenadine
2 traits d'angostura.

Mettre la glace et tous les ingrédients dans un verre à mélange, remuer avec une longue cuiller, puis passer dans un verre à cocktail.

Whisky cocktail

cf photo page 206-207

2 à 3 glaçons,
5 cl de whisky,
2 traits d'angostura,
½ cuiller à café de sirop de sucre,
1 cerise à cocktail avec la queue.

Il est conseillé de servir le Whisky cocktail avant le repas.
Mettre tous les ingrédients, excepté la cerise à cocktail, dans le shaker. Secouer énergiquement quelques secondes, puis passer dans un verre à cocktail.

Whisky cooler

2 à 3 glaçons,
2,5 cl de jus de citron,
1 cuiller à café de sucre,
5 cl de whisky,
ginger ale bien frais pour
remplir le verre,
1 à 2 glaçons
éventuellement.

Ce cooler rafraîchissant
compte parmi les long drinks
et, tout comme eux, il est préparé avec du jus de citron.
Mettre la glace, le jus de citron, le sucre et le whisky
dans le shaker. Secouer énergiquement quelques se-
condes. Passer dans un grand
gobelet, puis compléter avec
le ginger ale. Rajouter, selon
le goût, un ou deux glaçons.

Whisky julep

2 cuillers à bouche d'eau
froide,
2 cuillers à café de sucre,
2 brins de menthe fraîche,
2 à 3 glaçons,
5 cl de whisky,
1 brin de menthe fraîche,
3 à 4 grains de raisin,
2 à 3 cerises.

Verser l'eau dans un gobelet
moyen et y dissoudre le sucre.
Bien y écraser les deux brins
de menthe avec une cuiller à
mélange. Les retirer. Concasser la glace et la mettre dans le
verre. Verser le whisky par-
dessus. Mélanger avec une
longue cuiller jusqu'à ce que
le verre se couvre de buée.
Mettre un brin de menthe au
milieu. Décorer avec les
grains de raisin et les cerises.
Servir avec paille et cuiller.

Whisky punch

Pour 4 personnes

zestes de deux citrons,
10 morceaux de sucre,

De gauche à droite: Whisky cocktail, Whisky soda, Whisky sour. Il est indispensable d'avoir

le jus de deux citrons,
250 g à 275 g de sucre,
½ l d'eau,
½ l de whisky écossais.

Frotter les morceaux de sucre
sur les zestes de citron et mettre le tout dans une casserole
avec les autres ingrédients.
Faire frémir tout en remuant.
Passer dans des verres résistant à la chaleur et servir aussitôt.

Whisky soda

5 cl de whisky,
1 à 2 gros glaçons,
1 spirale de zeste de citron,
eau de Seltz bien fraîche
pour remplir le verre.

Verser le whisky dans un
grand gobelet. Ajouter la
glace et la spirale de citron et
compléter avec l'eau de Seltz.

Whisky sour

2 à 3 petits glaçons,
le jus d'un demi citron,
1,5 cl de jus d'orange,
2 cuillers à café de sucre,
5 cl de bourbon,
1 quartier de citron,
1 quartier d'orange,
3 cerises à cocktail,
eau de Seltz.

Les sours comptent parmi les
long drinks.

Mettre la glace, les jus de citron et d'orange, le sucre et le
whisky dans le shaker. Envelopper le shaker dans une serviette, puis secouer très fort
pendant 1 ou 2 minutes. Passer dans un gobelet moyen.
Mettre le quartier de citron et
le quartier d'orange, ainsi
que la cerise, dans le verre.
Ajouter, selon le goût, quelques gouttes d'eau de Seltz.

White fire

cf photo page 208

2 olives vertes dénoyautées,
4 cl de dry gin glacé.

plusieurs sortes de whisky dans son bar.

Mettre les olives dans un verre à cocktail. Verser le gin glacé par-dessus. Servir avec un petit bâtonnet.

White lady

cf photo page 208

2 à 3 glaçons,
3 cl de gin,
1 cl de Cointreau,
1 cl de jus de citron,
1 cerise à cocktail avec la queue.

Mettre la glace, le gin, le Cointreau et le jus de citron dans le shaker. Secouer énergiquement. Passer dans un verre à cocktail et servir éventuellement avec un bâtonnet.

White rose

cf photo page 208

2 à 3 glaçons,
4 cl de dry gin,
le jus d'une limette,
2,5 cl de jus d'orange,
2 cl de marasquin,
1 blanc d'œuf.

Mettre tous les ingrédients dans l'ordre indiqué, dans le shaker. Bien secouer, puis passer dans un verre à cocktail ou un verre à vin.

Whity

cf photo page 41

3 cubes de glace,
1,5 cl de liqueur d'orange,
1,5 cl d'anisette,
1,5 cl de curaçao blanc.

Piler la glace et la mettre dans le shaker. Verser les autres ingrédients au-dessus et agiter fortement. Verser ensuite dans un verre ballon.

Williams favourite

cf photo page 209

2 cl d'eau-de-vie de poiré,
2 cl de vermouth dry français,
2 cl de liqueur de cassis,
champagne pour remplir le verre,
1 morceau d'ananas,
1 tranche d'orange.

Verser l'eau-de-vie de poiré, le vermouth et la liqueur de cassis dans une coupe à champagne. Compléter par du champagne frappé. Ajouter un morceau d'ananas et ficher la tranche d'orange sur le bord du verre pour décorer. Servir avec un bâtonnet.

Wodka crusta

2 cuillers à bouche de sirop d'orange,
2 cuillers à bouche de sucre en poudre,
4 à 5 glaçons,
3 cl de vodka,
1 cl de vermouth rosso,
1 trait d'angostura,
2 cuillers à café de sucre,
1 spirale de zeste de citron pour décorer.

Mettre le sirop d'orange dans une soucoupe et le sucre dans une autre. Tremper le bord d'une coupe à champagne dans le sirop d'orange, puis dans le sucre après avoir laissé un peu égoutter. Remettre le verre à l'endroit, puis laisser sécher le «givre». Mettre tous les autres ingrédients, à l'exception de la spirale de zeste de citron, dans le shaker. Agiter soigneusement, puis passer le contenu du shaker dans le verre givré. Accrocher la spirale de zeste de citron sur le rebord du verre. Servir avec une paille.

Wodka daisy

3 à 4 glaçons,
4 à 6 morceaux d'ananas,
2 à 3 cuillers à bouche de glace concassée,
5 cl de vodka,
2 cuillers à café de sirop de sucre,
1 cuiller à café de Bénédictine,
1 trait de marasquin,
1 trait de calvados,
5 à 10 cl d'eau de Seltz.

Refroidir une petite coupe à champagne en y mettant les glaçons qu'on retirera lorsque la coupe sera couverte de buée. Mettre, ensuite, les morceaux d'ananas dans la coupe. Mettre la glace concassée, la vodka, le sirop, la Bénédictine, le marasquin et le calvados dans le shaker. Envelopper le shaker dans une serviette, puis l'agiter très fort au moins pendant une minute. Passer le contenu du shaker dans la coupe refroidie, puis ajouter l'eau de Seltz goutte à goutte. Servir avec une paille.

Mettre la glace, la vodka et le vermouth dans un verre à mélange. Bien remuer à l'aide d'une longue cuiller à mélange, puis passer dans un verre à cocktail. Ajouter les petits oignons et servir avec un bâtonnet.

Wodkatini

2 à 3 glaçons,
4 cl de vodka,
1 cl de vermouth dry français,
2 traits d'angostura,
1 petit oignon blanc mariné,
1 zeste de citron.

Mettre la glace dans un verre à mélange. Verser la vodka, le vermouth et l'angostura par-dessus. Remuer avec une longue cuiller à mélange. Passer dans un verre à cocktail, dé-corer avec le petit oignon blanc et arroser de quelques gouttes d'essence de citron en pressant le zeste entre le pouce et l'index. Servir avec une paille et un petit bâton-net.

De gauche à droite: White rose, White lady, White fire.
Le gin est polyvalent, on peut le mélanger aux drinks les plus divers.

Wodka fizz

2 à 3 cuillers à bouche de glace concassée,
5 cl de jus d'ananas,
1 cuiller à café de jus de citron,
1 cuiller à café de sirop de sucre,
3 cl de vodka,
eau de Seltz glacée,
1 glaçon.

Mettre tous les ingrédients dans le shaker, à l'exception de l'eau de Seltz et du glaçon. Envelopper le shaker dans une serviette et l'agiter forte-ment pendant 1 ou 2 minu-tes. Passer le contenu dans un grand gobelet et compléter avec l'eau de Seltz. Ajouter le glaçon et servir avec une paille.

Wodka Gibson

2 à 3 glaçons,
4 cl de vodka,
1 cl de vermouth dry français,
2 à 3 petits oignons blancs au vinaigre.

Cet apéritif préparé avec de la vodka et du vermouth s'appelle un Wodkatini.

Le nombre des cocktails au champagne s'accroît constamment. Le choix qu'on en a ici prouve combien ils peuvent être différents. De gauche à droite: Crustino (recette page 59). Brochette au champagne (recette page 30) et Williams favourite.

Wolga orange

2 à 3 glaçons,
2 cl de vodka,
2 cl de cherry-brandy,
2 cl de jus d'orange,
1 tranche d'orange.

Mettre la glace, la vodka, le cherry brandy et le jus d'orange dans le shaker. Secouer énergiquement, puis passer dans un verre à cocktail. Ficher la tranche d'orange sur le rebord du verre et servir avec une paille.

Wolga Wolga

2 à 3 glaçons,
4 cl de vodka,
1 cl de curaçao bleu,
1 trait de Pernod.

Mettre la glace, la vodka, le curaçao et le Pernod dans un verre à mélange. Remuer avec une longue cuiller à mélange, puis passer dans un verre à cocktail.

Wolga Wolga, Wolga orange. Les drinks à base de vodka nécessitent des ingrédients ayant beaucoup d'arôme.

X

Xalapa punch

Pour 6 à 8 personnes

le zeste râpé de deux citrons,
2 l de thé fort et très chaud,
200 à 250 g de sucre,
¾ l de calvados,
¾ l de rhum de Cuba,
¾ l de vin rouge,
1 citron,
1 cube de glace (d'un demi l d'eau).

Mettre le zeste râpé dans un grand plat. Verser le thé chaud par-dessus, couvrir et laisser infuser 10 à 15 minutes. Passer dans un grand récipient à punch. Ajouter le sucre et remuer afin de le dissoudre. Couvrir et laisser refroidir. Ajouter le calvados, le rhum et le vin rouge. Couper le citron en fines rondelles et l'ajouter, ainsi que le cube de glace, à la préparation. Remuer doucement le tout. Servir avec une paille dans des verres à punch.

X.Y.Z.

2 à 3 glaçons,
2,5 cl de rhum brun,
1,5 cl de liqueur d'orange,
1 cl de jus de citron.

Mettre tous les ingrédients dans le shaker. Secouer énergiquement quelques secondes et passer dans un verre à cocktail ou une coupe. Il est conseillé d'utiliser du rhum de la Jamaïque et de ne pas abuser du jus de citron dans la préparation de l'X.Y.Z. Cocktail.

Le Xalapa punch: si vous vous tournez avec un peu trop d'ardeur vers le Xalapa punch, vous risquez d'avoir des difficultés, ensuite, à prononcer le nom de cette boisson délicieuse.

L'X.Y.Z. se prépare avec du rhum, de la liqueur d'orange et du jus de citron.

Y

Yaourt oyster

1 jaune d'œuf,
3 cuillers à bouche de yaourt,
2 cl de gin,
1 pincée de paprika,
1 pincée de curry,
1 pincée de poivre blanc,

Faire délicatement glisser le jaune dans une coupe à champagne, verser le yaourt tout autour, puis le gin par-dessus. Épicer et garnir avec le paprika, le curry et le poivre blanc.

Yellow daisy

2 à 3 cuillers à bouche de glace concassée,
4 cl de vermouth dry français,
4 cl de dry gin,
1 cl de Grand Marnier,
1 cerise à cocktail avec la queue.

Mettre la glace, le vermouth, le gin et le Grand Marnier dans le shaker. Envelopper le shaker dans une serviette et bien l'agiter. Passer son contenu dans un grand verre à vin ou à cocktail. Décorer avec la cerise.

Yellow parrot

2 à 3 glaçons,
1,5 cl de Bénédictine,
2 cl de Chartreuse jaune,

1,5 cl de gin,
1 cerise à cocktail pour décorer.

Il est conseillé de servir ce cocktail en digestif, après un bon dîner. Il est préparé avec une base de liqueur.
Mettre tous les ingrédients, à l'exception de la cerise, dans le shaker. Secouer énergiquement quelques secondes. Passer dans un verre à cocktail ou un verre à vin. Ajouter la cerise et servir avec un bâtonnet.

Yellow Submarine

2 à 3 glaçons,
1 trait d'angostura,
1,5 cl de Dubonnet,
1,5 cl de vermouth dry français,
2 cl de gin.

Pour beaucoup, le nom de ce cocktail fera penser aux Beatles.
Mettre la glace, l'angostura, le Dubonnet, le vermouth et le gin dans un verre à mélange. Bien remuer le tout à l'aide d'une longue cuiller à mélange. Passer dans un verre à cocktail.

York cocktail

2 à 3 glaçons,
4 cl de whisky,
1 cl de vermouth rosso,
2 à 3 traits d'angostura,
1 zeste de citron.

Mettre la glace, le whisky, le vermouth et l'angostura dans un verre à mélange. Bien remuer avec une cuiller à mélange. Passer dans un verre à cocktail, puis arroser de quelques gouttes de citron en pressant le zeste entre le pouce et l'index.

Zazarac cocktail

2 à 3 glaçons,
1 trait d'orange bitter,
1 trait d'angostura,
1 trait de grenadine,
1,5 cl de whisky,
1,5 cl d'anisette,
2 cl de rhum blanc,
1 zeste de citron.

Mettre tous les ingrédients dans le shaker, à l'exception du zeste de citron. Secouer énergiquement quelques secondes. Passer le contenu du shaker dans un verre à vin. Arroser de quelques gouttes d'essence de citron en pressant le zeste entre le pouce et l'index.

Zénith

3 à 4 glaçons,
2 cuillers à café de jus d'ananas,
5 à 7,5 cl de dry gin,
eau de Seltz glacée pour remplir le verre,
5 morceaux d'ananas.

Le Zénith est un long drink rafraîchissant à base de gin. Mettre la glace dans un verre large. Verser le jus d'ananas et le gin par-dessus. Compléter avec l'eau de Seltz et ajouter les morceaux d'ananas. Servir avec paille et cuiller.

Zoom

2 à 3 glaçons,
4 cl d'eau-de-vie de vin,
1,5 cl de miel,
2 cl de crème fraîche.

Mettre tous les ingrédients dans le shaker, secouer énergiquement quelques secondes, puis passer le contenu du shaker dans un verre à cocktail ou à vin.

Zubrowkatini

2 à 3 glaçons,
4 cl de Zubrowka vodka,
6 cl de crème de menthe blanche,
4 cl de jus de citron,
1 cerise à cocktail verte.

Mettre la glace dans le shaker avec la vodka, la crème de menthe et le jus de citron. Secouer énergiquement, puis passer dans un grand verre à cocktail. Décorer avec la cerise et servir avec paille et cuiller.

Le Zazarac fait faire des exercices de prononciation car il faut vraiment avoir la langue souple pour prononcer ce nom. En outre, buvez un Zazarac et votre langue se déliera toute seule . . .

Le Zénith sera meilleur s'il est préparé avec de l'ananas frais.

Index alphabétique des ingrédients

A

abricot brandy: Angels's face, Apricot blossom, Apricot brandy daisy, Apricot cooler, Apricot fizz, Baiser d'ange, Bel ami, Charlie Chaplin, Columbus cocktail, Copacabana cocktail, Dawn crusta, Désier de parier, Douce Brigitte, Empire, Georgia mint julep, Happy Ice-Cream-Soda, Havana, Lieutenant cocktail, Lilly's smile, Lone tree cooler, Moulin Rouge, Natacha, Red Shadow, Review, Rose cocktail, Valencia cocktail.
abricots: Georgia mint julep, lait mixé aux abricots, Vin aromatisé à l'abricot.
abricots secs: Happy Ice-Cream-Soda.
ail: Désir de parier, Milk-shake à la tomate.
alcool de graines de citron: Lady Mary.
alcool de grain de genièvre: Merry Husband.
ale: Ale passez muscade, Allahbad, Carnaby Street, Tentative d'extinction.
amandes: Flip amande, Gloegg des Alpes, Jackie.
amandes douces: Cacao aux amandes de Lissy.
amandes en poudre: Babeurre aux fruits.
ananas: Barefly's dream cocktail, Bazooka cocktail, Bonanza freeze, Bowl of the bride, Champagne cobbler, Ice-Cream-Soda au chocolat et à l'ananas, Cider cup 1, Cobbler au champagne français, William's favourite, Draling, Geisha, Gin punch, Hawaï kiss, Hawaï shake, Madère cobbler, Maï Taï, Merry husband, Navy punch, Old time appetizer, Perle rouge, Punch à l'ananas, Queen's cocktail, Raymond Hitch cocktail, Rêve ananas, Rhum cobbler, Rocky Mountains punch, Royal drink, Sorbet ananas, Sorbet ananas-fraise, Thé glacé de Cuba, Vin aromatisé paradis, Wodka daisy, Zénith.
angostura: ABC, Anti-gueule-de-bois, Ayer's rock, Bénédictine Pick me up, Blackstone, Bourbon cocktail, Bourbon sour, Brandy cocktail, Brandy sling, Bronx, Champagne cocktail, Chicago cocktail, Cocktail Adonis, Cocktail à la carambole, Continental cocktail, Diana cobbler, Dixie, Douglas cocktail, East India, Gipsy, Gloegg des Alpes, Hot Italy, Jeune homme, Klondyke, Lone tree cooler, Magicien, Mango glory, Manhattan dry, Manhattan sweet, Maria Mexicana, Mazzagran, Mint cocktail, Mint julep, Monte Carlo, Ohio, Old fashioned cocktail, Old time appetizer, Paddy, Panther's sweat, Pink gin, President Taft's opossum, Ray Long, Rye cocktail, Saké spécial, Sink or swim, Sir Ridgeway knight, Special fizz, Star cocktail, Stormboli, Swizzles cocktail, Tequile cocktail, Up-to-date, Washington cocktail, Whisky cocktail, Wodka crusta, Wodkatini, Yellow Submarine, York cocktail, Zazarac cocktail.
anis: Thé à l'anis.
anisette: Mint cocktail, Queen bee, Queen Mary, Sol y sombra, Whity, Zazarac cocktail.
Apple Jack: Apple Jack rabbit.
aquavit: Cocktail à l'eau-de-vie de prune, Gloegg des Alpes, Nigaud), Pillkaller façon Flensburg, Punch Puerto Rico.
arack: Arack grog, Arack-punch, Arack-punch aux œufs, Brise-glace, Punch à l'ananas, Punch anglais, Punch au miel, Punch impérial 1, 2, Punch de Nuremberg, Vin aromatisé à la banane, Vin aromatisé au céleri, Vin aromatisé aux concombres.
armagnac: ABC, Hot coffee.

B

babeurre: Babeurre à la fraise, Babeurre à la mode, Babeurre à la pomme, Babeurre à l'arbouse, Babeurre aux cassis, Babeurre aux fruits.
bananes: Babeurre aux fruits, Barbados flip, Feodora cobbler, Flip banane, Lait au gingembre, Mix aux fruits, Mix banane, Vin aromatisé à la banane.
barack palinka: Delicious sour, Pillkaller Piroschka.
basilic: Lady Mary.
Bénédictine: ABC, Angel's lips, April shower, Bénédictine frappée, Bénédictine Pick me up, Bourbon cocktail, Calvados smash, Cap Kennedy, Delhi gin sling, Gipsy, Haute couture, Jeune homme, Merry widow, Monte Carlo, Mule hind leg, Pêle-mêle, Punch Puerto Rico. Quo Vadis cocktail, Rolls Royce, Sheepshead cocktail, Sumele, Wodka daisy, Yellow parrot.
beurre: Grog beurre.
bière: Bière yaourt, Lady's beercup, Mousse de bière, Night cap, Vin aromatisé à la bière.
bière blonde: Ale sangaree, Bière qui mousse, Churchill, Gargantua, Mulet, Tulipe.
bière brune: Bière aux aromates, Black velvet, Pied de lit.
bitter: Ayer's rock.
bitter lemon: Bitter lemon gin, Horse's neck.
bourbon: Bourbon cocktail, Bourbon highball, Bourbon sour, Fanciulli, Mint julep, Morning glory fizz, Noddy, Old fashioned cocktail, Old pale cocktail, Old time appetizer, Pendennis eggnog, Pendennis toddy Rabbits' revenge, Saratoga fizz, Sheephead's cocktail, Soul kiss, Sputnik, Stromboli, Whisky sour.
bordeaux: Vin aromatisé baclava, Vin aromatisé flambé.
bordeaux blanc: Fraises au vin blanc.
bordeaux rouge: Manhattan cooler, Vin chaud français.
brandy de pêche: Sweet lady cocktail.
Byhrr: Byhrr cocktail.

C

cacao: Cacao aux amandes de Lissy, Cacao flip, Cacao vital, Café hollandais, Capuccino, Milk-shake au moka, Negro mix, Rêve de Marasque.
café: Aide au developpement, Atteleur, Café Acapulco, Café à la cheik, Café au cognac aux œufs, Café au kirsch, Café au lait, Café belge, Café brûlot, Café capriccio, Café cobbler 1, 2, Café danois, Café de cacao frappé, Café de Copenhague, Café des Indes orientales, Café des montagnes, Café flip, Café glacé, Café hollandais, Café punch aux œufs, Café Rio, Café turc, Capuccino, Caramel flip, Carioca, Favori, Hot coffee, Mazzagran, Mélange impérial, Milk-shake au moka, Moka, Moka italien, Negro mix, Pharisien, Sliwowitz cocktail, Swiss flip.
calvados: Angel's face, Apple Jack rabbit, Calvados cocktail, Calvados royal, Calvados smash, Cider cup 1, Delicious sour, Désir de parier, Diki Diki cocktail, Empire, Klondyke, Mule hind leg, Punch à la pomme, Star cocktail, Wodka fizz, Xalapa punch.
campari: Américano, Campari soda, Capri cocktail, Churchill, Fanny Hill, Half and half, Negroni, Old pale cocktail, Peter's kiss, Quo Vadis cocktail, Take two, T.E.E., Union Jack.
canelle: Barbados flip, Bière aux aromates, Bière qui mousse, Bourgogne argent, Bramble-bramble, Café de Copenhague, Café des Indes orientales, Capuccino, Carnaby Street, Cidre chaud, Claret cup, Grog beurre, Lait estival, Moitié-moitié, Moka italien, Mousse de bière, Negus, Peruano flip, Punch à la pomme, Punch au miel, Punch au sureau, Punch aux épices, Red skin, Sangria, Thé aux épices, Thé glacé aux épices, Tiger's milk, Vin chaud français, Vin chaud spécial.
carambole: Cocktail à la carambole.
cardamome: Café à la cheik, Café turc.
carottes: Santé.
cassis: Lait estival, Shake cassis, Vin aromatisé paradis.
cantaloup: Drink au melon, Ecuador, Vin aromatisé au melon.
céleri: Vin aromatisé au céleri.
cerises: Cobbler aux cerises, Lait mixé aux cerises, Pillkaller aux cerises, Rocky Mountains punch.
champagne: ABC, American glory, Bénédictine Pick me up, Brandy Pick me up, Brochette au champagne, Calvados royal, Cecil Pick me up, Champagne cobbler, Champagne cocktail, Champagne julep, Champagne Pick me up, Chicago cocktail, Cobbler au champagne français, Cobbler au melon, Crustino. Daisy au champagne, Diana cobbler, Drink au melon, Duplex, Eden rocks, Fanny Hill, French 75, Fresco, Golden Lady, Grand Marnier Pick me up, Knock-out, Leo's special, Mix impérial glacé, Monte Carlo impérial, Moulin Rouge, Navy punch, Nuits orientales, Ohio, Pêche qui roule, Perle rouge, Punch impérial 2, Queen's peg, Review, Ritz cocktail, Rocky mountains cocktail, Royal drink, Saratoga, Sorbet ananas, Sorbet orange, Torres special sorbet, Toscanini, Tremplin, Vie en rose, Vin aromatisé à la banane, Vin aromatisé à la fraise, Vin aromatisé à la framboise. Vin aromatisé à la pêche, Vin aromatisé à la rose, Vin aromatisé au céleri, Vin aromatisé au citron, Vin aromatisé au melon, Vin aromatisé aux griottes, Vin aromatisé aux kumquats, Vin aromatisé balaclava, Vin aromatisé de mai, Vin aromatisé exotique, Vin aromatisé paradis, Vulcano, William's favourite.
Chartreuse jaune: Alaska, Cocktail au chocolat, Daisy au champagne, Petit mimosa, Rye daisy, Sir Ridgeway knight, S.P.S. cocktail, Toison d'or.
Chartreuse verte: Bazooka cocktail, C et S, Chartreuse cocktail, Cocktail bijou, Eclair vert, Mary of Scotland, Mousseux vert, Vulcano.
cheri suisse: Swiss flip, Swiss Miss.
cherry-brandy: Bazooka cocktail, Brandy fix, Cherry brandy flip, Cherry milk, Cherry sour, Colorado cocktail, Darling, Dubonnet fizz, Fontaine de jouvance, Knickebein, Merry widow 2, Miss Yugoslavia, Red kiss, Red shadow, Samba eggnog, Svenska Fan, Veuve joyeuse, Vie en rose, Wolga orange.
chocolat: Cocktail au chocolat, Milk-shake à l'orange, Miss Yugoslavia, Moka italien.
ciboulette: Flip aux herbes, Red rose.
cidre: Cidre chaud, Stone fence.
coca cola: Agadir, Calypso, Cuba libre, Fakir, Incandescence des Alpes, Kon-Tiki.
cognac: April Shower, Butterfly flip, Café cobbler, Café flip, Cobbler au melon, Copacabana cocktail, Devil's own cocktail, Ecstasy cocktail, Highlife, Liqueur de violettes, Navy punch, Paprika cocktail, Punch à la romaine, Review, Ritz cocktail, Saratoga, Tantalus cocktail, T.E.E., Torres special sorbet, Toscanini, Vin aromatisé exotique.
cognac aux œufs: El Dorado, Japonaise, Violetta cocktail.
Cointreau: Broadway smile, Café capriccio, Cobbler au melon, Copacabana cocktail, French 75, Golden daisy cocktail, Jeune homme, Lait mixé aux abricots, Little devil, Mont Blanc, Nuits orientales, Orange bloom, Orange country julep, Queen Elisabeth cocktail, Queen Mary, Ritz cocktail, Royal Bermuda, Sidecar, Toscanini, White lady.
colorant: Liqueur de fraise.
compote d'airelles: Bière yaourt.
concombre: Lady Mary, Pimm's no. 1 cup, Vin aromatisé balaclava, Vin aromatisé aux comcombres.
crème Chantilly: Atteleur, Café brûlot, Café capriccio, Café des Indes orientales, Café flip, Café glacé, Café hollandais, Capuccino, Darling, Happy Ice-Cream-Soda, Ice-Cream-Soda au chocolat et à l'ananas, ICS Cheerio, Lait mixé aux cerises, Love-Love, Pharisien, Shake à la fraise, Shake caramel, Sorbet ananas-fraise, Thé écossais.
crème de banane: Mélodie.
crème de cacao: Angel's wing kiss, Butterfly flip, Cacao flip, Café de cacao frappé, Caramel flip, Chocolate soldier, Cocktail au chocolat, Cocoa Rickey, Flip de Coco, Grasshopper, Haute couture, Miss Yugoslavia, Mona Lisa, Pêle-mêle, Sweet Lady cocktail, Tous les garçons, Vanilla dream.
crème de cacao blanc: Alexandra, Rhum Alexander, Sumele.
crème de cacao noir: Alexander, El Dorado, Trace de barbares.
crème de cassis: Broadway smile, Vermouth cassis, Violetta cocktail.
crème de framboise: Punch à la framboise.
crème de menthe: Calvados smash, Devil's own cocktail, Frozen Caruso cocktail.
crème de menthe blanche: Dixie, Monte Carlo impérial, Virgin cocktail, Zubrowkatini.
crème de menthe verte: Fontaine de jouvence, Grasshopper, Green dragon, Green fizz, Green hat, Green sea, Miss Whiff, Peppermint frappé.
crème de moka: Peruano flip.
crème de noyau: Miss Yugoslavia.
crème de prunelle: Angel's wing kiss.
crème de vanille: Vanilla dream.
crème fraîche: Angel's lips, Angel's wing kiss, Athletic, Babeurre aux fruits, Baiser d'ange, Bel ami, Bodybuilding, Butterfly cup, Cacao flip, Café des montagnes, Café belge, Café flip, Cowboy, Colorado cocktail, Douce Brigitte, Flip amande, Flip aux herbes, Flip banane, Flip de Coco, Guillome sour, Helvétia, Ketchup cup, Lady's beer cup, Lait au citron avec un doigt d'alcool, Last but not least, Magnolia blossom cocktail, Mélodie, Milk-shake au moka, Miss Yugoslavia, Mix banane, Mont Blanc, Negro mix, New Orleans fizz, Pasha's pleasure, Pendennis eggnog, Peruano flip, Peter's kiss, Punch amazone, Rêve ananas, Rhum Alexander, Sillabub, Sliwowitz cocktail, Swiss flip, Swiss Miss, Tia Alexandra, Tiger's milk, Trace de barbares, violetta cocktail, Violeta fizz, Zoom.
croquant cancassé: Rêve ananas.
curaçao: Amour crusta, Champagne cobbler, Carleston, Continental cocktail, Dixie, Feodora cobbler, Grog américain, Island dream, Lady's punch, Madère cobbler, Morning glory, Pêle-mêle, Peter Tower, Petit déjeuner d'homme, Punch anglais, Punch au porto, Rhett Buttler, Sorbet ananas, Thé glacé au curaçao, Vin aromatisé à l'abricot.
curaçao blanc: Ayer's rock, Bacardi highball, Cobbler au champagne français, Cocktail blanche, Fanny Hill, Favori, Golden cocktail, Golden Lady, Lait au citron avec un doigt d'alcool, Lait romance, Vulcano, Whity.
curaçao bleu: Blue boy, Blue lady, Merry husband, Vulcano, Wolga Wolga.
curaçao orange: Brandy tea punch, Breakfast eggnog, Cobbler au melon, Daïquiri cocktail à l'américaine, East India, Honeymoon cocktail, Punch à la romaine, Punch à l'orange, Queen bee, Ramona fizz, Rhum flip, Royal drink, Tango cocktail, Tequila fix.
curaçao triple sec: Bourbon cocktail, Calvados cocktail, Cuba crusta, Hot

locomotive, Japan crusta, Lara, Leo's special, Margarita, Panther's sweat, Paprika cocktail, Sink or Swim cocktail, Yellow Submarine.

E

eau-de-vie de framboise: Ice-cream-frappé framboise.
eau-de-vie de poiré : Moonlight, Natacha, Punch amazone, William's favourite.
eau-de-vie de prunes : Apricot blossom, Cocktail à l'eau-de-vie de prunes, Punch éclair, Swiss flip, Vie en rose.
eau-de-vie de vin: Adam et Eve, Afterwards, Aide au developpement, American beauty, Apricot brandy daisy, April shower, Ayer's rock, Baltimore egg nog, Bazooka cocktail, Bel ami, Bodybuilding, Bosom caresser, Brandy cocktail, Brandy cooler, Brandy crusta, Brandy daisy, Brandy fix, Brandy highball, Brandy Pick me up, Brandy punch aux œufs, Brandy sling, Brandy smash, Brandy tea punch, Breakfast egg nog, Café cobbler 2, Café danois, Café flip, Capri cocktail, Cecil Pick me up, Champagne Pick me up, Chartreuse daisy, Chicago cocktail, Chocolate soldier, Cider cup 1, 2, Cœur ardent, Coney Island refresher, Crépuscule, Ecuador egg nog, Fanny Hill, Feodora cobbler, Flamingo cooler, Floater, Georgia mint julep, Gogel-Mogel, Golden Lady, Grog aux cerises, Grog beurre, Harry's Pick me up, Haute couture, Highland punch, Ice-cream-frappé pêche, Island highball, Jasmin julep, Lait romance, Leo's special, Liqueur de fraise, Liqueur des œufs, Love-Love, Mamie chaleureuse, Mazzagran, Mélange impérial, Morning glory, Negro mix, Night cap, Ohio, Pasha's pleasure, Peruano flip, Peter Tower, Petit déjeuner d'homme, Pillkaller aux cerises, Pillkaller Nikolaschka, President Taft's Opossum, Punch amazone, Punch anglais, Punch au lait, Punch au thé, Punch au thé à la mauve, Punch créole, Punch Puerto Rico, Queen Mary, Ray Long, Reviver, Sangaree au brandy, Sangria, Sidecar, Sink or swim, Sir Ridgeway knight, Sleepy head, Smiling Esther, Sprint, Sputnik, Stonehammer cocktail, Svenska Fan, Tiger's milk, Eau-de-vie de Dantzig, Toison d'or, Tom and Jerry, Tous les garçons, Vin aromatisé à la banane, Vin aromatisé à la framboise, Vin aromatisé aux griottes, Vin aromatisé aux kumquats, Washington cocktail, zoom.
épinards: Panier à salade.
esprit de framboise: Petit mimosa.
esprit de vin: Liqueur de vanille, Liqueur de violettes.
extrait d'amande amère: Mix aux fruits.

F

fenouil sauvage: Flip aux herbes, Guérisseuse, Pillkaller façon Flensburg, Red rose.
fernet branca: Fanciulli, Pause programme, Sputnik cocktail, Vampire killer.
fleur de jasmin: Jasmin julep.
fleur de muscade: Sangria.
forbidden-fruit liqueur: Tantalus cocktail, Virgin cocktail.
fraises: Babeurre à la fraise, Brandy smash, Calvados cocktail, Cobbler au champagne français, Flip fraise, Fraises au vin blanc, Frappé à la fraise, Hawaï shake, Liqueur de fraise, Queen Mary, Rhum cobbler, Rocky Mountains punch, Royal drink, Saratoga, Shake à la fraise, Sorbet ananas-fraise, Vin aromatisé à la bière, Vin aromatisé à la fraise, Vin aromatisé paradis.
framboise: Darling, Ice-Cream-Soda à la framboise, Punch à la framboise 1, 2, Royal fizz, Summer delight, Vin aromatisé à la framboise, Vin aromatisé paradis.
fruits (variés)/ fruits (de saison): Calvados smash, Champagne julep, Cider cup 2, Daisy au champagne, Diana cobbler, Manhattan cooler, Planter's punch, Punch à la romaine, Punch créole, Sorbet fruits.
fruits confits: Eau-de-vie de genièvre.
fruits secs: Eau-de-vie de genièvre.

G

gelée de cassis: Summer fizz.
genièvre: Tulipe, Vaisseau fantôme.
germe de blé: Babeurre aux cassis.
gin: Adam et Eve, Alaska, Alexandra, Angel's face, Barfly's dream cocktail, Bazooka cocktail, Beau rivage, Beautiful, Bitter lemon gin, Blackstone, Blue boy, Broadway smile, Charlie Chaplin, Charme des forets, Clipper cocktail, Cocktail bijou, Delhi gin sling, Doublag cocktail, Dubonnet cocktail, Flip aux herbes, French 75, French cocktail, Frozen Caruso cocktail, Geisha, Ginn fizz, Gin oyster, Gin punch, Golden cocktail, Golden fizz, Green fizz, Green hat, Harry's dry jumbo, Havana, Hawaï kiss. Highball framboise, Ice-Cream-Soda cheerio, Island highball, Jeune homme, Kiku kiku, Little devil, Magnolia blossom cocktail, Martini dry, Martini medium, Martini very dry, Miss Whiff, Mont blanc, Moulin Rouge, Mulet, Napoléon, Negroni, Noddy, Opéra, Orange bloom, Page court, Panther's sweat, Pink gin, Queen Elisabeth cocktail, Quo Vadis cocktail, Red kiss, Rolls Royce, Rose cocktail, Royal fizz, Saké spécial, Stonehammer cocktail, Svenska Fan, Swizzles cocktail, Tango cocktail, Taxi cocktail, Tia Alexandra, Trace de barbares, Vampire killer, Virgin cocktail, Yaourt oyster, Yellow parrot, Yellow Submarine.
dry gin: Blue lady, Cooperstown, Martini on the rocks, Martini orange, Martini sweet, Merry widow 1, Monte Carlo impérial, Mule hind leg, New Orleans fizz, Olivette, One exciting night, Pause programme, Peruano flip, Pink lady fizz, Pinky cocktail, Queen's cocktail, Queen's peg, Ramona cocktail, Satan's whiskers straight, Take two, Tom Collins, Uncle Hennig, Violette fizz, White fire, White lady, White rose, Yellow daisy, Zénith.
gingembre: Bourgogne ardent, Carnaby street, Djakarta drink, Gloegg des Alpes, Highball au gingembre, Lait au gingembre, Punch au porto, Thé au gingembre, Thé glacé aux épices.
ginger ale: Bourbon highball, Cablegram cooler, cooler au citron, Flamingo cooler, Grapefruit highball, Highball au gingembre, Horse's neck, Klondyke cooler, Lara, Manhattan cooler, Orange cooler, Pimlet, Punch au thé al la mauve, Screw Driver, Sleepy head, Snowball, Summer fizz, Summer splitter, Uncle Henning, Whisky cooler.
girofle (clous de): Bière aux aromates, Bourgogne ardent, Café de Copenhague, Café des Indes orientales, Café turc, Cidre chaud, Claret cup, Grog américain, Grog beurre, Mazzagran, Petit vin aromatisé flambé, Punch à la pomme, Punch au porto, Punch au sureau, Punch aux épices, Thé glacé aux épices, Vin aromatisé flambé, Vin chaud spécial.
glace à la fraise: Happy Ice-Cream-Soda, Shake à la fraise, Sorbet ananas-fraise, Veuve joyeuse.
glace à la framboise: Darling, Ice-Cream-frappé framboise, Ice-Cream-Soda à la framboise.
glace à la mangue: Torres special sorbet.
glace à l'ananas: Duplex, Ice-Cream-Soda au chocolat et à l'ananas.
glace à la vanille: Bel ami, Café glacé, Café Rio, Cocoa Rickey, Darling, Ecuador, Grenadine shake, Happy Ice-Cream-Soda, Hawaï shake, Ice-cream-frappé pêche, Ice-Cream-Soda à la framboise, ICS au chocolat et à l'ananas, ICS aux noix, ICS maison, Incandescence des Alpes, Lait romance, Love-love, Maté glacé, Milk-shake à la vanille, Milk-shake à l'orange, Mix aux fruits, Mix impérial glacé, Shake au gingembre, Shake aux noix et au malt, Shake caramel, Shake cassis, Sorbet ananas, Sorbet ananas-fraise, Sorbet fruits, Vanille dream.
glace à l'orange: Ice-Cream-Soda Cheerio, Kon-Tiki, Sorbet orange, Torres special sorbet.
glace au chocolat: Ice-Cream-Soda au chocolat et à l'ananas, ICS maison.
glace au citron: Gazouillis du harem.
glace au moka: Café Rio.
glace aux fruits: Bonanza freeze.
glace aux noix: Ice-Cream-Soda aux noix.
Grand Marnier: Carioca, Grand Marnier Pick me up, Paprika cocktail, Up-to-date, Yellow daisy.
grenadine: Chapala, Cobbler bourguignon, Country club highball, Crustino, Daisy fizz, French cocktail, Grapefruit highball, Grenadine à l'eau, Grenadine shape, Harry's Pick me up, Helvétia, Island dream, Japonaise, Lait au citron, Lait romance, Lara, Lone tree cooler, Madère cobbler, Magicien, Magnolia blossom cocktail, Martini sweet, May blossom fizz, Moulin Rouge, Orange county julep, Orange smile, Ouverture, Pernod fizz, Pink lady fizz, Pink pearl, Pinky cocktail, Punch au lait, Rabbit's revenge, Ramona cocktail, Red skin, Red tonic, Rhum cobbler, Rose cocktail, Rye cocktail, Sunrise, Tequile caliente. Tiger's milk, Union Jack, Vaisseau fantôme, Victoria highball, Washington cocktail, Zazarac cocktail.
griottes: Babeurre aux fruits, Ice-cream-frappé citron, Vin aromatisé aux griottes.

H

huile d'amande amère: Cacao aux amandes de Lissy.
huile d'olive: Prairie oyster, President Taft's opossum.

J

jus d'ananas: Barfly's dream cocktail, Bowl of the bride, Cuba crusta, East India, Hock cup, Kiku kiku, Punch à l'ananas, Rabbit's revenge, Saratoga, Wodka fizz, Zénith.
jus de carotte: Carlotta.
jus de cassis: Babeurre aux cassis, Flip miel.
jus de céleri: Carlotta.
jus de cerise: Lady's beer cup, Punch au kirsch.
jus de citron: Admiral highball, American cooler, Amour crusta, Apple Jack rabbit, Apricot brandy daisy, Apricot cooler, Apricot fizz, Arack grog, Athletic, Babeurre aux herbes, Bacardi highball, Bière yaourt, Blondie, Bloody Mary, Blue boy, Blue lady, Bourbon cocktail, Bourbon sour, Bowl of the bride, Brandy crusta, Brandy daisy, Brandy fix, Brandy highball, Brandy sling, Brandy tea punch, British lion, Cablegram cooler, Café Acapulco, Calypso, Cap Kennedy, Carioca, Carlotta, Champagne cobbler, Charlie Chaplin, Chartreuse daisy, Cherry sour, Claret fizz, Clipper cocktail, Cobbler au champagne français, Cocktail au sirop d'érable, Cooler au citron, Copacabana cocktail, Crustino, Cuba crusta, Cuba libre, Daisy au champagne, Dawn crusta, Delicious sour, Dixie, Dubonnet fizz, Eau-de-vie de genièvre, Flamingo cooler, Fleur rouge, Fraises au vin blanc, French 75, Fresco, Geisha, Gin fizz, Gin oyster, Gin punch, Golden daisy cocktail, Golden fizz, Good morning cocktail, Green fizz, Grenadine shake, Guillaume sour, Harry's Pick me up, Havana, Highball framboise, Highland punch, Highlife, Horse's neck, Ice-cream-frappé citron, Island dream, Ketchup cup, Klondyke cooler, Lait au citron, Lait au citron avec un peu d'alcool, Lara, Lilly's amile, Limonade, Little devil, Lone tree cooler, Lueuer d'espoir, Magnolia blossom cocktail, Manhattan cooler, Margarita, Martini very dry, Mary of Scotland, May blossom fizz, Missisipi, Miss Whiff, Mona Lisa, Morning glory, Moulin rouge, Mulet, Napoléon, Navy punch, New Orleans fizz, Newskij Prospect, One exciting night, Orange county julep, Panier à salade, Panther's sweat, Pernod fizz, Peter Tower, Petit mimosa, Pink Lady fizz, Pink pearl, Planter's punch, Prairie oyster, Punch à la framboise 1, Punch à l'ananas, Punch à la prunelle, Punch à la romaine, Punch au citron, Punch au miel, Punch au porto, Punch au sureau, Punch au thé à la mauve, Punch aux épices, Punch caramel, Punch créole, Punch éclair, Punch français, Punch impérial 1, 2, Punch roux, Queen Elisabeth cocktail, Ramona cocktail, Ramona fizz, Red shadow, Red Tonic, Review, Rhett Buttler, Rhum sour, Rocky Mountains punch, Rose cocktail, Royal Bermuda, Ruby fizz, Rye daisy, Rye punch, Saratoga fizz, Scotch cooler, Shake citron-yaourt, Sheraton daïquiri, Sidecar, Sillabub, Snowball, Sol y sombra, Sorbet yaourt, Special fizz, Sputnik cocktail, Stonehammer cocktail, Sumele, Tantalus cocktail, Thé au gingembre, Thé aux épices, Thé glacé aux épices, Tomato cocktail 1, 2, Tom Collins, Uncle Hennig, Vaisseau fantôme, Vin aromatisé au céleri, Vin aromatisé au citron, Vin aromatisé balaclava, Vin aromatisé paradis, Vin chaud spécial, Violett fizz, Whisky cooler, Whisky punch, Whisky sour, White lady, Wodka fizz, X.Y.Z. cocktail, Zubrowkatini.
jus de citron vert: Amour crusta, Columbus cocktail, Daïquiri cocktail à l'américaine, Daïquiri on the rocks, Little devil, Maï Taï, Margarita, Royal fizz, Sheraton fizz, Summer delight, Summer fizz, Summer splinter, Vin aromatisé à la banane.
jus de framboise: Jackie.
jus de fruits: Babeurre à la mode.
jus de limette: Magicien, Mojito, Monte Carlo impérial, Quarter deck 1, Rhett Buttler, Saratoga fizz, Scarlett O'Hara, Sunrise, Swizzles cocktail, Taxi cocktail, Tequila caliente, Tequile fix, Tovaritch, White rose.
jus de mandarine: Drink à la mandarine et au gingembre, Japan crusta.
jus de mangue: Tropical itch.
jus de maracuja: Tremplin.
jus de pamplemousse Diki Diki cocktail, Grapefruit highball, Half and half, Horse's neck, Huckle-Berry drink, Leo's special, Lieutenant cocktail, Nuits orientales, Orange country julep, Pink pearl.
jus de poire: Lilly's smile.
jus de pomme: Calvados smash, Carlotta, Cider cup 1, 2, Cidre chaud, Grog beurre, Punch à la pomme, Punch aux épices, Sorbet yaourt.
jus de prune: Cocktail à la prune.

jus de prunelle : Punch à la prunelle.
jus de raisin : Athletic, Flip au jus de raisin, Grog beurre, Punch aux épices, Punch caramel, Vin aromatisé à la banane.
jus de tomate : Bloody Mary, Lady Mary, Last but not least, Milk-shake à la tomate, Red rose, Tomato cocktail 1, 2.
jus d'orange : Agadir, American beauty, American cooler, American glory, Apple Jack rabbit, Apricot blossom, April shower, Ayer's rock, Beau rivage, Beautiful, Bronx, Cacao vital, Calvados cocktail, Cap Kennedy, Chapala, Cocktail fruité aux noisettes, Leo's special, Magicien, Maï Taï, Milk-shake à l'orange, Mix aux fruits, One exciting night, Orange cooler, Page court, Peter Pan, Petit mimosa, Punch au miel, Punch au porto, Punch au thé à la mauve, Punch au thé flambé, Punch aux épices, Punch français, Punch impérial 1, 2, Raymond Hitch cocktail, Ritz cocktail, Rose fizz, Satan's whiskers straight, Screw Driver, Sliwowitz cocktail, Soul kiss cocktail, S.P.S. cocktail, Summer fizz, Tango cocktail, Valencia cocktail, Whisky sour, White rose, Wolga orange.

K

kaki : Vin aromatisé exotique.
ketchup : Flip aux herbes, Gin oyster, Kangourou, Prairie oyster, Tomato cocktail 1, 2.
kirsch : Afterwards, Café au kirsch, Café brûlot, Charleston, Cobbler aux cerises, Colorado cocktail, Commissaire, Eden rocks, Helvétia, Japan crusta, Japonaise, Madère cobbler, Mix impérial glacé, Nigaud, Pendennis toddy, Peter's kiss, Punch au kirsch, Vulcano.
kiwi : Vin aromatisé exotique.
kummel : Tovaritch.
kumquat : Opéra, Vin aromatisé aux kumquats.

L

lait : Alexander, Alexandra, Baltimore egg nog, Barbados flip. Bosom caresser, Breakfast egg nog, Cacao aux amandes de Lissy, Café au lait, Cherry milk, Cocktail à la prune, Cocktail fruité aux noisettes, Cocoa Rickey Coney Island refresher, Egg nog, Fakir à la pêche, Flip à l'arbouse, Flip amande, Flip au jus de raisin, Flip aux herbes, Flip banane, Flip fraise, Flip miel, Furor Bavaricus, Grenadine shake, Guérisseuse, Hawaï shake, Hit au marasquin, Ice-cream-frappé citron, Ice-cream-frappé framboise, Ice-cream-frappé pêche, Ice-Cream-Soda aux noix au malt, Ice-Cream-Soda Cheerio, Incandescence des Alpes, Kon-Tiki, Lait au citron, Lait au citron avec un doigt d'alcool, Lait au gingembre, Lait estival, Lait mixé aux abricots, Lait mixé aux cerises, Mamie chaleureuse, Mélange impérial, Milk-shake à la tomate, Milk-shake à l'orange, Milk-shake au moka, Mix aux fruits, Mix banane, Negro mix, Panier à salade, Petit déjeuner d'homme, Pied de lit, Porto egg nog, Punch amazone, Reviver, Samba egg nog, Shake à la fraise, Shake au gingembre, Shake aux noix et au malt, Shake caramel, Shake cassis, Sorbet ananas-fraise, Tiger's milk, Tom and Jerry, Vanilla dream, Veuve joyeuse.
lait concentré : Darling, Ecuador, Flip à la pêche, Happy Ice-Cream-Soda, Ice-Cream-Soda à la framboise, ICS au chocolat et à l'ananas, ICS Cheerio, ICS maison, Jackie, Lait romance,

Liqueur aux œufs, Sorbet ananas-fraise, Thé glacé au curaçao.
laurier : Vin chaud français.
limette : Rhum cobbler.
limonade à l'orange : Pimm's no 1 cup.
limonade au citron : Pimm's no 1 cup.
liqueur aux œufs : Café au cognac aux œufs, Café hollandais, fontaine de jouvence, Ice-Cream-Soda maison, Pieuse Hélène, Sprint.
liqueur d'abricot : Mule hind leg, Sheraton daïquiri.
liqueur d'anisette : Cocktail Blanche.
liqueur de banane : Cabana, Mallorca, Punch au thé à la mauve.
liqueur de café : Black Russian, Café cobbler 2, Pasha's pleasure.
liqueur de cassis : Acapulco, Ritz Macka, Tequila caliente, William's favourite.
liqueur de cerise : Delhi gin sling, Ritz Macka, Swiss miss.
liqueur de chocolat : Love-love.
liqueur de framboise : Charme des forêts.
liqueur de mandarine : Opéra.
liqueur de menthe : Afterwards.
liqueur de moka : Agadir, Café Rio, Douce Brigitte, Ecuador, Ice-Cream-Soda maison, Sprint.
liqueur de mûre : Charme des forêts, Flamingo cooler, Nigaud, Pernod fizz, Petit mimosa.
liqueur de noix : Coney Island refresher, Ice-Cream-Soda aux noix.
liqueur de pêche : Jockey skin, Navy punch, Peach and honey, T.E.E., Vin aromatisé à la pêche.
liqueur de plantes : Pillkaller aux plantes.
liqueur de prune : Cocktail à l'eau-de-vie de prune.
liqueur de prunelle : Niguaud, Queen bee, Ruby fizz.
liqueur de vanille : Torres special sorbet.
liqueur de whisky à la pêche : Rhett Buttler, Scarlett O'Hara.
liqueur d'orange : Adam et Eve, Apple Jack rabbit, Bamboo, Cocktail blanche, Quo Vadis cocktail, Santan's whiskers straight, Take two, Torres special sorbet, Vin aromatisé aux oranges, X.Y.Z. cocktail.

M

madère : Baltimore egg nog, Bodybuilding, Madère cobbler, Madère flip, Punch à l'ananas, Vin aromatisé aux kumquats.
mandarines : ABC.
marasquin : Amour crusta, Brandy crusta, Bronx, Café au kirsch, Café flip, Champagne cobbler, Charleston, Cider cup 2, Cobbler au champagne français, Continental cocktail, Diana cobbler, Gin punch, Hit au marasquin, Hock cup, Madère cobbler, Mélange impérial, Merry widow 2, Milk-shake à l'orange, Mix impérial glacé, Pêle-mêle, Pieuse Hélène, Punch au kirsch, Rêve ananas, Rêve de Marasque, Rhum cobbler, Rocky mountains punch, Saratoga, Sorbet ananas, Union Jack, Vierge, Vin aromatisé aux griottes, White rose, Wodka daisy.
massepain : Lait mixé aux cerises.
maté : Maté glacé.
médoc : Cobbler bourguignon, Commissaire, Ohio, Toscanini, Vierge.
mélisse : Vin aromatisé balaclave.
melon sucrin : Cobbler au melon, Drink au melon, Horchata, Vin aromatisé au melon, Vin aromatisé paradis.
menthe (feuilles de) : Allahbad, Brandy smash, Calvados smash, Champagne julep, Dixie, Fanny Hill, Georgia mint julep, Limonade, Magicien, Mint cocktail, Mint julep, Miss Whiff, Mojito, Orange country julep, Ramona cocktail, Sleepy head, Summer fizz, Thé aux épices, Thé glacé aux épices, Thé nord-africain, Tropical itch, Whisky julep.
miel : Bière aux aromates, Bourgogne

ardent, Cocktail à la prune, Flip miel, Guérisseuse, Hot locomotive, Mamie chaleureuse, Mix aux fruits, Panier à salade, Peach and honey, Pendennis toddy, Punch au miel, Punch aux épices, Rêve ananas, Shake citron-yaourt, Sorbet yaourt, Tequila fix, Thé à la mûre, Thé au sureau, Thé aux épices, Tisane de tilleul, Zoom.
moka : Café au kirsch, Café de cacao frappé, Café des Indes orientales, Cœur ardent.
mousseux : Agadir, American glory, Ayer's rock, Bénédictine Pick me up, Black velvet, Blondie, Blue boy, Calvados royal, Cane froide, Cecil Pick me up, Chicago cocktail, Cocktail à la carambole, Continental cocktail, Daisy au champagne, Diana cobbler, Drink au melon, Duplex, Fresco, Golden Lady, Harry's Pick me up, Hawaï kiss, Knock-out, Leo's special, Merry husband, Mix impérial glacé, Mousseux vert, Pêche qui roule, Punch du chasseur, Sorbet ananas, Vin aromatisé à la banane, Vin aromatisé à l'abricot, Vin aromatisé à la fraise, Vin aromatisé au melon, Vin aromatisé aux concombres, Vin aromatisé aux oranges, Vin aromatisé balaclava, Vin aromatisé de mai, Vin aromatisé exotique.
moutarde : Milk-shake à la tomate, Pillkaller, Pillkaller façon Flensburg.
mûres : Bramble-bramble.
muscat : Gloegg des Alpes.

N

noisettes : Cocktail fruité aux noisettes.
noix : Shake aux noix et au malt.
noix de coco : Egg nog, Magicien, Pillkaller aux cerises.
noix muscade : Ale passez muscade, Ale sangaree, Allahbad, Baltimore eggnog, Carnaby Street, Cherry brandy flip, Claret cup, Claret flip, Coney Island refresher, Egg nog, Flip de Coco, Flip flap, Gargantua, Gin oyster, Gogel-Mogel, Madère flip, Mamie chaleureuse, Negus, Night cap, Porto egg nog, Punch au lait, Punch au porto, Punch aux épices, Red skin, Sangaree au brandy, Sprint, Thé écossais, Vermouth flip, Vin chaud français, Xérès-flip.

O

œufs : Aide developpement, Anti-gueule-de-bois, Bosom caresser, Breakfast egg nog, Café danois, Cherry brandy flip, Gogel-mogel, Mousse de bière, Pendennis egg nog, Petit déjeuner d'homme, Pillkaller façon Flensburg.
œufs (blancs d') : Café belge, Good morning cocktail, Green fizz, Mango glory, Morning glory fizz, New Orleans fizz, Pernod fizz, Pink lady fizz, Pink pearl.
œufs (jaune d') : Ale passez muscade, Arack-punch, Arack-punch aux œufs, Athletic, Baltimore egg nog, Barbados flip, Bière qui mousse, Bodybuilding, Brandy flip, Brandy punch aux œufs, Butterfly flip, Cacao flip, Café des montagnes, Café punch aux œufs, Campichello, Caramel flip, Carnaby street, Cecil pick me up, Champagne flip, Claret cup, Claret flip, Commissaire, Ecuador, Eggnog, Favori, Flip à la pêche, Flip à l'arbouse, Flip amande, Flip au jus de raisin, Flip aux herbes, Flip banane, Flip de Coco, Flip flap, Flip miel, Furor Bavaricus, Gin oyster, Gogel-Mogel, Golden fizz, Grog Holstein, Hot locomotive, Ketchup cup, Knickebein, Knock out, Lait romance, Liqueur aux œufs, Madère flip, Mamie chaleureuse, Mélange impérial, Mix banane, Oeil de bœuf, Peruano flip,

Pied de lit, Prairie oyster, President Taft's opossum, Punch amazone, Rhum flip, Samba egg nog, Shake citron-yaourt, Vermouth flip, Yaourt oyster, Xérès flip.
oignon blancs : Pillkaller Piroschka, Wodkatini.
olives vertes : Pillkaller aux plantes, Vin aromatisé aux olives.
orange bitter : Blackthorne, Brandy highball, Calvados cocktail, Chocolate soldier, Cocktail orange, continental cocktail, Island highball, Martini dry, Martini orange, Natacha, Olivette, Quarter deck 2, Raymond Hitch cocktail, Saratoga, Satan's whiskers straight, Sorbet orange, Tous les garçons, Valencia cocktail, Zazarac cocktail.

P

pain blanc : Allahbad, Gargantua.
pain noir : Babeurre à la mauve.
pamplemousses : Nuits orientales, Petit vin aromatisé flambé, Punch Puerto Rico, Prairie oyster, Yaourt oyster, President Taft's opossum, Tomato cocktail.
pastèques : Cobbler au melon, Drink au melon, Vin aromatisé au melon, Vin aromatisé exotique.
peach bitter : Amour crusta, Merry widow 1, Page court, Peter Pan.
paprika : Devil's own cocktail, Gin oyster, Last but least, Paprika cocktail.
pêches : Brandy tea punch, Champagne cobbler, Cobbler au champagne français, Flip à la pêche, Georgia mint julep, Ice-cream-frappé pêche, Jockey skin, Madère flip, Pêche qui roule, Rye daisy, Vin aromatisé à la pêche, Vin aromatisé paradis.
Pernod : Blackthorne, French 75, French cocktail, Mango glory, Merry widow 1, Pêle-mêle, Pernod fizz, Queen Elisabeth cocktail, Ray long, Taxi cocktail, Victoria highball, Wolga Wolga.
persil : Carlotta, Flip aux herbes, Guérisseuse, Red rose.
petit muguet : Vin aromatisé de mai.
picon : Brooklyn.
Pimm's no 1 cup : Pimlet, Pimm's no 1 cup.
pimprenelle : Guérisseuse.
pistaches : Lait mixé aux cerises.
poivre : Bière aux aromates, Flip aux herbes, Gin oyster, Guérisseuse, Ketchup cup, Milk-shake à la tomate, Prairie oyster, Red skin, Tomato cocktail, Yaourt oyster.
poivre de Cayenne : Chapala, President Taft's opossum, Sputnik.
pommes : Babeurre à la pomme, Punch au thé à la mauve.
porto : Aide au developpement, American beauty, Amour crusta, Cocktail au chocolat, Cocorico, Crustino, Flip flap, Good morning cocktail, Highland punch, Lady's crusta, Negus, Oeil de bœuf, Porto eggnog, Punch au porto, Punch café, Punch créole.
pruneaux : Cocktail à l'eau-de-vie de prune.
prunes : Review, S.P.S. cocktail.
punch suédois : Broadway smile, Diki Diki cocktail, Havana, May blossom fizz.

R

raisins : Brandy smash, Cobbler bourguignon, Madère cobbler, Whisky julep.
raisins noirs : Brochette au champagne.
raisins secs : Eau-de-vie de genièvre, Gloegg des Alpes.
raisins verts : Brochette au champagne.
rhum : American beauty, American cooler, Baltimore eggnog, Barfly's dream cocktail, Café Acapulco, Café de Copenhague, Café des Indes orientales, Café des montagnes, Calypso, Campichello, Cap Kennedy, Carioca,

Carnaby Street, Columbus cocktail, Cuba libre, Drink au melon, Eau-de-vie de genièvre, Favori, Feodora cobbler, Fleur rouge, Good morning cocktail, Grog américain, Grog beurre, Grog Holstein, Highland punch, Lady's beer cup, Lait mixé aux cerises, Liqueur de vanille, Mallorca, Mamie chaleureuse, Manhattan cooler, Mississipi, Navy punch, Petit vin aromatisé flambé, Punch à la framboise, Punch à la romaine, Punch anglais, Punch au citron, Punch au lait, Punch au thé, Punch café, Punch français, Punch Puerto Rico, Quarter deck 2, Ramona fizz, Red skin, Rhum cobbler, Rhum flip, Rhum sour, Rocky Mountains punch, Samba egg nog, Sprint, Thé glacé au Cuba, Tom and Jerry, Trace de barbares, Vague, Vin aromatisé à la framboise, Vin aromatisé flambé, Xalapa punch.

rhum blanc: Bacardi highball, Beau rivage, Beautiful, Bowl of the bride, Clipper cocktail, Cuba crusta, Daïquiri cocktail à l'américaine, Daïquiri on the rocks, Dawn crusta, East India, El Dorado, Flip e Coco, Island dream, Lilly's smile, Little devil, Magicien, Maï Taï, Manhattan latin, Mojito, Page court, Peter Tower, Planters punch, Présidente, Punch au thé et au vin rouge, Rhum Alexander, Royal Bermuda, Sheraton daïquiri, S.P.S. cocktail, Sumele, Tropical itch, Zazarac cocktail.

rhum brun: Pharisien, Quarter deck 1, X.Y.Z. cocktail.

rosé mousseux: Lilly's smile.

roses: Vin aromatisé à la rose.

rosso antico: Harry's dry jumbo.

rye (whisky): Byhrr cocktail, Dixie, Mississipi, Rye cocktail, Rye daisy, Rye punch, Up-to-dat.

S

Sabra: Smiling Esther.

saké: Saké spécial.

sambuca: Uncle Henning.

sangria: Maria Mexicana, Sangria sling, Sputnik.

sauce chocolat: Flip amande, Ice-Cream-Soda au chocolat et à l'ananas.

sauce worcestershire: Gim oyster, Prairie oyster, President Taft's opossum, Tomato cocktail 1, 2.

saucisse au foie: Pillkaller.

saucisson: Pillkaller Piroschka.

saucisson au poivre: Pillkaller aux plantes.

saumon fumé: Pillkaller façon Flensburg.

schwartzer Kater: Fleur rouge.

sel de céleri: Tomato cocktail 2.

sirop à la vanille: Milk-shake à la vanille.

sirop d'ananas: Admiral highball, Bonanza freeze, Fakir, Ice-Cream-Soda au chocolat et à l'ananas, Kon-Tiki, Sorbet ananas-fraise.

sirop d'arbouse: Babeurre à l'arbouse, Barbados flip, Cardinal, Flip à la pêche, Flip à l'arbouse.

sirop de caramel: Ecuador, Shake caramel, Shake aux noix et au malt.

sirop de cerises: British lion, Cherry milk, Cobbler aux cerises, Incandescence des Alpes.

sirop de fraise: Babeurre à la fraise, Flip fraise, Happy Ice-Cream-Soda, Queen Mary, Sorbet ananas-fraise.

sirop de framboise: Eden rocks, Highball framboise, Ice-cream-frappé framboise, Ice-Cream-Soda à la framboise, Peter's kiss, Punch à la framboise 1, 2, Punch à la romaine, Reviver, Ruby fizz, Summer delight, vie en rose.

sirop de gingembre: Ale sangaree, Bière aux aromates, Drink à la mandarine et au gingembre, Shake au gingembre.

sirop de malt: Milk-shake à la vanille.

sirop de mangue: Delhi gin sling, Mango glory.

sirop de mûre: Bramble-bramble.

sirop de myrtille: Huckl-Berry drink.

sirop d'érable: Mule hind leg.

sirop de sucre: Acapulco, American cooler, Apple Jack rabbit, Blue boy, Bosom caresser, Bourbon sour, Brandy crusta, Brandy fix, Brandy highball, Brandy Pick me up, Brandy sling, Brandy tea punch, Breakfast eggnog, Cablegram cooler, Café cobbler 2, Cap Kennedy, Cecil Pick me up, Champagne flip, Cherry sour, Claret flip, Cooler au citron, Daïquiri cocktail à l'américaine, Daïquiri on the rocks, Delicious sour, Drink au gingembre, Flip flap, Gin fizz, Gogel-Mogel, Golden daisy cocktail, Good morning cocktail, Green fizz, Guillome sour, Highlife, Japan crusta, Knock out, Lady's crusta, Lieutenant cocktail, Limonade, Madère flip, Martini sweet, Mazzagran, Mint julep, Mississipi, Miss Whiff, Morning glory, Napoléon, New Orleans fizz, Olivette, Petit déjeuner d'homme, Planter's punch, Punch au lait, Punch au porto, Punch créole, Quarter deck 2, Rhum flip, Rhum sour, Royal Bermuda, Rye daisy, Samba egg nog, Sangaree au brandy, Scotch cooler, Summer splitter, Thé glacé au curaçao, Torpical itch, Vermouth flip, Vin aromatisé aux kumquats, Vin aromatisé balaclava, Washington cocktail, Whisky cocktail, Whisky daisy, Whisky fizz, Xérès flip.

sirop d'orange: Bonanza freeze, Fakir, Ice-Cream-Soda cheerio, Punch à l'orange, Wodka crusta.

sliwowitz: Sliwowitz cocktail.

Southern comfort: Scarlett O'Hara.

T

tabasco: Last but not least, Thé aux épices.

tequila: Acapulco, Margarita, Maria Mexicana, Sangria sling, Sunrise, Tequila caliente, Tequila cocktail, Tequila fix.

thé: Arack-punch, Arack-punch aux œufs, Brandy punch aux œufs, Brandy tea punch, Eau-de-vie de genièvre, Gazouillis du harem, Grog américain, Pendennis toddy, Punch à l'ananas, Punch à la pomme, Punch à la prunelle, Punch anglais, Punch au sureau, Punch au thé, Punch au thé à la mauve, Punch au thé et au vin rouge, Punch au thé flambé, Punch caramel, Punch français, Rhum flip, Sangaree au brandy, Thé à la mûre, Thé à l'anis, Thé à la russe, Thé au gingembre, Thé au sureau, Thé aux épice, Thé écossais, Thé glacé au curaçao, Thé glacé aux épices, Thé glacé de Cuba, Thé nord-africain, Vin chaud spécial, Xalapa punch.

Tia Maria: Tia Alexandra.

tokay: Admiral highball.

tonic: Rabbit's revenge, Red tonic, Tonic Jaschka.

V

vanille: Liqueur de fraise, Liqueur de vanille, Rêve ananas.

vermouth: American beauty.

vermouth blanc: Blondie, Charleston, Cooperstown, Crystal highball, Eclair vert, Geisha, Half and half, Manhattan sweet, Martini orange, Moonlight, One exciting night, Orange bloom, Queen's cocktail, Ray Long, Raymond Hitch cocktail, Rolls Royce, Satan's whiskers straight, Sink of swim, Uncle Henning, Vermouth Addington.

vermouth dry: Bamboo, Beau rivage, Beautiful, Blackthorne, Bronx, Brooklyn, Champagne Pick me up, Charleston, Chocolate soldier, Cooperstown, Fleur rouge, Frozen Caruso cocktail, Jeune homme,

Mallorca, Myra, Panther's sweat, Pêle-mêle.

vermouth dry français: Continental cocktail, Country club cocktail, Esctasy cocktail, Green sea, Kangaroo, Klondyke, Klondyke cooler, Manhattan dry, Martini sweet, Martini dry, Martini medium, Martini orange, Martini very dry, Merry widow 1, Mona Lisa, One exciting night, Pause programme, Peter Pan, Présidente, Queen's cocktail, Red kiss, Ritz Macka, Rolls Royce, Rose cocktail, Satan's whiskers straight, Sorbet fruits, Soul kiss, Star cocktail, Taxi cocktail, Tous les garçons, Universal cocktail, Vermouth Addington, Vermouth cassis, Washington cocktail, William's favourite, Wodka Gibson, Wodkatini, Yellow daisy, Yellow Submarine.

vermouth extra dry: Martini on the rocks, Uncle Henning.

vermouth italien: Continental cocktail.

vermouth rouge: Américano, Beau rivage, Brandy cocktail, Bronx, Byhrr cocktail, Campichello, Capri cocktail, Cocktail Adonis, Cocktail bijou, Crystal highball, Fanciulli, Fleur rouge, Gloegg des Alpes, Golden cocktail, Hot Italy, Island highball, Klondyke cooler, Manhattan latin, Martini medium, Martini sweet, Natacha, Negroni, Ohio, Ouverture, Paddy, Ritz Macka, Sheepshead cocktail, Stonehammer cocktail, Tango cocktail, Vampire killer, Vermouth flip, Wodka crusta, York cocktail.

vin: Vin aromatisé à la fraise.

vinaigre: President Taft's opossum.

vin blanc: Cardinal, Eau-de-vie de genièvre, Moitié-moitié, Punch du chasseur, Punch impérial 1, Punch roux, Royal drink, Sillabub, Vin aromatisé à l'abricot, Vin aromatisé à la framboise, Vin aromatisé à la pêche, Vin aromatisé au céleri, Vin aromatisé au citron, Vin aromatisé au melon, Vin aromatisé aux concombres, Vin aromatisé aux oranges, vin aromatisé de mai, Vin aromatisé exotique, Vin aromatisé paradis.

vin de Bourgogne: Bourgogne ardent, Cobbler bourguignon, Vin aromatisé aux griottes.

vin de Moselle: Cocorico, Vin aromatisé à la rose.

vin du Rhin: Allahbad, Champagne flip, Hock cup, Punch amazone, Vin aromatisé à la rose, Vin aromatisé aux kumquats.

vin rouge: American cooler, Brise-glace, Cardinal, Claret cup, Désir de parier, Gazouillis du harem, Gloegg des Alpes, Hot locomotive, Lady's punch, Moitié-moitié, Myra, Petit vin aromatisé flambé, Punch à l'ananas, Punch au citron, Punch au thé et au vin rouge, Punch de Nuremberg, Sang de Cosaque, Sangria, Vague, Vin chaud spécial, Xalapa punch.

violettes: Liqueur de violettes.

vodka: Ale sangaree, Black Russian, Bloody Mary, Désir de parier, Eclair vert, Gipsy, Green dragon, Green sea, Harry's dry jumbo, Ice-Cream-frappé citron, Kangaroo, Lara, Myra, Newskij Prospect, Nuits orientales, Pasha's pleasure, Red tonic, Ritz Macka, Sang de Cosaque, Screw driver, Sputnik, Sputnik cocktail, Tonic Jascha, Tovaritch, Tropical itch, Universal cocktail, Wodka crusta, Wodka daisy, Wodka fizz, Wodka Gibson, Wodkatini, Wolga orange, Wolga Wolga, Zubrowkatini

W

whisky: Admiral highball, Ale passez muscade, Blue blazer, Brooklyn, Calbegram cooler, Cap Kennedy,

Cocktail au sirop d'érable, Cowboy, Golden daisy cocktail, Highball au gingembre, Hot Italy, Lieutenant cocktail, Mint cocktail, Morning glory, Napoléon, Ouverture, Punch éclair, Quarter deck 2, Red shadow, Rickey, Snowball, Special fizz, Stone fence, Sweet Lady cocktail, T.E.E., Veuve joyeuse, Whisky cocktail, Whisky cooler, Whisky julep, Whisky soda, York cocktail, Zazarac cocktail.

whisky canadien: Manhattan cooler, Manhattan dry, Manhattan latin, Manhattan sweet, Monta Carlo, Page court.

whisky écossais (scotch): C et S, British lion, Guillome sour, Knickebein, Knockout, Last but not least, Mango glory, Mary of Scotland, Scotch cooler, Thé écossais, Trace de barbares, Whisky punch.

whisky irlandais: Irish coffee, Paddy.

X

xérès: Anti-gueule-de-bois, Bamboo, Blackstone, Cocktail Adonis, Duplex, Flip flap, Gargantua, Punch du chasseur, Quarter deck 1, 2, Up-to-date, Vin aromatisé aux olives, Xérès flip.

Index alphabétique des recettes

218